COMMENT ACCÉDER À VOTRE i-MANUEL 2.0 ÉTUDIANT

LIVRE + LICENCE NUMÉRIQUE

W0200111

Votre enseignant souhaite travailler avec le i-Ma[...] une fois votre compte créé par votre enseignant, rendez-vous, selon ses indications, sur :

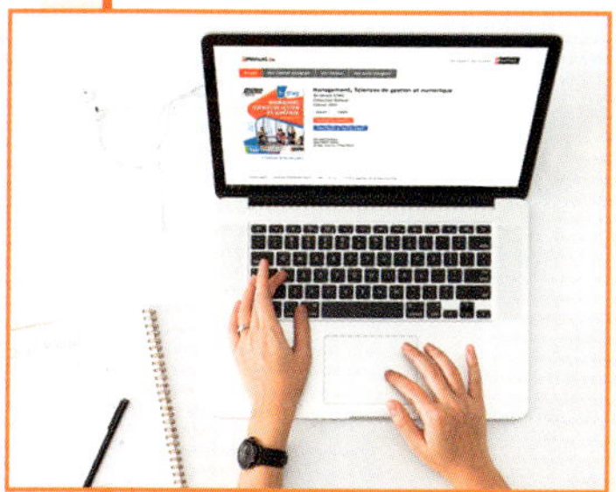

- **imanuel.nathan.fr** et connectez-vous à votre espace étudiant i-MANUEL 2.0 avec votre identifiant et votre mot de passe.

OU

- l'ENT ou la plateforme de votre établissement, et accédez directement à votre i-MANUEL 2.0.

DÉCOUVREZ LE i-MANUEL 2.0 EN VIDÉO

À NE PAS OUBLIER

Conservez votre identifiant et votre mot de passe pour toutes vos connexions ultérieures

À SAVOIR

Cette licence étudiant i-Manuel 2.0 est unique et personnelle. Elle offre un accès à un étudiant pour une ou deux années scolaires (selon la durée de l'ouvrage) et ne peut être réutilisée par d'autres étudiants les années suivantes.

Pour équiper les étudiants de nouvelles licences numériques i-Manuel 2.0, connectez-vous sur cns-edu.com.

Pour l'enseignant : rendez-vous sur **nathan.fr/i-manuel2**, pour disposer de toutes les informations pratiques pour créer vos classes, activer les licences de vos étudiants et contacter votre délégué pédagogique Nathan.

Nos équipes de proximité sont également à la disposition des établissements pour les accompagner dans leur projet de digitalisation des parcours de formation.

Nathan TECHNIQUE

Collection
BTS MHR

BTS 2e année

MANAGEMENT EN HÔTELLERIE-RESTAURATION

2e édition

Management de l'entreprise hôtelière et mercatique des services

Sous la direction
de Pierre Villemain

Didier Chadourne,
Liliane Correia De Gouveia,
Sandrine Martins Do Vale,
Marie-Hélène Sabourin
Isabelle Souchet

Nathan
TECHNIQUE

Édition : Anna-Tatum Villalba, Florence Terrasse
Conception intérieure : Lucas Cholewa
Conception couverture : Vincent Rioult, Lucas Cholewa
Mise en page : Marie Brosseau (PCA)
Fabrication : Emmanuelle Perrier

Contact@nathan.fr
ISBN : 978-2-09-505131-0
Code projet : 212694

SOMMAIRE

PRÉFACE

Le BTS Management en hôtellerie-restauration (MHR) rénové en 2020 permet de rendre lisibles et complémentaires les multiples certifications et spécialités dont peut se prévaloir le secteur de l'hôtellerie-restauration. Reconnu par la profession, ce BTS entend, en outre, prendre en compte les mutations qui affectent ce secteur d'activité notamment à travers cette mise à jour.

Le parcours client de plus en plus individualisé, la diversification des modes de restauration et d'hébergement, le poids croissant des technologies de l'information, la prise en compte des considérations liées à la santé, à la sécurité, au développement durable ou encore l'avènement de l'intelligence artificielle engendrent des besoins nouveaux en termes de compétences auxquels il nous faut répondre. Ce contexte plaide en faveur de formations qui soient en capacité d'accompagner ces mutations technologiques et économiques afin d'élever le niveau de qualification des étudiants.

C'est tout l'enjeu du BTS MHR que d'offrir après la série technologique Sciences et Technologies de l'Hôtellerie et de la Restauration (STHR) une poursuite d'études originale vers trois familles de métiers : management d'unité de restauration (option A), management d'unité de production culinaire (option B), management d'unité d'hébergement (option C).

Ce BTS MHR à trois options, fruit d'un travail conjoint exemplaire entre la profession et l'Éducation nationale, repose sur l'identification de cinq pôles de compétences regroupant de façon cohérente un certain nombre d'activités professionnelles. Ces pôles répondent aux attentes de la profession et prennent en compte les dimensions stratégiques de ce secteur.

Ainsi, la présence de deux pôles[1] dédiés respectivement à l'« Animation de la politique commerciale et au développement de la relation client » et au « Management opérationnel de la production de services » s'entend comme une réponse aux enjeux qui entourent le développement de l'entreprise d'hôtellerie-restauration. Ces deux pôles se veulent, par ailleurs, une réponse aux défis liés à la fidélisation du personnel dans un secteur caractérisé à la fois par la jeunesse de sa main-d'œuvre et par un taux de renouvellement important.

En couvrant l'intégralité du référentiel de deuxième année du BTS MHR, ce manuel dédié au management de l'entreprise hôtelière et à la mercatique des services (MEHMS) propose aux étudiants une vision d'ensemble des enjeux actuels qui s'offrent aux entreprises du secteur de l'hôtellerie-restauration. Tout en préservant la liberté pédagogique des enseignants, il se veut une aide pour aborder les notions du référentiel de façon dynamique et active en plaçant l'étudiant en situation d'être acteur de ses apprentissages.

Je tiens, ici, encore une fois, à saluer l'initiative d'une coopération renouvelée entre les Éditions Nathan et l'Éducation nationale, qui porte en elle les ambitions d'une formation de qualité à destination d'étudiants appelés à devenir des acteurs accomplis et créatifs qui dessineront le paysage de l'hôtellerie et de la restauration de demain.

Michel LUGNIER
Inspecteur général de l'Éducation nationale
Groupe économie et gestion

[1] Pôle d'activités 1 – Production de services en hôtellerie-restauration ; Pôle d'activités 2 – Animation de la politique commerciale et développement de la relation client ; Pôle d'activités 3 – Management opérationnel de la production de services en hôtellerie-restauration ; Pôle d'activités 4 – Pilotage de la production de services en hôtellerie-restauration ; Pôle d'activités 5 – Entrepreneuriat en hôtellerie-restauration.

CHAPITRE 1

La communication médias de l'offre

NOTIONS ÉTUDIÉES

- Objectifs et enjeux
- Stratégie et plan de communication
- Réseaux sociaux et e-réputation

COMPÉTENCES ATTENDUES

- Identifier les objectifs et les finalités de la communication commerciale.
- Appréhender les différentes stratégies de communication.
- Définir les étapes d'un plan de communication :
  - Médias, supports, audiences, évaluation ;
  - Mesure de l'efficacité publicitaire ;
  - Réseaux sociaux, e-réputation.
- Identifier les modalités spécifiques d'une stratégie de communication digitale.
- Prendre en compte le droit du numérique et des communications électroniques.
- Gérer l'identité numérique.

SITUATION

Fondée en 1971 à Marseille, Vacances Bleues est une chaîne hôtelière de loisirs qui propose également de nombreux séjours sous différentes formules en France (clubs, résidences et hôtels) et à l'étranger (circuits, escapades, croisières et séjours). Elle a également développé des destinations business en France. Sa clientèle est donc une clientèle loisirs et affaires.

Le groupe n'a cessé d'évoluer pour adopter un nouveau positionnement de marque. Une nouvelle identité visuelle a été définie en 2021 : « Des lieux & des liens » présente sur les différents outils de communication, notamment sur le site Internet. Une refonte totale de celui-ci a d'ailleurs été opérée.

Chiffres clés 2023 (d'après open2europe.com)

Chiffre d'affaires total en 2023 (CA) : 88,70 M€
Taux d'occupation moyen : 70 %
Durée moyenne d'un séjour : 3 jours
Panier moyen : 634 €
30 % de clients fidèles en direct
34 M€ de rénovations sur 5 ans

Communiqué de presse Vacances Bleues, décembre 2022.

Comprendre le contexte

1. Quel est le moyen de communication développé par le groupe Vacances Bleues ? Quels autres moyens de communication connaissez-vous ?
2. Pourquoi le groupe Vacances Bleues a-t-il développé son site Internet et renforcé sa présence sur les réseaux sociaux ?
3. Quels peuvent être les risques d'une présence sur les réseaux sociaux ?

VOTRE MISSION

En stage chez Vacances Bleues, vous assistez la directrice marketing et communication de la chaîne. Afin de mieux connaître ce groupe, vous décidez d'analyser sa stratégie de communication.

TRAVAIL À FAIRE

1 Les objectifs et finalités de la communication commerciale

Dans un premier temps, vous vous intéressez à la communication commerciale de Vacances Bleues afin d'analyser son efficacité.

1.1 Relevez les objectifs de communication de cette entreprise.

1.2 Identifiez les cibles de communication.

1.3 Décryptez le message de la communication de Vacances Bleues.

1.4 Expliquez la communication média de Vacances Bleues.

1.5 Comment mesurer l'efficacité de cette campagne de communication ?

► FICHE RESSOURCE 1
► ANNEXES 1 À 4

2 La communication commerciale digitale

Dans un second temps, vous allez étudier dans quelle mesure Vacances Bleues a intégré une communication digitale dans sa communication commerciale.

2.1 Résumez les attentes et comportements d'achat des clients d'hôtels.

2.2 Précisez la stratégie de communication digitale du groupe.

2.3 Montrez que cette stratégie correspond aux attentes de la clientèle.

2.4 Quels sont les impacts des avis des clients sur la réputation du groupe ?

2.5 Comment gérer les avis négatifs des clients ?

► FICHE RESSOURCE 2
► ANNEXES 1 À 6

3 Le droit du numérique et des communications électroniques

Le RGPD (règlement général sur la protection des données) de l'Union européenne encadre les données à caractère personnel depuis mai 2018. Suite à vos recherches, vous renseignez votre tutrice.

3.1 Donnez à votre tutrice une liste de DCP (Données à Caractère personnel) que la chaine Vacances Bleues est en mesure de collecter.

3.2 Quelles sont les données qu'il est interdit de collecter ?

3.3 Précisez comment collecter ces données et l'usage qu'il est possible d'en faire.

3.4 Indiquez les précautions à prendre concernant la prospection électronique et les cookies.

► FICHE RESSOURCE 2
► ANNEXE 7

ANNEXES

ANNEXE 1 Film de marque Vacances Bleues

Vidéo 1:06

Vacances Bleues

liennathan.fr/6ql3qr

ANNEXE 2 Vacances Bleues dévoile sa nouvelle plateforme de marque et démarre une campagne TV

Pour cette saison touristique, Vacances Bleues compte bien marquer les esprits et augmenter sa notoriété. La marque marseillaise dévoile en effet une nouvelle plateforme de marque et s'affirme comme un acteur du tourisme responsable et solidaire en France. Vacances Bleues se dote également d'une nouvelle identité visuelle qui traduit le nouvel élan de la marque et sa volonté de développer un tourisme à impact toujours plus positif.

Pour augmenter sa notoriété et dévoiler son nouvel univers, Vacances Bleues investit dans une campagne TV impactante, après 3 ans d'arrêt sur le petit écran. [...]

La marque, qui a tout juste fêté ses 50 ans, possède aujourd'hui 25 lieux de vacances, de la résidence au club en passant par l'hôtel, ainsi qu'une offre de voyages responsables et solidaires avec les circuits Voyager Autrement.

Le nouvel univers Vacances Bleues

Au cours de l'année 2021, Vacances Bleues, accompagné par l'agence Léon Travel and Tourism, a travaillé sur un nouvel univers de communication et un territoire d'expression revisité. Devant les évolutions sociétales, le contexte conjoncturel incertain, les nouvelles attentes touristiques et le contexte commercial toujours plus concurrentiel, Vacances Bleues a souhaité mettre en lumière ses valeurs depuis l'origine, tournées vers le tourisme responsable, et s'ouvrir à de nouvelles clientèles.

Dans le prolongement de sa signature de marque, « Des lieux & des liens », une nouvelle plateforme de marque, une nouvelle identité visuelle et un univers graphique ont été créés.

Vacances Bleues, cette marque incontournable du tourisme français, affiche désormais un nouveau visage, s'affirme et prend la parole jusque sur nos écrans !

Le nouveau logo de Vacances Bleues se veut positif et contemporain

Une typographie originale statutaire fait écho à la qualité des établissements. Elle est associée à un symbole du cœur pour raconter la sensibilité de la marque, son attachement au respect de l'humain et de l'environnement. Son univers coloriel et iconographique traduit son caractère enjoué et optimiste.

La nouvelle charte graphique se veut plus complice et chaleureuse, elle apporte ainsi de la fraîcheur et de la spontanéité aux brochures du groupe Vacances Bleues ainsi que, dès l'automne prochain, au site Internet de la marque.

Les couleurs sont plus franches et les visuels utilisés privilégient des moments de vie, d'émotion, de complicité : à l'image de ce que vivent les vacanciers, des instants de bonheur simples et partagés dans des décors naturels qui sentent bon les vacances.

Dispositif média

[...]

Trois versions de spots TV seront diffusées, en s'associant à des émissions dédiées au tourisme, affinitaires avec la cible de clientèle Vacances Bleues :

- 1 version générique avec des visuels « France » pour *Des Racines & des Ailes* et *Faut pas Rêver*. Diffusion sur France 3, le mercredi en prime time en alternance à partir du 16 mars jusqu'à fin juin ;
- 1 version alternative pour l'émission *Les Nouveaux Nomades*. Diffusion sur France 3 le samedi à 13 h et sur France 3 Régions le dimanche à 13 h, tous les week-ends à partir du 2 avril jusqu'à fin juin ;
- 1 version avec des visuels de voyages pour l'émission *Échappées Belles*. Diffusion sur France 5 le samedi à 20 h 50 et le dimanche à 10 h 15, tous les week-ends à partir du 2 avril jusqu'à fin juin.

Cette campagne média, diffusée en TV, est aussi reprise sur la plateforme replay de France TV. Une campagne digitale est également prévue en soutien sur cette même période, de mi-mars à fin juin. L'objectif étant de dynamiser fortement la notoriété de la marque Vacances Bleues à une période cruciale de réservations touristiques pour la saison printemps-été.

[...]

www.tendancehotellerie.fr, mars 2022.

ANNEXE 3 Vacances Bleues, *Bilan 2023 & perspectives 2024*

Vacances Bleues, groupe hôtelier associatif emblématique fondé en 1971, annonce des résultats solides pour 2023 et des perspectives ambitieuses pour l'avenir. Fort de ses valeurs d'ouverture, de partage et d'engagement, le groupe se distingue par sa capacité à créer des liens durables entre équipes et hôtes, formant ainsi des souvenirs familiaux mémorables. Avec un chiffre d'affaires de 88,7 millions d'euros en 2023, dont 6,5 millions d'euros provenant des voyages à l'étranger, et un plan de rénovations s'élevant à plus de 34 millions d'euros, Vacances Bleues se positionne comme un acteur majeur du tourisme et prévoit de renforcer sa présence en 2024. [...]

50 ans de liens et d'engagements

Depuis sa création, le groupe Vacances Bleues a à cœur de favoriser le lien entre les voyageurs et les destinations en privilégiant un tourisme respectueux de l'environnement et des populations locales. Pionnier du secteur, Vacances Bleues a pour objectif ambitieux de devenir l'opérateur de référence du tourisme durable en France d'ici 2030. Le groupe s'engage de manière responsable face aux enjeux climatiques et sociaux, démontrant sa vision à impact positif sur le tourisme de demain.

En parallèle, Vacances Bleues maintient son engagement envers ses valeurs d'ouverture et de partage, cherchant à garantir un niveau élevé de satisfaction client. [...]

Des ambitions fortes pour 2024

[...] De plus, le groupe vise à étendre sa clientèle individuelle directe, à établir des partenariats stratégiques avec des distributeurs renommés tels que Leclerc Voyages, les comités d'entreprise (CE) et les caisses de retraite. Une attention particulière est accordée à la clientèle MICE, soulignant l'importance accordée aux événements d'entreprise et aux voyages d'affaires. [...]

Une stratégie de digitalisation audacieuse pour une expérience cliente innovante

Pour rester à la pointe de la concurrence digitale, le groupe prévoit également de renforcer sa stratégie en ligne avec d'importants investissements prévus pour les sites web vacancesbleues.fr et vacancesbleues-voyages.fr. De plus, une refonte complète des 24 sites hôtels est programmée de 2024 à 2026, démontrant l'engagement de Vacances Bleues à offrir une expérience en ligne immersive et concurrentielle pour ses clients, rivalisant ainsi efficacement avec les plateformes de réservation en ligne. Ces initiatives témoignent de la vision audacieuse du groupe pour l'année à venir et soulignent son engagement envers l'innovation, l'expansion et l'amélioration continue.

https//open2europe.com, avril 2024.

ANNEXE 4 Le site Internet de Vacances Bleues

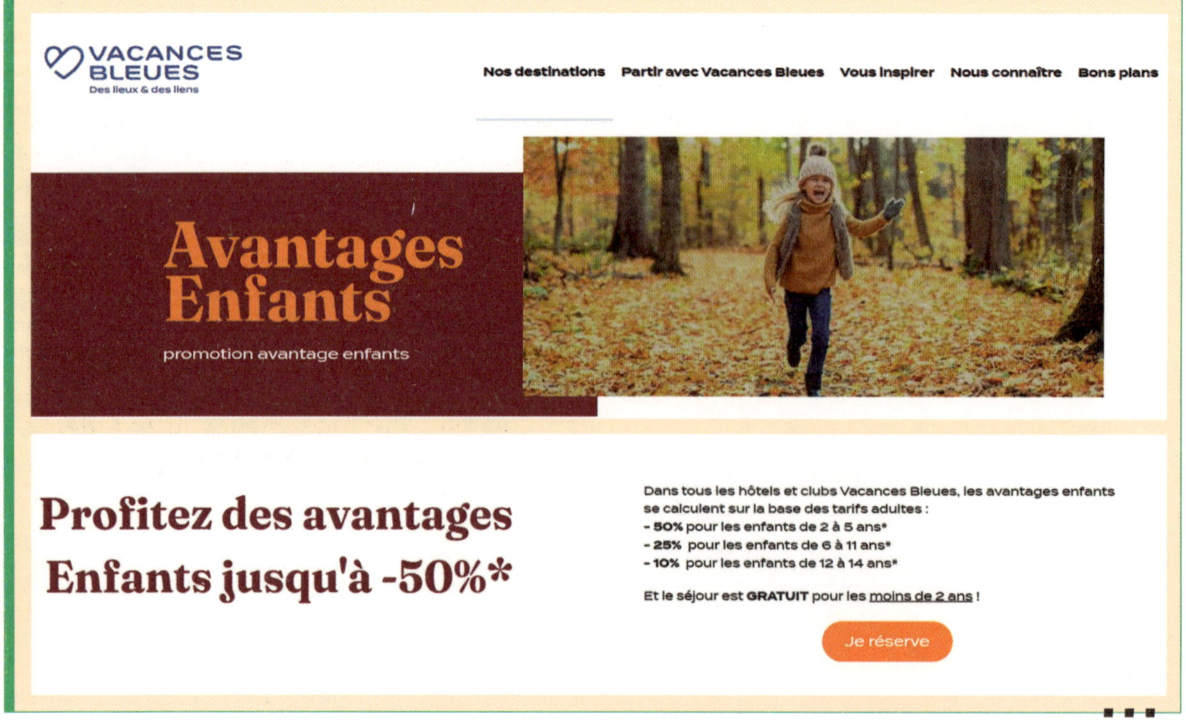

ANNEXE 5 Le poids de l'e-réputation

Coach ominium

LE POIDS DE L'E-RÉPUTATION

pour les clients d'hôtels français et européens

La recherche* d'hôtels via Internet :
- ensemble des clients : **79,9%**
- clients d'affaires : **56%**
- clients de loisirs : **93%**

Réservation* faites via des OTAs :
- ensemble des clients : **66%**
- clients d'affaires : **39,6%**
- clients de loisirs : **65,4%**

* *Toujours ou régulièrement*

86 % des clients d'hôtels regardent* les **avis et commentaires en ligne** à propos d'hôtels qu'ils ont présélectionnés

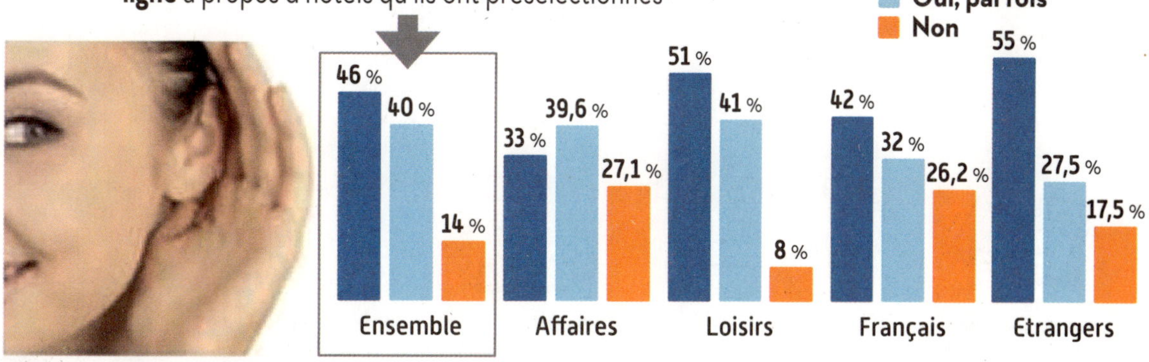

53 % des voyageurs **déposent** souvent ou de temps en temps des avis en ligne

72 % trouvent que les commentaires des autres clients sont globalement **crédibles**

72 % pensent qu'il est important et rassurant que **la direction de l'hôtel réponde** aux commentaires des clients. 24 % trouvent que cela n'a pas d'importance

79 % des clients potentiels lisent systématiquement ou occasionnellement les **réponses écrites** par les hôteliers

Études & sondages exclusifs par Coach Ominium

ANNEXE 6 Les pratiques des hôteliers vis-à-vis des commentaires clients sur les sites

Concernant les sites de commentaires de clients (TripAdvisor, Booking, etc.), les hôteliers s'intéressent majoritairement à ce que disent les clients sur leur hôtel. Plus de 9 sur 10 l'affirment. Dans 84 % des cas, l'hôtelier répond aux commentaires des clients : toujours (58 %), de temps en temps (35 %) ou rarement (7 %). C'est la direction qui s'en occupe pour 69 % des professionnels interrogés ou un membre du personnel (généralement la réception) pour 30 %. Ce travail est sous-traité à une agence spécialisée en e-réputation ou de communication chez moins de 1 % des hôtels.
Enfin, 16 % des hôteliers préfèrent ne jamais répondre aux commentaires de leurs clients, qu'ils soient positifs ou négatifs.

EN RÉSUMÉ

Les avis en ligne sont devenus la clef de voûte d'une bonne commercialisation et d'une action de fidélisation affinée. En tant qu'hôtelier, il ne faut pas oublier qu'on n'y répond pas à un client en particulier – même s'il est très antipathique –, mais à tous ceux, les autres, qui liront la réponse et qui sont des acheteurs potentiels. D'où l'importance de réponses personnalisées, explicites, sympathiques (même quand on a envie d'envoyer bouler !) et professionnelles.
Soigner son e-réputation, c'est la même chose que d'agencer sa vitrine pour un magasin : il faut qu'elle donne l'envie à des clients de pousser la porte.

https://coachomnium.com/bonus/e-reputation-hotellerie/

ANNEXE 7 Le règlement général sur la protection des données (RGPD)

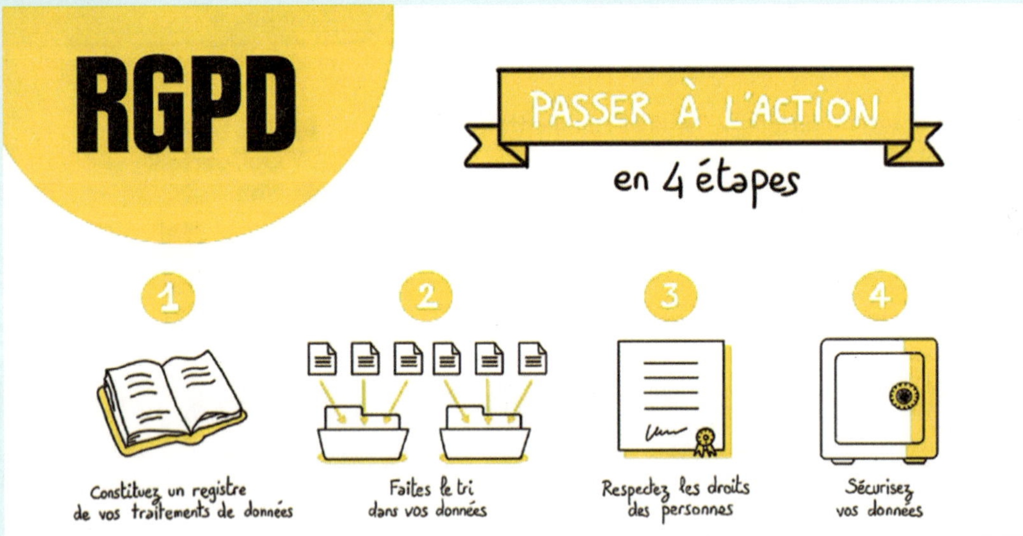

Site
Comprendre le RGPD
liennathan.fr/60vgad

FICHE RESSOURCE 1

LA COMMUNICATION COMMERCIALE

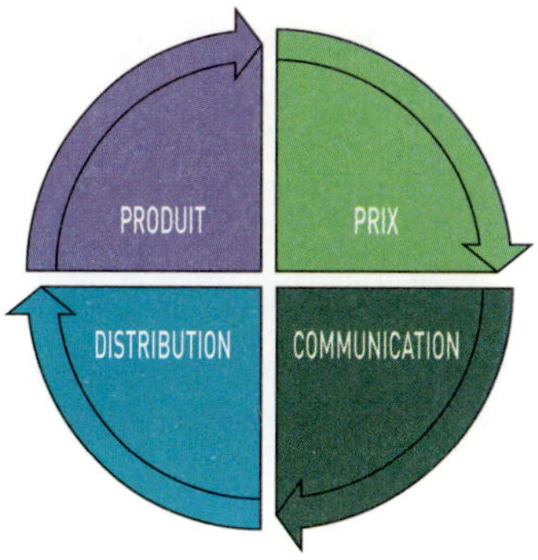

Le **plan de marchéage** est défini après avoir effectué le diagnostic mercatique et après avoir décidé des différentes orientations stratégiques de l'entreprise. Les décisions et actions relatives au plan de marchéage sont prises dans 4 grands domaines (appelés également les 4 variables marketing du plan de marchéage) :
- la politique produit ;
- la politique de prix ;
- la politique de communication ;
- la politique de distribution.

Ces univers d'actions sont également appelés 4 P à cause des initiales de ces 4 variables en anglais (*Product*, *Price*, *Promotion*, *Place*).

1. Les objets de la communication commerciale

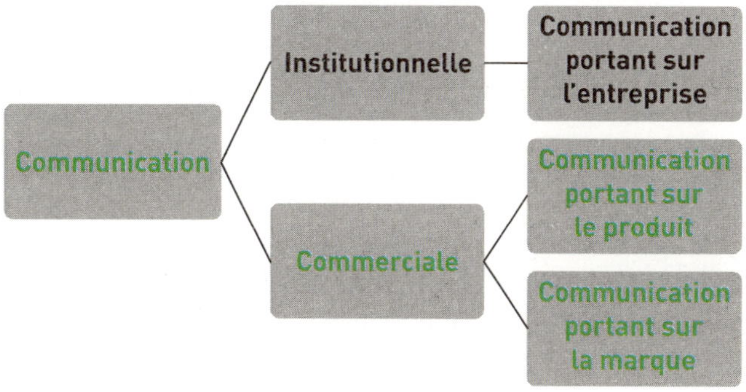

Dans la communication externe d'une entreprise, il convient de distinguer la communication institutionnelle et la communication commerciale.

La **communication commerciale** désigne la communication sur les produits et sur les marques.
- La communication sur les produits met en avant les caractéristiques du produit (qualité d'une chambre, carte des menus ou autres aspects...).
- La communication sur la marque porte sur l'image et les valeurs de la marque (par exemple, la marque ibis budget du groupe AccorHotels).

2. Les finalités de la communication commerciale

La communication commerciale doit permettre de modifier la perception et le comportement du consommateur dans le but d'augmenter les ventes, de fidéliser les clients, d'améliorer l'image et la notoriété de l'entreprise, de se démarquer des concurrents.

3. La stratégie de communication

La **stratégie de communication** correspond aux différents choix effectués par l'entreprise pour communiquer.

Les différentes étapes de la stratégie de communication

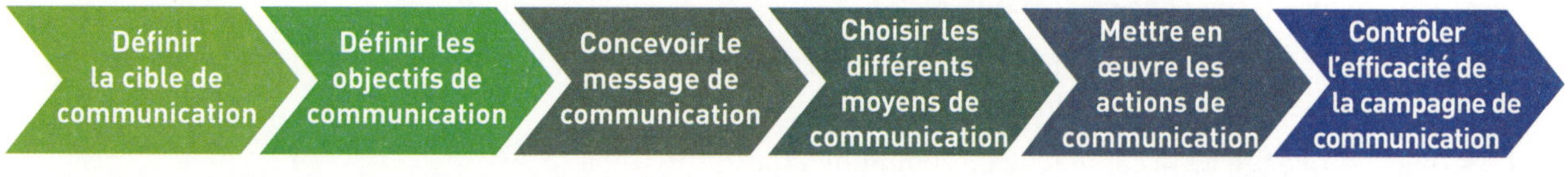

1. Définir la cible de communication

Il convient d'abord de définir la cible de communication, c'est-à-dire le public visé par une action de communication. Il peut s'agir des consommateurs actuels et/ou potentiels, des influenceurs ou des distributeurs.

2. Définir les objectifs de communication

Les objectifs de communication peuvent être **cognitifs** (faire connaître le produit ou la marque), **affectifs** (faire aimer le produit ou la marque), **conatifs** (faire agir ou acheter).

3. Concevoir le message de communication

Une fois la cible et les objectifs de communication définis, il faut élaborer le message de communication, c'est-à-dire le contenu du message, sa structure, sa forme et sa source.

4. Choisir les différents moyens de communication

L'entreprise va définir les différents moyens de communication afin de transmettre le message et planifier les actions à mettre en œuvre dans un plan de communication. Le choix des moyens de communication se fera en fonction du budget, des objectifs et des cibles de communication.

▶▶▶

• Le **budget de communication** peut être établi à partir :
- des ressources disponibles, c'est-à-dire des ressources financières et humaines que l'entreprise peut consacrer à sa communication ;
- d'un pourcentage des ventes ;
- des budgets de la concurrence ;
- des objectifs et moyens de communication pour atteindre les objectifs de communication.

• Le **choix du média** dépend de la couverture de la cible (pourcentage de personnes fréquentant le média), de son pouvoir de répétition, de son coût et des délais de réservation.

Rappel des 6 grands médias

Télévision	Ce média a une audience élevée. Un ciblage est possible grâce aux différentes chaînes thématiques. Le message publicitaire est visuel et auditif. Le coût est très élevé (réalisation du spot publicitaire et achat de l'espace publicitaire).
Presse	Il existe une grande variété de presse : presse quotidienne, professionnelle, gratuite, magazine, nationale ou locale, version papier ou en ligne. Cette variété permet de cibler le public visé.
Radio	Les stations de radio ont une audience nationale ou locale. Le message publicitaire doit être répété pour permettre une bonne mémorisation, car ce média est uniquement auditif.
Affichage	L'affichage est un média visuel permettant une bonne couverture géographique : affiches murales grand format, sur mobilier urbain (métro, abribus...).
Cinéma	Le message publicitaire diffusé au cinéma est de bonne qualité (son et image) et le public attentif. Le cinéma est utilisé comme un média de complément et non comme média principal.
Internet	Le message publicitaire est présent sur des sites sous forme de bannières ou de liens commerciaux.

Part des différents médias dans la communication commerciale en 2023

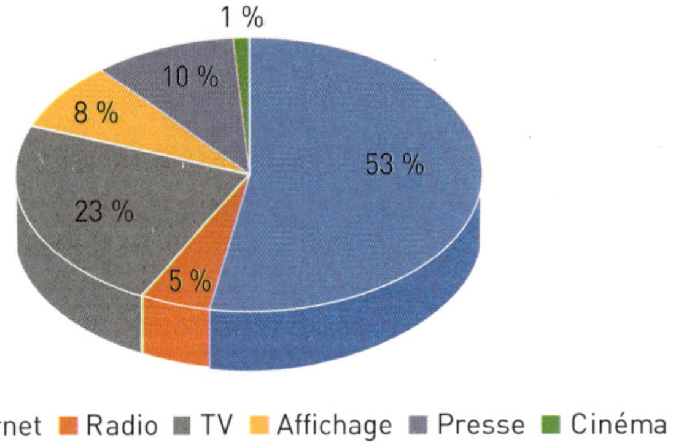

5. Mettre en œuvre les actions de communication

Il s'agit de décider de la fréquence et de la durée des actions de communication compte tenu du budget alloué et de l'utilisation de plusieurs médias.

6. Contrôler l'efficacité de la campagne de communication

Plusieurs indicateurs permettent de mesurer l'efficacité d'une campagne de communication. Une campagne de communication est efficace si les objectifs de communication ont été atteints.

• Les **post-tests** correspondent à des études permettant de mesurer l'impact d'un message publicitaire grâce à des scores :
- <u>score d'impact</u> : personnes se souvenant d'un message publicitaire ;
- <u>score d'agrément</u> : personnes déclarant apprécier le message publicitaire ;
- <u>score d'incitation</u> : personnes prêtes à passer à l'acte d'achat.

• Les **bilans de campagne** permettent d'évaluer l'efficacité d'une campagne publicitaire dans son intégralité. La mesure de l'efficacité de la campagne porte sur la notoriété et l'image. Le tracking permet d'évaluer la campagne en procédant à des études répétitives sur une période donnée.

• L'**analyse des ventes avant et après campagne** permet de constater s'il y a corrélation avec le budget de communication alloué à la campagne publicitaire et l'efficacité de celle-ci (augmentation des ventes). Cette analyse est difficile à réaliser dans la mesure où le niveau des ventes dépend aussi des prix et des actions de la concurrence.

FICHE RESSOURCE 2

COMMUNICATION DIGITALE ET DROIT DU NUMÉRIQUE

1. La communication digitale

La communication digitale correspond aux informations transmises *via* tous les supports numériques : Internet, mobiles, objets connectés. Elle représente une part essentielle de la communication commerciale globale. En effet, d'après les statistiques de l'Insee :
- 89 % des personnes de 15 ans au plus résidant en France ont utilisé Internet au cours des trois derniers mois ;
- 63 % des personnes de plus de 15 ans ont réalisé un achat sur Internet au cours des trois derniers mois.

2. La stratégie de communication digitale

La **stratégie de communication digitale** inclut la création d'un site Internet, la publicité en ligne, la présence sur les réseaux sociaux.

Une entreprise peut assurer sa présence sur Internet en créant des blogs (blog d'un chef de cuisine…), des pages sur les réseaux communautaires (LinkedIn, Facebook…), des vidéos (YouTube), des fils d'actualité tels que X. Cette présence permet d'accroître sa notoriété, d'augmenter son nombre de clients et de les fidéliser. En outre, l'entreprise peut exploiter les échanges de points de vue, d'avis, de commentaires sur les réseaux sociaux pour déployer une campagne de communication virale.

Les grands principes de la publicité et la communication en ligne

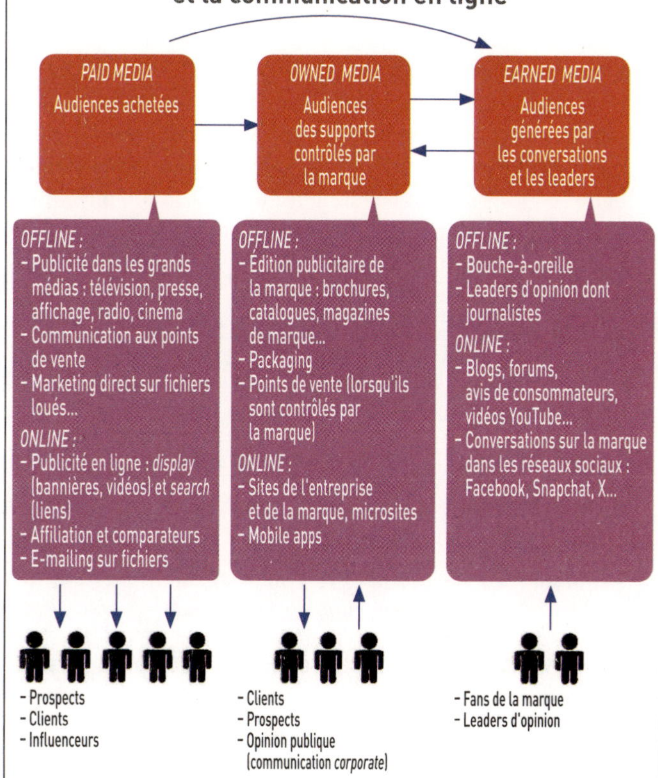

D'après A. de Baynast, J. Lendrevie et J. Lévy, *Mercator*, Ed. Dunod.

3. Gérer son identité numérique

L'identité numérique d'une entreprise est sa présence sur Internet de quelque manière que ce soit (site, blog, réseaux sociaux…).

a. La réputation numérique (e-réputation)

Elle correspond à toutes les informations disponibles en ligne sur une entreprise, une marque ou un produit. Elle se constitue à partir des avis, positifs ou négatifs, laissés par les clients.

b. Gérer son e-réputation

Cela consiste à surveiller toutes les informations portant sur son établissement, sa marque ou son produit, notamment en mettant en place un outil de veille. Pour bien maîtriser son e-réputation, une entreprise doit toujours répondre aux différents avis laissés par ses clients.

4. Le droit du numérique

La collecte et le traitement des données personnelles sont soumis à une règlementation stricte : devoir d'information et respect de la vie privée, notamment.

a. Les données à caractère personnel (DCP)

D'après la CNIL, est « une donnée à caractère personnel (DCP) toute information se rapportant à une personne physique identifiée ou identifiable ». Une personne physique peut être identifiée directement (à partir de son nom dans un fichier, par exemple) ou indirectement (à partir d'un numéro, d'un identifiant dans une base de données …)

b. Le traitement des données personnelles

Il s'agit d'un ensemble d'opérations portant sur des données personnelles quel que soit le procédé utilisé : tenue d'un fichier client, collecte de coordonnées suite à une enquête par questionnaire… Le traitement des DCP doit avoir un objectif légitime et légal.

Exemple : collecte d'informations *via* l'adhésion à une carte de fidélité.

▶▶▶

c. La réglementation en matière de DCP

Le règlement général sur la protection des données (RGPD) encadre, dans l'Union européenne, le traitement des données à caractère personnel. Il s'applique à toutes les organisations traitant des DCP lorsqu'elle est établie dans l'Union européenne ou que son activité vise des résidents européens.

La plupart des fichiers de données personnelles n'ont plus à être déclarés à la CNIL depuis le 25 mai 2018, date d'entrée en application du RGPD. Si votre site web permet de collecter des données personnelles (questionnaire en ligne, commande en ligne, création d'un compte en ligne, etc.), vous devez vous conformer aux règles de protection des données personnelles.

d. Le contrôle des DCP

La CNIL, organisme chargé de contrôler les données personnelles, a pour missions :
- **d'informer et de protéger** les particuliers et professionnels (en cas de difficultés, toute personne peut s'adresser à la CNIL en déposant une plainte concernant la réputation en ligne, le commerce, les ressources humaines, etc.) ;
- **d'accompagner et de conseiller** les entreprises pour la mise en conformité du RGPD ;
- **de contrôler** les différentes organisations et les sanctionner le cas échéant.

e. Les données sensibles

D'après l'article 9 du RGPD, « le traitement des données à caractère personnel qui révèle l'origine raciale ou ethnique, les opinions politiques, les convictions religieuses ou philosophiques ou l'appartenance syndicale, ainsi que le traitement des données génétiques, des données biométriques aux fins d'identifier une personne physique de manière unique, des données concernant la santé ou des données concernant la vie sexuelle ou l'orientation sexuelle d'une personne physique sont interdits ».

5. La prospection électronique

La prospection électronique permet à l'entreprise de rechercher de nouveaux clients. Elle se fait en collectant les SMS, MMS et adresses de courrier électronique...

Elle est soumise à un certain nombre de règles :

- **le consentement préalable :** l'entreprise doit demander au consommateur son consentement pour recevoir des mails à caractère commercial ou céder ses coordonnées électroniques.

Exemple :

❑ Cochez la case si vous souhaitez recevoir nos offres commerciales.
❑ Cochez la case si vous souhaitez recevoir des offres commerciales de nos partenaires.

- **le droit d'opposition :** le consommateur peut refuser l'utilisation de ses données à des fins commerciales ;
- **l'obligation de sécuriser les données :** l'entreprise doit assurer la protection des données du consommateur.

6. Le suivi des consommateurs

Afin de mieux connaître les consommateurs et d'adapter les annonces commerciales, les entreprises disposent d'outils de traçage, comme les cookies. Un cookie est un fichier déposé sur le disque dur d'une personne venant de visiter un site. Il permet d'identifier une connexion et d'obtenir des informations afin de proposer, par la suite, une publicité ciblée. On retrouve, en matière de protection contre les cookies, la même démarche qu'en matière de prospection commerciale (consentement préalable, droit d'opposition et obligation de sécuriser les données).

7. Les avis en ligne

La Direction générale de la Concurrence, de la Consommation et de la Répression des fraudes (DGCCRF) a mis en évidence des pratiques commerciales trompeuses. Les cas les plus fréquents sont les faux avis positifs postés par un professionnel, son entourage ou une agence de communication, ou bien les avis négatifs rédigés par un concurrent ou toute autre personne malveillante.

Ces pratiques sont interdites en France et la DGCCRF les considère comme « publicité déguisée et trompeuse ». La réglementation en matière de faux commentaires a été renforcée afin de garantir l'information des consommateurs. La loi du 7 octobre 2016 pour une République numérique prévoit des obligations d'information pour les gestionnaires d'avis en ligne.

APPLICATIONS

1. La nouvelle campagne de communication d'ibis

Soucieux(-euse) d'affiner votre projet professionnel, vous vous renseignez sur les différentes stratégies de communication mises en œuvre par certains groupes hôteliers. Vous disposez de documents relatifs à la stratégie de communication d'ibis, du groupe Accor.

1. **Donnez les objectifs de communication.**
2. **Identifiez les cibles de communication.**
3. **Présentez le plan de communication de cette campagne.**
4. **Indiquez comment mesurer l'efficacité de cette campagne de communication.**

DOCUMENT 1 ibis lance « Go get it », sa nouvelle campagne mondiale

Ibis fête ses 50 ans avec le lancement de « Go get it », campagne qui incarne l'état d'esprit unique de la marque et invite à réaliser toutes ses envies de voyage

Ibis, la marque d'hôtels économiques la plus connue à travers le monde, a lancé sa nouvelle campagne mondiale, intitulée « Go get it », qui place l'humain – à savoir les clients et les collaborateurs d'ibis – au cœur de l'histoire de la marque.

Ibis, qui célèbre son 50e anniversaire ce mois-ci, a démocratisé le voyage lors de son lancement en 1974. En offrant des expériences de voyage de qualité à des prix abordables dans le monde, Ibis a redéfini les standards de l'hôtellerie économique. Avec le lancement de sa nouvelle campagne « Go get it », la marque met en lumière les nombreuses raisons qui poussent les gens à voyager et souligne l'importance de rendre le voyage accessible à tous. [...]

« *Ibis est l'une des marques hôtelières les plus connues au monde, et elle continue de croître rapidement pour répondre aux besoins des voyageurs du monde entier, ayant accueilli près de 72 millions de séjours l'année dernière* », ajoute Karelle Lamouche, directrice générale commerciale, division Premium, Milieu de gamme et Économique, Accor. « *Le voyage est devenu l'expérience "non essentielle" la plus essentielle aujourd'hui, et notre dernière étude mondiale sur les intentions de voyage avec ibis montre qu'un répondant sur trois prévoit de voyager davantage en 2025 qu'ils ne l'ont fait cette année. Partout dans le monde, notamment dans les régions en forte croissance comme l'Asie, nous assistons à une augmentation de la population de voyageurs. Chez Ibis, nous sommes parfaitement positionnés pour répondre aux besoins en constante évolution de cette nouvelle génération de voyageurs.* » [...]

L'enseigne a collaboré avec Saatchi & Saatchi London pour concevoir et créer la campagne mondiale « Go get it ». Les vidéos mettent en avant les Heartists® ibis Michael Brandy de l'ibis London Sutton Point et Zoltan Fuzesy, de l'Ibis Styles Edinburgh St Andrew Square. La campagne a été diffusée sur les réseaux sociaux ainsi qu'à la télévision à travers le monde,

avec sept récits de voyage qui donnent le sourire et illustrent l'esprit qui anime les établissements ibis au quotidien. [...]

Top 5 des sources d'inspiration pour choisir une destination :

1. 45 % – Famille et amis
2. 31 % – Intérêts personnels et passe-temps
3. 25 % – Sites web/blogs de voyage
4. 20 % – YouTube
5. 20 % – Nourriture et cuisine

Voyage et réseaux sociaux

- 25 % des voyageurs déclarent qu'ils réserveraient « uniquement des vacances découvertes sur les médias sociaux » – ce chiffre atteint 39 % pour la génération Y/Z.
- Parmi ceux qui ont voyagé vers une destination après l'avoir vue par l'intermédiaire d'un influenceur ou des réseaux sociaux, 28 % ont trouvé l'expérience meilleure que prévu – ce chiffre passe à 44 % pour la génération Y/Z. [...]

www.press.accor.com, 19 septembre 2024.

APPLICATIONS

DOCUMENT 2 Expériences et destinations : l'évolution des tendances en matière d'intentions de voyage révélées dans le nouveau rapport Ibis

Ibis […] publie son premier rapport sur l'évolution des intentions de voyage à travers le monde et plus particulièrement celles des générations Y et Z, en collaboration avec Globetrender, le plus grand cabinet de prévision des tendances du voyage.

Dévoilées pour coïncider avec la nouvelle campagne « Go get it » de la marque, les données collectées par ibis auprès de 9 000 consommateurs sur huit marchés clés (Royaume-Uni, États-Unis, Brésil, France, Allemagne, Inde, Australie et Chine) révèlent les grandes tendances actuelles en matière d'intentions de voyage. Des dynamiques qui influeront sur le secteur et serviront d'inspiration aux milléniaux et à la génération Z qui parcourront le monde en 2025 en quête des plus belles expériences.

[…]

À l'heure où le désir d'explorer le monde s'affirme plus que jamais, le rapport d'ibis livre des informations précieuses sur les 10 premières tendances du voyage pour 2025, aussi pertinentes pour l'industrie que pour les voyageurs. Les données ibis explorent notamment l'impact des réseaux sociaux sur le voyage, révélant par exemple que 25 % des voyageurs « ne réservent un séjour qu'après avoir vu la destination sur les réseaux sociaux », une statistique qui monte à 39 % pour les générations Y/Z.

[…]

TikTok, créateur de tendances : les voyageurs de la génération Z se tournent vers les destinations devenues virales sur TikTok ou recherchent des destinations méconnues qu'ils pourront se targuer d'avoir visitées. Données ibis : 17 % des voyageurs citent TikTok comme leur principale source d'inspiration dans le choix de leur destination, contre 27 % qui citent Instagram. […]

www.press.accor.com, 19 septembre 2024.

DOCUMENT 3 Nouveau film Ibis Styles

Ibis Styles revient en communication avec un nouveau film signé Altmann+Partners.

Lancée le 23 septembre, la campagne vise à renforcer le territoire de marque initié en 2022 en y intégrant de nouvelles dimensions pour renforcer la singularité, la créativité et la compétitivité de la marque économique et créative du groupe Accor.

Cette campagne s'inscrit dans la nouvelle plateforme globale « Go get it » (« Profitez, on est là »), qui invite les clients à réaliser toutes leurs envies de voyage. Elle vient compléter le propos du précédent film, centré sur les styles différents des hôtels, en valorisant toute l'expérience Ibis Styles : des designs affirmés et aussi un personnel attentif et décontracté, une literie confortable et un petit-déjeuner généreux inclus. Autant d'éléments qui permettent de positionner la marque comme la plus premium de son segment tout en continuant de développer sa notoriété.

Cette promesse s'incarne dans une signature de campagne : « Tous différents, tous surprenants ».

https://data.ladn.eu, 26 septembre 2024.

DOCUMENT 4 Campagne Ibis Styles

Dispositif TV, VOL, digital – Première diffusion 23 septembre 2024

Ibis Styles fait son retour en TV avec une campagne qui s'inscrit dans la nouvelle plateforme globale du groupe Accor, « Go get it », invitant les clients à réaliser toutes leurs envies de voyage. Dans la lignée du précédent film en 2022, le film *Coup de coude*, réalisé par Didier Barcelo (Henry), met en scène un couple de voyageurs appréciant le confort et les designs affirmés des ibis Styles. À chaque découverte d'un hôtel, la femme émerveillée ne peut s'empêcher d'interpeller son compagnon d'un coup de coude, ce qui n'est pas sans conséquence pour lui. Un réflexe de bonne surprise qu'il aura à son tour devant le buffet d'un petit-déjeuner. Une comédie qui invite avec humour à découvrir l'offre diversifiée Ibis Styles, incarnée dans la signature de la campagne : « Tous différents, tous surprenants ».

www.packshotmag.com

Vidéo
0:30
Ibis Styles
Coup de coude
liennathan.fr/wxi1g8

APPLICATIONS

2. Les avis sur Internet

Les avis en ligne sont toujours d'actualité, ne cessent de se développer et le cadre juridique continue d'évoluer au fil des années. En tant que futur(e) professionnel(le) de l'hôtellerie-restauration, vous vous intéressez à l'aspect juridique et marketing de la gestion de ces avis en ligne.

1. **Expliquez brièvement le cas de l'internaute qui a été condamné par le tribunal de Dijon et exposez les motivations du tribunal.**
2. **Quelles sont les sanctions prévues par la loi ?**
3. **Quel est le problème posé par les sites de comparaisons et d'avis en ligne ?**
4. **Comment un professionnel peut-il gérer les avis en ligne ?**
5. **Comment a évolué le cadre juridique concernant les avis en ligne ?**

DOCUMENT 1 Faux avis sur Internet : le jugement de Dijon pourrait ouvrir la voie à une pluie de condamnations

Un internaute vient d'être sévèrement condamné par le tribunal de Dijon pour avoir publié un avis mensonger fustigeant un restaurant. Une peine exemplaire qui pourrait faire jurisprudence.

Un vrai pavé dans la mare. Le tribunal de Dijon a condamné la semaine dernière un internaute à 2 500 € de dommages et intérêts et à 5 000 € de frais pour avoir publié de faux commentaires dénigrant le restaurant Loiseau des Ducs (groupe Bernard Loiseau). Le message malveillant ayant été publié en juillet 2013, quelques jours avant l'ouverture de l'établissement, la preuve du caractère mensonger ne laissait place à aucun doute. En raison de sa sévérité inédite, cette condamnation pourrait surtout faire jurisprudence…

Alors qu'ils passaient encore relativement inaperçus il y a quelques années, les avis publiés par les internautes sont devenus des données ultra-sensibles qui ont un impact significatif sur la réputation et donc sur le développement commercial des restaurateurs, hôteliers et autres commerçants […].

Heureusement pour les internautes malveillants, les quelques condamnations avaient jusqu'ici été symboliques, allant de l'interdiction de recommencer à quelques dizaines d'euros de dédommagement. En outre, la majorité des dossiers n'allaient pas en justice. La victime cherchant avant tout à faire disparaître le contenu désobligeant au plus vite. Or la condamnation de Dijon pourrait bien changer la donne et inspirer davantage de victimes et d'avocats à saisir les tribunaux. Ce d'autant que la justice dispose d'un arsenal juridique lourd pour faire condamner les internautes peu scrupuleux.

L'auteur d'un message malveillant encourt une responsabilité civile et surtout pénale. Un avis injurieux ou diffamant sera sanctionné par la loi sur la liberté de la presse du 29 juillet 1881. D'autres fondements pourront être retenus comme la concurrence déloyale. Au global, les condamnations encourues peuvent aller jusqu'à des peines de prison et des amendes civiles de 15 000 €, sans compter les dommages-intérêts qui seront calculés en fonction du préjudice. De quoi faire réfléchir avant d'écrire…

© Prisma Media, Blandine Poidevin et Viviane Gelles, capital.fr.

DOCUMENT 2 Les obligations spécifiques à la régulation des avis en ligne

Cette obligation spécifique est définie par l'article L. 111-7-2 du Code de la consommation et s'applique à « toute personne physique ou morale dont l'activité consiste, à titre principal ou accessoire, à collecter, à modérer ou à diffuser des avis en ligne provenant de consommateurs ». Ainsi, l'obligation de délivrer une information loyale, claire et transparente s'attache ici aux modalités de publication et de traitement des avis mis en ligne. Plusieurs précisions doivent être apportées par l'opérateur :

- Les avis font-ils l'objet d'un contrôle ? Si tel est le cas, quelles en sont les caractéristiques principales ?
- La date de l'avis et ses éventuelles mises à jour doivent être affichées.
- Si un avis n'a pas été publié, les raisons justifiant le rejet doivent être publiées.

L'opérateur doit également mettre en place une fonctionnalité gratuite permettant aux responsables des produits et des services qui font l'objet d'un avis en ligne de signaler un doute sur l'authenticité de l'avis. Ce signalement doit être motivé. Cet article est sans préjudice des obligations déjà évoquées des articles L. 111-7 et L. 111-7-1 du Code de la consommation ainsi que des obligations de l'article 19 de la loi n° 2004-575 du 21 juin 2004 pour la confiance dans l'économie numérique.

Nathalie Dreyfus, www.village-justice.com.

APPLICATIONS

DOCUMENT 3 Quelles sont les règles que le commerçant doit respecter concernant les avis en ligne ?

Selon le Code de la consommation, les commerçants doivent préciser certaines informations, quand les avis sont publiés sur leur propre site Internet :
- la **date de publication de chaque avis** ainsi que celle de l'expérience de consommation concernée par l'avis ;
- les **critères de classement des avis** parmi lesquels figure le classement chronologique ;
- s'il existe une **contrepartie fournie en échange du dépôt d'avis** ;
- le **délai maximum de publication** ou de **conservation d'un avis.**

Le commerçant doi[illegible] également informer les internautes :
- des **caractéris[illegible]incipales** du contrôle des avis au moment de leur collecte, de leur modération ou de leur diffusion ;
- de la pos[illegible] échéant, de **contacter le consommateur auteur de l'avis** ;
- de la p[illegible]on de **modifier un avis** et, le cas échéant, les **modalités de modification** de l'avis ;
- des [illegible] un **refus de publication de l'avis** ;
- le[illegible]**gne de plus de cinq millions de visiteurs** uniques par mois doivent également **élaborer et diffuser** [illegible]**rs des bonnes pratiques** visant à renforcer les obligations de clarté, de transparence et de loyauté.

[illegible]ai 2022, une directive européenne (transposée en droit français) **impose au vendeur de contrôler** [illegible]**es avis sur son site**. Le professionnel doit vérifier et garantir que le consommateur donnant son avis [illegible]it acheté son produit ou utilisé son service.
[illegible]a pratique commerciale consistant à émettre de faux avis sur Internet ou à modifier de réels avis est [illegible]ée comme déloyale.
[illegible]**ofessionnels encourent deux ans d'emprisonnement et 300 000 € d'amende en cas de violation de cette** [illegible]**sition.**

www.economie.gouv.fr, juillet 2024.

DOCUMENT 4 Comment agir contre les faux avis sur TripAdvisor ?

Impossible de savoir quelle est la part des faux avis diffusés sur TripAdvisor. Même si elle est sans doute mineure, de nombreux fantasmes sur des pratiques concurrentielles malveillantes alimentent les polémiques et la peur de toute une profession. Alors que faire pour contrer les faux avis diffusés sur TripAdvisor ?

4 solutions contre les faux avis sur TripAdvisor

1. Répondre au commentaire incriminé

Un faux avis peut être **dommageable** pour la **réputation de votre restaurant**. Mais ce qui l'est encore davantage, c'est de **laisser cet avis sans réponse** pendant des jours, voire des semaines. Les milliers d'internautes qui consultent la fiche de votre restaurant sur TripAdvisor auront tout le loisir de penser que l'avis est non seulement justifié, mais que vous ne vous en souciez guère. Et personne n'a envie de manger dans un restaurant qui se moque de l'avis de ses clients. Prenez donc systématiquement le temps de **rédiger une réponse courtoise**, sincère mais ferme. […]

2. Demander le retrait à TripAdvisor

Dans le cas de commentaires plus graves, sachez qu'à côté de chaque avis, se trouve un petit drapeau qui permet de **signaler un problème**. Vous adressez alors une requête à TripAdvisor de **demande de retrait d'un avis ou d'une note**.

Attention : TripAdvisor vous demandera alors d'**apporter une preuve** que cet avis ne peut être un vrai avis, en signalant par exemple que le restaurant était fermé […].

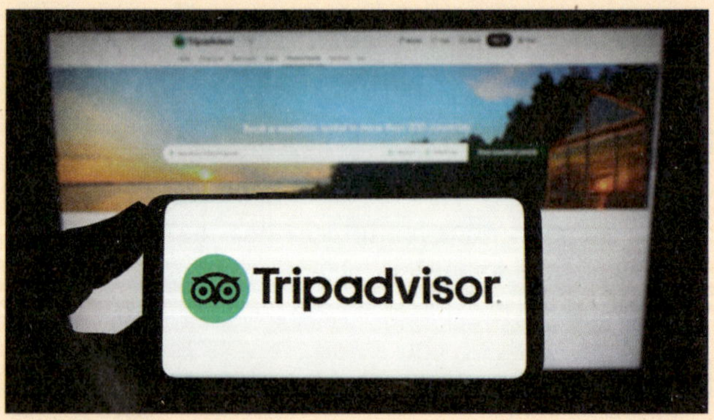

3. La mise en demeure

Avec ou non l'aide d'un avocat, vous pourrez **envoyer une mise en demeure** par voie d'huissier. C'est la première étape vers un **recours judiciaire** qui vous permet d'exiger le retrait du commentaire litigieux ainsi que l'**obtention des coordonnées de la personne qui a publié le commentaire frauduleux**.

4. Les poursuites judiciaires

Récemment, un restaurateur n'ayant pas réussi à obtenir les coordonnées de l'auteur du commentaire litigieux en même temps que son retrait est allé jusqu'aux **poursuites et a obtenu gain de cause**.

Bien que **coûteuse** en frais de justice, cette étape peut permettre d'exposer les pratiques douteuses de vos concurrents.

www.blog.zenchef.com, mai 2024.

CHAPITRE 2

La communication hors médias

NOTIONS ÉTUDIÉES

- Parrainage
- Mécénat
- Relations publiques
- Promotions des ventes
- Marketing direct

COMPÉTENCES ATTENDUES

- Décrire et caractériser les moyens de communication hors médias.
- Identifier les techniques promotionnelles de stimulation des ventes.
- Décliner la communication de l'offre.

SITUATION

Depuis plus de 50 ans, Center Parcs propose des hébergements meublés en pleine nature avec des activités d'intérieur et d'extérieur, une offre de restauration et des boutiques. À ce jour, il existe 28 domaines dans différentes régions d'Europe. Center Parcs fait partie du groupe Pierre & Vacances. Le groupe Pierre & Vacances-Center Parcs est leader européen du tourisme de proximité et a un parc touristique de 45 000 appartements et maisons.

Une nouvelle identité visuelle dans l'air du temps pour Center Parcs

La stratégie de communication de Center Parcs est basée sur la défense des engagements en matière de RSE […]. C'est un budget de plus de 2 millions d'euros qui est consacré, rien qu'en France, à la mise en place de cette nouvelle signature au travers des campagnes de communication à la télévision, en affichage et sur les médias sociaux.

https://katorze.com

Comprendre le contexte

1. Quels sont les moyens de communication média utilisés par Center Parcs ?
2. Quels pourraient être les moyens de communication hors média utilisés par Center Parcs ?

VOTRE MISSION

Après un premier stage où vous avez pu parfaire vos connaissances en matière de communication médias et digitale, vous choisissez Center Parcs pour votre second stage. Vous êtes rattaché(e) au service communication du groupe et vous souhaitez analyser la stratégie de communication hors médias du groupe.

TRAVAIL À FAIRE

1 La communication hors médias dans la stratégie de communication

Dans un premier temps, vous étudiez la stratégie de communication de Center Parcs.

1.1 Retrouvez les objectifs de communication de Center Parcs.

1.2 Identifiez les cibles de communication de Center Parcs.

1.3 Pourquoi développer une communication hors média ?

▶ FICHE RESSOURCE 1
▶ ANNEXES 1 À 3

2 Les canaux de la communication hors médias

Dans un second temps, vous vous intéressez aux différents moyens de communication hors médias mis en place par Center Parcs.

2.1 Listez les actions de communication hors médias mises en place.

2.2 Décrivez les actions de promotion des ventes et donnez-en les objectifs.

2.3 Comment est-il possible de mesurer l'efficacité des actions de promotion des ventes chez Center Parcs ?

2.4 Décrivez le partenariat mis en place par Center Parcs.

▶ FICHE RESSOURCE 2
▶ ANNEXES 4 À 6

3 La communication intégrée

Vos recherches documentaires vous ont permis d'étudier de nouvelles approches de la communication et vous souhaitez les exposer à votre responsable de stage.

3.1 Pour quelle(s) raison(s) la classification médias et hors médias ne se justifie-t-elle plus ?

3.2 Proposez une nouvelle classification des moyens de communication.

3.3 Expliquez la notion de communication intégrée.

▶ FICHE RESSOURCE 1
▶ ANNEXE 7

ANNEXES

ANNEXE 1 « Ensemble, vraiment », nouvelle campagne de Center Parcs

[...] L'agence DDB Paris a réalisé une nouvelle plateforme de communication qui réaffirme avec élégance, simplicité et authenticité l'importance d'être « ensemble, vraiment ». Les cinq films TV jouent sur l'émotion procurée par les moments simples de partage en famille dans un environnement proche de la nature. Les scénarios mettent en scène des instants volés, des parenthèses de vie entre un grand-père et ses petits-enfants, une jeune maman et son bébé, une fille et sa mère... L'idée étant de montrer la famille dans toute sa diversité. [...] Juste des rires, des sensations, de l'émotion et deux mots : *ensemble, vraiment*. Une façon de sublimer les moments uniques vécus dans les domaines de la marque, un peu partout en France. L'occasion, également, d'accompagner la montée en gamme de Center Parcs et d'apporter un nouvel éclairage sur son offre en allant chercher des situations encore méconnues (*via* notamment les formats digitaux 20') pour élargir la cible vers des CSP+.

Résultats visés

Cette nouvelle prise de parole est une campagne d'image pour réaffirmer la promesse de la marque : partager des émotions en famille.

Marie-Juliette Levin, www.ecommercemag.fr, 8 mars 2022.

ANNEXE 2 Center Parcs se réinvente !

[...] Center Parcs, pionnier des vacances au cœur de la nature, est un concept qui reste sans équivalent en Europe. Présente en France, Belgique, Allemagne et aux Pays-Bas, la marque mène depuis ces dernières années une transformation profonde, accélérée par le plan stratégique « Réinvention 2025 » : montée en gamme, rénovation des cottages et des infrastructures, création de nouvelles expériences et activités pour découvrir et mieux comprendre la nature, et meilleure intégration des domaines à leur environnement local.
Un changement incarné aujourd'hui par un nouveau positionnement de marque et une identité visuelle totalement repensée. Plus que jamais, Center Parcs souhaite répondre au besoin grandissant de se sentir connectés les uns aux autres, au plus près de la nature. La marque vise ainsi à inspirer chacun à se reconnecter à la nature et à ceux qui lui sont chers.
Rassembler les personnes au milieu de la nature : c'est ce qui a inspiré Piet Derksen il y a 55 ans lorsqu'il a fondé Center Parcs. C'est ce qui nous inspire toujours au quotidien, et nous poussons cette ambition encore plus loin aujourd'hui. Le monde qui nous entoure change. Les attentes des vacanciers ont évolué en faveur d'un tourisme plus local et durable, une tendance de fond à laquelle Center Parcs répond. La marque a su se réinventer en rénovant son offre et en proposant de nouvelles expériences, tout en intégrant plus encore ses domaines dans leur environnement local. Nous croyons également que « être ensemble » a pris un sens plus large. La famille s'étend désormais à tous ceux qui nous sont chers : nos collègues, nos amis ou encore nos partenaires de sport ! Avec notre nouveau positionnement de marque, nous voulons que tous puissent créer des souvenirs et partager des expériences qui resteront dans leur mémoire pour longtemps, déclare Andres Neira de Back, directeur Marketing Center Parcs Europe. [...]

www.tendancehotellerie.fr

ANNEXE 3 Avec « Réinvention 2025 », Pierre & Vacances-Center Parcs veut renouer avec la performance économique

[...] **Les Millennials, cible privilégiée**
Avec pour marque centrale Center Parcs, qui veut notamment cibler les « Millennials », nouvelle génération de parents. « Ils représentent aujourd'hui la moitié de la population active dans le monde et ce sont nos clients d'aujourd'hui et de demain. Les Millennials sont des acteurs engagés, des nouveaux parents qui associent leurs enfants à leurs choix, qui partent beaucoup plus en week-end et qui ont des envies de consommation différentes. Ils veulent vivre des expériences riches et intenses », note le directeur général. Des clients surtout en quête de sens.
Pour les attirer, priorité est donc donnée à une modernisation des sites, mais aussi au développement d'une réelle expérience client. « C'est ma marque de fabrique », assure l'ancien patron d'Accor. Une expérience client réinventée qui passera par une montée en gamme du produit, un basculement vers le 100 % expérientiel et un développement toujours plus responsable et respectueux de l'environnement. [...]
De quoi pousser ces Millennials à se tourner plus facilement vers les différentes marques du groupe. « Si la notoriété est très bonne, l'image doit pourtant être améliorée pour attirer cette nouvelle clientèle, qui ne réserve pas spontanément nos produits. » Celle-ci, de plus en plus soucieuse des enjeux environnementaux, pourra également compter sur les engagements RSE de l'entreprise, qui souhaite à l'avenir prioriser la recherche de sites à rénover, avec toujours une empreinte énergétique limitée. [...]

www.tourhebdo.com

ANNEXE 4 Les actions promotionnelles de Center Parcs

Vacances de Noël : dès 239€ / nuit pour 4 pers.
C'est le moment parfait pour rassembler tous vos proches !
J'en profite

Vacances de février : dès 165€ / nuit pour 4 pers.
Cet hiver, pas besoin de partir loin pour vous évader.
J'en profite

Jeu concours 100% gagnant
Tentez de remporter l'un des **6 séjours dans un cottage VIP** ou **jusqu'à -500€** !
Je participe

Offrez une e-carte cadeau !
Offrez un séjour à Center Parcs avec une e-carte cadeau : c'est le cadeau idéal pour faire plaisir à vos proches !
J'achète

Départ immédiat : jusqu'à -20%
Que diriez-vous d'une pause en pleine nature ? Evadez-vous en un instant !
J'en profite

Early Booking : -20% + crédit activité
Profitez de -20% sur toutes vos réservations à plus de 4 mois et d'un crédit activité jusqu'à 45€ !
J'en profite

www.centerparcs.fr

ANNEXE 5 La fondation du groupe Pierre & Vacances-Center Parcs

Fondation pour les Familles du Groupe Pierre & Vacances Center Parcs

Chaque année, 8 millions de clients séjournent en famille dans les résidences du Groupe Pierre & Vacances-Center Parcs. La famille et la qualité des liens qui s'y créent posent les premières briques d'un avenir épanoui, pour les enfants notamment. Pourtant certaines familles rencontrent plus de difficultés que d'autres à nouer ces liens de qualité. Ce sont à ces familles que la Fondation dédie son action en soutenant des associations à travers l'Europe.

Avec chacune de ses associations partenaires, la Fondation combine 3 formes de mécénat : le mécénat financier, le mécénat de compétences et le mécénat en nature.

Année de création	Associations soutenues dans 5 pays depuis 2017	Ambassadeur.rice.s de la Fondation	Personnes soutenues
2017	36	12	100 000

Nos 3 programmes de mécénat

www.groupepvcp.com

ANNEXE 6 Les relations presse de Center Parcs

https://news.groupepvcp.com

ANNEXE 7 La communication marketing intégrée

L'IRRÉSISTIBLE ASCENSION DE LA COMMUNICATION MARKETING INTÉGRÉE

(CMI ou IMC : *Integrated Marketing Communication*)

Quelle définition de la CMI ?

[...] La CMI a pour objectif un meilleur retour sur les dépenses de communication en mettant en œuvre une stratégie fondée sur une architecture de canaux fonctionnant en synergie et véhiculant des messages cohérents. Elle est orientée vers les clients et déterminée principalement par les données chiffrées sur les clients, leur perception et leurs comportements.

Pourquoi le 360° évolue-t-il-vers la CMI ?

La notion de 360° valorisait jusqu'alors la cohérence des messages au travers de tous les médias disponibles (grands médias et hors-médias). La CMI est une nouvelle approche, ambitieuse, qui part d'une connaissance plus « scientifique » du consommateur et va beaucoup plus loin en matière de sélection des canaux, d'attributions budgétaires et de créativité. [...]

La distinction « médias/hors-médias » a de moins en moins de sens.

Ce classement traditionnel des moyens de communication est de moins en moins capable de caractériser la réalité actuelle des médias, telle qu'elle est vécue par les consommateurs. À titre d'exemple, pour l'entreprise, Internet est à la fois un « média » traditionnel lorsqu'elle achète de l'espace sur un site pour y placer une bannière, mais le même Internet peut être qualifié d'outil « hors médias » lorsque l'annonceur, maître de l'espace qu'il alloue à sa communication, crée son site d'information. Et que dire de la création d'un groupe sur Facebook, ou de la création d'une application pour les smartphones, ou encore de la publication d'une vidéo sur YouTube qui sera vue par des milliers d'internautes ? Pour le consommateur, cette distinction n'a pas de sens. Et pour l'annonceur, l'« achat d'espace » n'est plus le seul critère pertinent permettant de classer les techniques de communication.

Le web provoque un nouveau rapport à la consommation et à l'échange entre une marque et ses clients.

Après l'ère du produit dans les années 70, l'ère de la marque dans les années 80, nous sommes arrivés, avec Internet, à partir de 2000, à l'ère de la relation. Il existe une relation, un échange, une conversation sur Internet entre les consommateurs et les marques. Cela oblige les marques à ne plus se contenter de la relation « top-down » vers le consommateur, qui prédominait jusqu'alors. Aujourd'hui, existe une situation nouvelle où le consommateur souhaite devenir un partenaire actif et exprimer son opinion sur les produits et les marques, par l'intermédiaire des forums, des sites de comparaison, des blogs, etc. Et désormais, grâce aux technologies qui sont mises à sa disposition, il le peut. Cette nouvelle donnée est un risque pour les marques, car on perçoit les dégâts que peut produire la diffusion d'informations négatives sur la toile. Mais c'est aussi une formidable opportunité, car ces « échanges » peuvent démontrer un réel intérêt, un vrai « engagement » de la part des consommateurs. Il ne faut pas oublier que, pour une marque donnée, la totalité des messages « spontanés » émis sur Internet peut être supérieure au nombre de messages « officiels » émis par la marque dans les médias.

Christian Barluet pour l'Union des annonceurs

FICHE RESSOURCE 1

LA COMMUNICATION HORS MÉDIAS DANS LA STRATÉGIE DE COMMUNICATION

La communication de l'entreprise vers ses clients s'appuie sur des outils publicitaires. Pour communiquer sur sa marque ou ses produits, elle utilise la publicité en utilisant les canaux de communication médias : télévision, radio, presse écrite, affichage, cinéma, objets publicitaires, street marketing... Internet est aussi un moyen de communication médias qui se développe de plus en plus.

Néanmoins, cette communication médias ne permet pas toujours de cibler précisément la clientèle visée, et un phénomène de saturation peut perturber la qualité de la communication médias, ce qui nécessite la mise en place d'une **communication hors médias** qui a l'avantage d'être plus ciblée et met en œuvre des moyens de communication très différents.

La stratégie de communication de l'entreprise peut se décomposer en plusieurs phases :

L'entreprise choisit les moyens de communication à mettre en œuvre ainsi que les différentes actions de communication qui relèvent d'actions de communication médias et/ou d'actions de communication hors médias.

1. La communication hors médias

La **communication hors médias** comprend tous les moyens de communication qui ne relèvent pas de la communication médias. Les spécialistes classent les actions qui relèvent de la promotion des ventes, du marketing direct, des relations publiques, du mécénat et du parrainage comme étant des actions de communication hors médias.

La communication hors médias favorise le contact direct et personnel avec le client et vise à :
- stimuler les ventes grâce à des opérations de promotion des ventes ;
- entretenir des relations privilégiées avec certains publics (relations publiques, sponsoring et mécénat) ;
- compléter un message publicitaire ;
- adresser des messages personnalisés à certaines cibles.

2. Importance de la communication hors médias

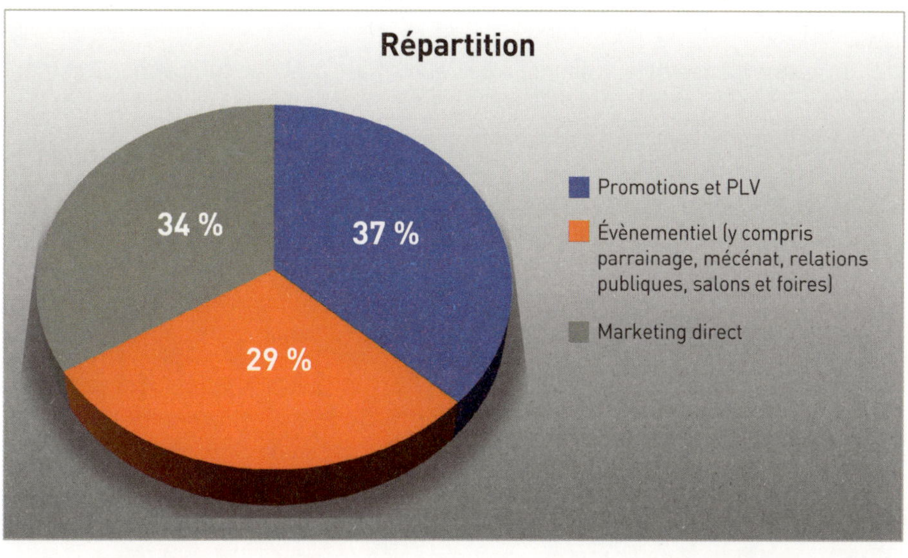

Source : https://francepub.fr

▶▶▶

3. Communication médias et hors médias : vers une fusion ?

Aujourd'hui, avec le développement d'Internet, la frontière entre la communication médias et hors médias devient floue comme le montre le schéma ci-dessous.

Périmètre traditionnellement pris en compte dans les études				Peu pris en compte par les études	
SUPPORTS HISTORIQUES		INTERNET			
Médias	**Hors médias**	**Internet / *Paid***		***Owned***	***Earned***
Presse	Annuaires	*Display* hors mobile	*Display* mobile	Sites Internet	Partage
Radio	Marketing direct	*Search* hors mobile	*Search* mobile	Applications	« Influenceurs »
Télévision	Promotion	e-Mailing		Blogs	Publicité « spontanée »
Publicité extérieure	Salons	Comparateurs		Médias sociaux	
Cinéma	Parrainage	Affiliation			
	Mécénat				

Le développement des investissements marketing liés à Internet complique la distinction historique entre hors médias et grands médias. Selon leur nature, les investissements réalisés sur Internet peuvent être affectés à la communication médias ou hors médias.

Si les dépenses hors médias représentent en moyenne près de 2/3 des budgets annuels de communication, cette part peut varier fortement selon les secteurs d'activité et la stratégie de communication qui est menée par l'entreprise.

4. La communication marketing intégrée (CMI)

Cette nouvelle approche vise à analyser et mettre au point une communication qui intègre de manière logique et rationnelle tous les canaux de communication d'une entreprise. Ainsi, chaque canal travaille avec les autres pour générer plus vite de meilleurs résultats. Il s'agit de conjuguer retour sur investissement rapide et développement de notoriété pérenne.

Pour être efficace, la CMI doit s'appuyer sur 4 grands principes fondamentaux :
- la connaissance client : les comportements du client sont une information précieuse ;
- la mise en place d'une plateforme de marque : « one look, one voice », l'entreprise a besoin de définir ses caractéristiques principales, d'y être fidèle et de véhiculer son message partout à la fois ;
- la possession d'outils de mesure avec des indicateurs de performance pertinents ;
- l'organisation innovante et en synergie de sa communication avec des messages coordonnés autour d'un même projet.

Exemple : la campagne « Ensemble, vraiment » de Center Parcs est une campagne de communication intégrée.

FICHE RESSOURCE 2

LES CANAUX DE LA COMMUNICATION HORS MÉDIAS

1. La promotion des ventes

1) La définition de la promotion des ventes

La **promotion des ventes** consiste à associer un avantage à un produit de manière temporaire. Avant de choisir les techniques de promotion des ventes, l'entreprise devra fixer les objectifs et les cibles. La stratégie promotionnelle peut se résumer ainsi :

Objectifs :
- Augmentation des ventes à court terme
- Tester une nouvelle offre
- Faire face à la concurrence
- Fidélisation
- Faire connaître et aimer le produit
- Image de marque

Cible de la promotion :
- Consommateurs et prescripteurs
- Distributeurs

2) Les techniques de promotion des ventes

Les réductions de prix	Les réductions de prix correspondent à des réductions temporaires des prix : – bons de réduction (couponing) ; – offres de remboursement ; – offres groupées (ventes par lots dont le prix est plus avantageux que si l'achat était fait séparément).
Les primes	Pour l'achat d'un produit, un autre produit est offert.
Les jeux et concours	Le consommateur participe à des jeux et concours, qui permettront à l'entreprise d'enrichir sa base de données. **Attention :** l'entreprise doit veiller à respecter la réglementation liée à ces jeux et concours et aux données personnelles.
Les produits gratuits	Il s'agit pour l'entreprise de remettre gratuitement un produit (échantillon, dégustation gratuite, essai gratuit).
Les animations	Les animations permettent de présenter, tester et faciliter l'achat d'un produit (stand de dégustation gratuite).

3) La mesure de l'efficacité d'une opération promotionnelle

- Le **taux de remontée** permet de mesurer pour une action promotionnelle la participation.

  Exemple : Pour un jeux-concours, le nombre de bulletins de participation indique le degré de succès de l'opération.

- Le **relevé des ventes** consiste à comparer les ventes avant, pendant et après une action promotionnelle.
- La **mesure de la rentabilité** de l'opération promotionnelle consiste à analyser les ventes supplémentaires et la marge dégagée par ces ventes supplémentaires.

2. Le marketing direct

1) La définition du marketing direct

Le **marketing direct** consiste à mettre l'entreprise en contact avec des consommateurs, sans intermédiaire. L'entreprise communique ainsi directement avec ses clients et peut avoir une relation personnalisée avec eux (marketing one-to-one).
Cette relation personnalisée est possible grâce à la collecte de données portant sur l'identification du client (base de données client).

▶▶▶

2) Les différentes techniques de marketing direct

- Le mailing et l'e-mailing : envoi de messages à partir d'un fichier ou d'une base de données.
- Imprimés sans adresse (ISA) et catalogues.
- Phoning, SMS.
- Internet : site Internet et réseaux sociaux.
- Publicité directe : insertion dans les médias (TV, presse, radio) d'annonces avec une offre ainsi qu'un contact (numéro de téléphone, adresse mail) pour répondre à l'offre.

3. Les relations publiques et presse

Les **relations publiques** regroupent les actions de communication hors médias permettant d'établir des relations de confiance entre l'entreprise et ses différents publics (pouvoirs publics, organismes financiers, associations de consommateurs, etc.). L'objectif est d'inciter ces différents publics à communiquer les informations que l'entreprise a pu leur fournir. Les principaux moyens utilisés sont les salons, foires, expositions et journées portes ouvertes.

Les **relations presse** consistent à diffuser des informations à différents organes de presse. Les objectifs sont d'informer, d'améliorer l'image et la notoriété de l'entreprise. Les différents moyens utilisés pour les relations presse sont le dossier de presse, le communiqué de presse et la conférence de presse.

4. Le mécénat et le parrainage

1) Le mécénat

Le **mécénat** est un soutien matériel ou financier apporté par une entreprise à une organisation ou une personne, sans contrepartie directe, c'est-à-dire que le mécène ne délivre pas un message à caractère commercial. Le mécénat permet à une entreprise de mettre en avant sa citoyenneté.

Exemple de mécénat

Le fonds de dotation Accor Solidarity

475 / projets soutenus depuis 2008 — **2 300** / bénéficiaires directs en 2023 — **2** / réponses à des situations d'urgence en 2023

2) Le parrainage et le sponsoring

- Le **parrainage** est un soutien matériel ou financier apporté par une entreprise à une organisation ou une personne avec une contrepartie directe, c'est-à-dire dans le but de bénéficier d'un avantage (image, notoriété, augmentation des ventes).
- Le **sponsor** recherche un mode de publicité, un média original. De ce fait, le sponsoring est considéré comme une prestation publicitaire.

Exemple de parrainage sponsoring

PARIS 2024 — ACCOR LIVE LIMITLESS — PARIS 2024

PARTENAIRE OFFICIEL

APPLICATIONS

1. La promotion des ventes dans un fast-food

Vous souhaitez créer votre propre restaurant et vous vous interrogez sur les différentes actions promotionnelles à mettre en place. Vous avez conservé un imprimé sans adresse d'un fast-food afin de l'étudier et de vous en inspirer.

1. **Identifiez et décrivez l'action de promotion des ventes de ce fast-food.**
2. **Précisez les objectifs de cette action promotionnelle.**
3. **Quelles sont les autres actions de promotion des ventes que vous connaissez et que vous pouvez mettre en place ?**

DOCUMENT Imprimé sans adresse

20€ 2 menus King Size + 2 menus King Junior*
UADAUDV
*Hors suppléments, menus Double ou XXL, Masters et éditions limitées. Offre non cumulable avec d'autres offres en cours, valable du 05/11/2024 au 20/12/2024 sur remise de ce coupon. Uniquement dans vos Burger King® de La Vigie, Strasbourg Hoenheim, Bernolsheim, Strasbourg Hautepierre, Vendenheim, Haguenau Schweighouse et Soufflenheim. Hors service de livraison et Click & Collect. Visuel non contractuel.
30€ les 4 menus King Size*
30WVXQZ
*Hors suppléments, menus Double ou XXL, Masters et éditions limitées. Offre non cumulable avec d'autres offres en cours, valable du 05/11/2024 au 20/12/2024 sur remise de ce coupon. Uniquement dans vos Burger King® de La Vigie, Strasbourg Hoenheim, Bernolsheim, Strasbourg Hautepierre, Vendenheim, Haguenau Schweighouse et Soufflenheim. Hors service de livraison et Click & Collect. Visuel non contractuel.
1€ le snack x4 pour l'achat d'un menu*
1HFEI76
*Valable sur les King Nuggets® x4, Chili Cheese x4 et Crousty x4. Menu hors suppléments, menu King Size, menu double ou XXL, Masters et éditions limitées. Offre non cumulable avec d'autres offres en cours, valable du 05/11/2024 au 20/12/2024 sur remise de ce coupon. Uniquement dans vos Burger King® de La Vigie, Strasbourg Hoenheim, Bernolsheim, Strasbourg Hautepierre, Vendenheim, Haguenau Schweighouse et Soufflenheim. Hors service de livraison et Click & Collect. Visuel non contractuel.
-15% sur l'addition*
Offre drive uniquement
41V6QQJ
*Offre non cumulable avec d'autres offres en cours, valable du 05/11/2024 au 20/12/2024 sur remise de ce coupon. Uniquement dans vos Burger King® de La Vigie, Strasbourg Hoenheim, Bernolsheim, Strasbourg Hautepierre, Vendenheim, Haguenau Schweighouse et Soufflenheim. Hors service de livraison et Click & Collect. Visuel non contractuel.
KINGDOM
La fidélité a ses avantages.
1 EURO DÉPENSÉ = 2 COURONNES GAGNÉES
CUMULEZ DES COURONNES
OFFREZ-VOUS VOS PRODUITS PRÉFÉRÉS*
Profitez de -10% sur votre 1re commande.*
Découvrez tous les privilèges du Kingdom sur l'App et sur burgerking.fr

APPLICATIONS

2. Le cadre juridique des jeux et concours

Les actions de promotion des ventes proposent souvent des jeux-concours. En stage chez un hôtelier, vous souhaitez proposer au client un jeu-concours.

1. **Qu'est-ce qu'une pratique commerciale ?**
2. **Dans quel cas une pratique commerciale est-elle déloyale ?**
3. **Quelles sont les principales règles à respecter par un professionnel pour organiser un jeu-concours ?**
4. **Quels peuvent être les objectifs d'un jeu-concours ?**
5. **Proposez une idée originale de jeu-concours adapté à une structure hôtelière de taille.**

DOCUMENT 1 Loterie publicitaire et jeu-concours : les pièges à éviter

Les loteries publicitaires sont des techniques marketing couramment utilisées, tant au sein du monde physique (magasins et centres commerciaux) qu'au sein du monde digital (sites Internet, réseaux sociaux, etc.).
Elles permettent d'animer une communauté de consommateurs autour d'une marque ou d'une enseigne et [d'attirer] de nouveaux clients.
La pratique est encadrée par la loi. Le non-respect des dispositions applicables n'est pas sans risques. Des consommateurs lésés et trompés peuvent solliciter la réparation de leur préjudice. […]

Loterie, loterie publicitaire, jeu-concours, des pratiques autorisées ou interdites ?

[…] Les opérations commerciales promotionnelles faisant naître l'espérance d'un gain (appelées également loteries publicitaires ou jeux-concours) sont, quant à elle, autorisées.
Régies par l'article L121-20 du Code de la consommation, elles se définissent comme suit : « une pratique commerciale mise en œuvre par les professionnels à l'égard des consommateurs, sous la forme d'opérations promotionnelles tendant à l'attribution d'un gain ou d'un avantage de toute nature par la voie d'un tirage au sort, quelles qu'en soient les modalités ou par l'intervention d'un élément aléatoire ».
[…]
Les jeux-concours promotionnels sont compris dans le périmètre de l'article L121-20 du Code de la consommation, dès lors qu'ils sont gratuits sans obligation d'achat. Toutefois, pour être légale, une loterie publicitaire ou un jeu-concours ne doit pas présenter de caractère déloyal.

Loteries publicitaires ou jeux-concours : quels pièges à éviter ?

Une pratique commerciale est déloyale lorsqu'elle « est contraire aux exigences de la diligence professionnelle et qu'elle altère, ou est susceptible d'altérer de manière substantielle le comportement économique d'un consommateur normalement informé et raisonnablement attentif et avisé, à l'égard d'un bien ou d'un service ».

Jeu-concours et pratiques commerciales trompeuses

Les pratiques commerciales trompeuses font partie de la catégorie des pratiques commerciales déloyales et consistent à induire en erreur le consommateur, par exemple :
- [soit] en créant la confusion dans l'esprit du consommateur vis-à-vis d'un autre bien, service, marque d'un concurrent […],
- [soit] en lui présentant des « allégations, indications ou présentations fausses », notamment sur les caractéristiques essentielles d'un bien ou d'un service, ou encore sur le prix, le mode de calcul du prix ou le caractère promotionnel du prix.

Loterie publicitaire et transparence de l'information

Afin de pouvoir proposer en toute sécurité juridique une loterie publicitaire, un e-commerçant doit donc s'assurer de la transparence des informations relatives à une telle opération, et notamment :
- du caractère aléatoire du gain espéré, comme modalité d'obtention des dotations, tout comme de la nature et du prix de celles-ci,
- des conditions et modalités de l'opération et de participation,
- des restrictions éventuelles de participation,
- ou encore de la durée de l'opération.

[…]

Loterie publicitaire trompeuse, quel risque financier ?

Une loterie publicitaire trompeuse peut aboutir à la réparation du préjudice subi par les consommateurs dans le cadre d'une action judiciaire.
En la matière, les juridictions ont déjà eu l'occasion de se pencher sur le sujet, en considérant notamment que « le préjudice moral du consommateur est constitué par la profonde déception qu'il a ressentie à la suite de l'annonce qu'il n'avait pas gagné la somme promise, ce préjudice étant à la mesure de l'espérance du gain qu'il avait pu entretenir ».
[…]

https://info.haas-avocats.com/

DOCUMENT 2 Article L121-1 du Code de la consommation

Version en vigueur depuis le 1er juillet 2016

Les pratiques commerciales déloyales sont interdites.

Une pratique commerciale est déloyale lorsqu'elle est contraire aux exigences de la diligence professionnelle et qu'elle altère ou est susceptible d'altérer de manière substantielle le comportement économique du consommateur normalement informé et raisonnablement attentif et avisé, à l'égard d'un bien ou d'un service.

Le caractère déloyal d'une pratique commerciale visant une catégorie particulière de consommateurs ou un groupe de consommateurs vulnérables en raison d'une infirmité mentale ou physique, de leur âge ou de leur crédulité s'apprécie au regard de la capacité moyenne de discernement de la catégorie ou du groupe.

Constituent, en particulier, des pratiques commerciales déloyales les pratiques commerciales trompeuses définies aux articles L121-2 à L121-4 et les pratiques commerciales agressives définies aux articles L121-6 et L121-7.

Site Internet

Legifrance

liennathan.fr/gleff1

DOCUMENT 3 Médias sociaux : les jeux-concours

Faire gagner un repas, un soin au spa, un cocktail…, les jeux-concours proposés par les hôtels et restaurants fleurissent sur les réseaux sociaux. L'objectif n'est pourtant pas toujours bien défini.

Quelques bonnes pratiques doivent être respectées pour mettre en place un jeu-concours sur les médias sociaux. Voici les principales :

1. Comme pour toute campagne sur les réseaux sociaux, la première étape est de fixer un objectif prioritaire. Souhaitez-vous plus de visibilité, créer une animation ou récolter des contacts dans un cadre marketing ?
2. Choisissez quel outil vous allez utiliser : Contest d'Agora Pulse, Social Shaker…, une application externe ou native dans Facebook… Certaines fonctionnalités sont gratuites, d'autres proposent des options payantes.
3. Réfléchissez aux lots à gagner et si les gains vous obligent à mettre en place des partenariats.
4. Définissez les objectifs secondaires s'il y en a : profiter du concours pour diffuser une histoire ou annoncer un nouveau partenariat (dans le cadre d'un spa, par exemple).
5. Mettez en œuvre la mécanique pure du concours : tirage au sort, vote avec une émoticône, calendrier de l'avent…
6. Définissez un agenda : préférez un délai inférieur à un mois, relancez régulièrement l'annonce du concours sur vos différents canaux, rallongez la durée si c'est un flop.
7. Créez un règlement (le dépôt chez huissier n'est plus obligatoire pour un jeu en ligne) et ajoutez à la publication du jeu-concours un lien vers le PDF du règlement.
8. Publiez le(s) nom(s) du/des gagnants.
9. Exploitez les résultats, en utilisant une application pour l'extraction des e-mails. Si votre concours est sur Facebook, vous pouvez utiliser le bouton « contacter » pour échanger avec les fans qui ont participé à la campagne.
10. Enfin, créez du storytelling sur vos différents réseaux sociaux en publiant lorsque le gagnant profitera de son gain.

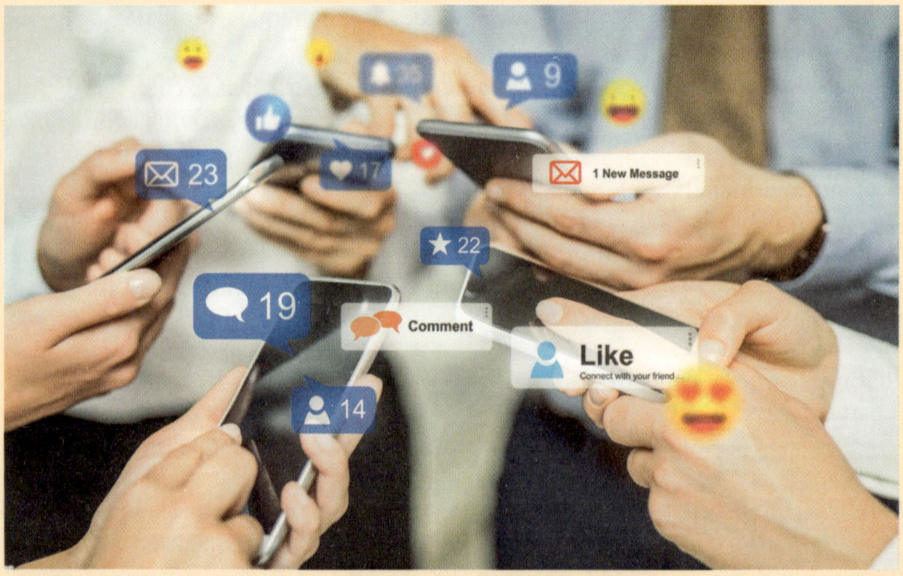

Vanessa Guerrier-Buisine, www.lhotellerie-restauration.fr, 31 août 2023.

CHAPITRE 3

Le management des supports physiques

NOTIONS ÉTUDIÉES

Servuction et supports physiques

COMPÉTENCES ATTENDUES

Caractériser le rôle des supports physiques dans le cadre de la politique commerciale.

Identifier les formes du support physique les plus adaptées à la politique commerciale.

SITUATION

Les Assembleurs proposent un concept unique en France : un bar à vin à la tireuse, que le client peut assembler selon ses goûts. Une façon de désacraliser le monde du vin au sein même de la capitale de la gastronomie.

«*Le vin peut être fun*, affirme Antoine Oran, cofondateur du lieu. *Nous voulions avant tout proposer un vin qui soit accessible, simple et rafraîchir l'image un peu guindée du monde viticole.*» L'endroit ressemble à une microbrasserie, à la différence qu'ici les tireuses servent du vin à la pression. Syrah, merlot ou encore pinot noir sortent directement des fûts abrités au sous-sol de l'établissement. «*Nous nous sommes inspirés du monde de la bière, qui est en pleine effervescence*», glisse Grégoire Gayt, cofondateur. Grâce à leur innovation, les clients peuvent jouer les apprentis vignerons et assembler à leur guise deux ou trois cépages. «*Nous avons recours à la technologie de fût recyclable, mis au point par notre propre société Les Assembleurs distributions*», explique Antoine Oran, ajoutant que ce système possède de nombreux avantages. Parmi eux, une conservation longue durée (3 à 12 mois une fois ouverts), une température de service idéale, l'absence de stockage de bouteilles, la réduction du coût de transport, mais aussi une solution écologique grâce au plastique recyclable. «*Surtout nous réduisons la dose de sulfites et les qualités œnologiques du vin sont préservées*», souligne-t-il. Selon lui, le coût de revient est de 40 % inférieur à celui d'une bouteille en verre. À cette proposition de vins s'ajoutent une belle sélection de bières et de cocktails ainsi qu'une offre de restauration réalisée par le chef Mario Laiseca, avec une formule du midi et des tapas le soir. «*Nous voulons avant tout être un lieu de vie, ou l'on peut prendre un café le matin, déjeuner à midi et profiter d'un moment de partage le soir*», détaille Grégoire Gayt.

La Revue des comptoirs, n° 249, septembre 2021

Comprendre le contexte

1. Décrivez l'ambiance mise en œuvre dans la franchise «Les Assembleurs».
2. Quels sont les avantages d'utiliser des «fûts recyclables»?

VOTRE MISSION

Vous avez récemment passé une soirée dans le restaurant « Les Assembleurs », à Lyon, et vous souhaitez vous inspirer de certains supports physiques utilisés par cette franchise pour finaliser votre projet de création d'entreprise en restauration. Vous cherchez à analyser le rôle des supports physiques dans le cadre de cet établissement ainsi que les évolutions à venir qui pourraient être les plus adaptées à votre projet pour imaginer un concept réellement attractif vous permettant de vous démarquer de vos futurs concurrents.

TRAVAIL À FAIRE

1 Caractériser le rôle des supports physiques dans le cadre de la politique commerciale

▶ FICHES RESSOURCES 1 ET 2
▶ SITUATION, ANNEXES 1 ET 2

1.1 Détaillez l'ensemble des supports physiques utilisés par le restaurant « Les Assembleurs » en recherchant le rôle précis de chacun d'eux.

1.2 En quoi les supports physiques peuvent-ils influencer l'expérience client dans le cas présenté ? Justifiez votre réponse.

1.3 Après avoir expliqué la notion de « lieu de vie », présentez l'importance des supports physiques en hôtellerie-restauration dans ce domaine.

2 Identifier les formes de support physique les plus adaptées à la politique commerciale

Dans le cadre de votre démarche de création d'entreprise, vous souhaitez intégrer les nouvelles technologies dans votre projet. Votre attention a été retenue par plusieurs innovations qui pourraient faire partie de vos choix de supports physiques.

▶ FICHE RESSOURCE 2
▶ ANNEXES 3 ET 4

2.1 Expliquez la notion de « phygital ». Détaillez les formes de supports physiques nécessaires à sa mise en œuvre.

2.2 Présentez les formes de supports physiques utilisées dans le concept de restaurant automatisé « H24-Repas du terroir ».

2.3 Quels sont les avantages et les limites de ces supports physiques ?

2.4 Comment les nouvelles technologies peuvent-elles faire évoluer les supports physiques en hôtellerie-restauration ?

ANNEXES

ANNEXE 1 « Les Assembleurs » : l'identité du lieu

ANNEXE 2 « Les Assembleurs » : une expérience originale

07 **REVUES DE PRESSE**
LES AVIS — 23

Tripadvisor

28 avis — 4,5 / 5

« Un bar à vin original où nous revenons souvent depuis notre découverte. De bons produits et une carte qui se renouvelle, de très bons vins. Tout pour toujours passer un bon moment ! » Gabrielle, mars 2022

« Enfin un bar à vin qui propose un choix de vins au verre très intéressant et servis à bonne température et ce qui ne gâche rien à des prix raisonnables ! » Patricia, septembre 2021

Google

705 avis — 4,6 / 5

« Bonne adresse, concept original sur le thème du vin et dieu sait que c'est pas toujours facile de l'être ! Jolie tour des vins sans être pléthorique : encore une fois on préfère la qualité à la quantité ! » Nico, décembre 2019

« Cuisine fraîche, bien travaillée et qui fait la part belle aux produits de saison. Assemblages intéressants, budget maîtrisé, service agréable, le tout dans un joli lieu ! » Rachel, juillet 2024

« Une idée originale : un bar à vin sur le modèle d'un bar à bières. Et l'amusant, c'est qu'on peut choisir son assemblage. Cette originalité ne nuit pas à la qualité des vins, qui sont très agréables. » Pierre-Luc, mai 2021

facebook

30 avis — 4,9 / 5

« Une superbe découverte ! La décoration est sobre mais très belle, les tapas étaient fins et délicieux ! Mais ce qui vaut le détour c'est la carte des vins et ces fameux assemblages que l'on vous propose ! » Alexandra, juin 2019

« Un super accueil et un très bon concept ! Ambiance au top ! » Hélène, mai 2019

« Vins excellents, cuisine savoureuse et copieuse, prix au top. Très bon service. Un grand grand bravo ! » Charlotte, juillet 2020

mapstr

153 avis — 5 / 5

« Lieu convivial et chaleureux. Carte des vins impressionnante où l'on oublie les noms des vins au profit de leurs cépages et du goût qu'ils vont avoir. Probabilité de choisir un vin qu'on aime garantie ! » @calicilia, septembre 2022

« Création de vin en assemblant des cépages, concept sympa et bar cool ! » @loreneigle, janvier 2022

« Un délice, concept génial ! » @dorel.nadege, mars 2021

les ASSEMBLEURS

ANNEXE 3 Le phygital chez McDonald's

Mariage des mots « **physique** » et « **digital** », le terme « **phygital** » a été inventé en 2013 par une agence de marketing australienne et consiste à utiliser, **dans des points de vente physiques, les outils et applications du e-commerce**.

Le chevalet McDo : comment ça marche ?

Lorsque l'on parle de chevalet McDo, on fait référence à un dispositif en plastique transparent placé sur chaque table du restaurant et comprenant un numéro. Grâce à une solution RFID (pour *Radio Frequency Identification*), le chevalet est **géolocalisé** pour qu'un équipier puisse apporter la commande à la bonne table. Voici le détail des étapes de l'expérience client en restaurant McDonald's :

1. Le client commande à la borne libre-service.
2. Le client prend le chevalet et le scanne.
3. Le client s'attable en attendant sa commande.
4. L'équipier McDonald's prépare la commande.
5. L'équipier regarde, sur la carte affichée à l'écran, où se trouve le client.
6. Dès que c'est prêt, l'équipier amène la commande et reprend le chevalet.

La borne de commande

L'outil couramment utilisé dans la plupart des restaurants modernes : la borne de commande. Qui n'a jamais été confronté à ce moment délicat où vous ne savez pas quoi commander et où le personnel attend impatiemment pour prendre votre commande ? Cette technologie [permet] aux clients du restaurant de passer commande par eux-mêmes, de payer directement de façon autonome. Ces derniers n'ont plus besoin d'attendre qu'un(e) serveur/se vienne prendre leur commande. Les clients peuvent prendre leur temps pour sélectionner les éléments du menu qu'ils désirent, ajouter une option supplémentaire, retirer ou ajouter un aliment.

www.digilor.fr

ANNEXE 4 Dans le restaurant « H24-Repas du terroir », une alternative pour se restaurer

Un restaurant sans personnel ouvert à toute heure du jour et de la nuit dans le Cantal

Le premier restaurant automatisé ouvert 24 h/24 en France se trouve dans le Cantal. H24-Repas du terroir a été inauguré vendredi 24 mars 2023 avec pour promesse : des produits frais, locaux, à manger à toute heure du jour et de la nuit.

C'est un concept qui peut paraître futuriste. Incongru, peut-être aussi, un restaurant ouvert en permanence au cœur du Cantal, en Auvergne. Massiac est un village étape, situé près de l'autoroute A75. Ici, les routiers s'arrêtent tard, des voyageurs cherchent un restaurant pour reprendre la route, mais les commerces sont peu nombreux et ferment tôt.

« *Dans ce petit village, même trouver un sandwich est compliqué. On aurait été sur Paris, on n'aurait peut-être pas pensé au concept. Mais ici, certains restaurants ferment le soir* », explique Marvin Lassalas, responsable de production chez Village Fani.

Remédier à la désertification et au manque de personnel

Ce réseau hôtelier est à l'origine du premier restaurant ouvert H24 en France. Le groupe Village Fani a ouvert un hôtel à Massiac en juillet 2021. Mais très vite, Christine Boyer Hajfani, fondatrice de H-24-Repas du terroir, remarque que la plupart des restaurants sont déjà fermés lorsque les clients cherchent un lieu où dîner.

« *Cela dépend des nationalités, mais il peut y avoir un Hollandais qui veut manger à 17 h, des Espagnols déjeuner à 15 h… On fait ce qu'on peut, mais le personnel ne peut pas rester sur place autant de temps et le flux n'est pas assez important.* »

« *Pour avoir du personnel, c'est compliqué à trouver, surtout ici dans le Cantal* », rapporte Christine. C'est donc elle qui tentait d'assurer une restauration à toute heure, mais elle s'est vite épuisée. Voulant remédier à ce problème, Village Fani décide de faire confectionner par un cuisinier de l'hôtel des plats frais, avec des produits locaux, préparés dans la journée et stockés dans des casiers. Ils sont mangeables à toute heure grâce à un micro-ondes situé derrière le bar.

Comme à la maison

Un client pousse la porte, en plein après-midi. Jusqu'ici, ce restaurant ressemble à tous les autres. Mais aucun serveur n'est visible dans la salle. Au bar, des plateaux sont mis à disposition des clients. Au mur, le menu est affiché : plusieurs « casiers gourmands » attendent, prêts à être réchauffés et mangés.

« *On se sert aussi à boire ?* » blague le client. Lui commande un couscous, en tapant le code du casier qu'il souhaite ouvrir et acheter. Le casier s'ouvre automatiquement, avec un plat sous vide à réchauffer au micro-ondes derrière le bar, une assiette et des couverts. Les clients peuvent se restaurer au chaud, à table, sans qu'aucun membre du personnel ne soit présent.

Alors au lieu d'aller manger chez McDonald's, le restaurant H24-Repas du Terroir propose des repas avec des produits locaux ou en circuits courts. Les repas sont variés : des salades, saucisse d'Auvergne ou aligot, du couscous ou des tapas et une gourmandise sucrée. Le tout, à un prix entre 9 et 13 euros […].

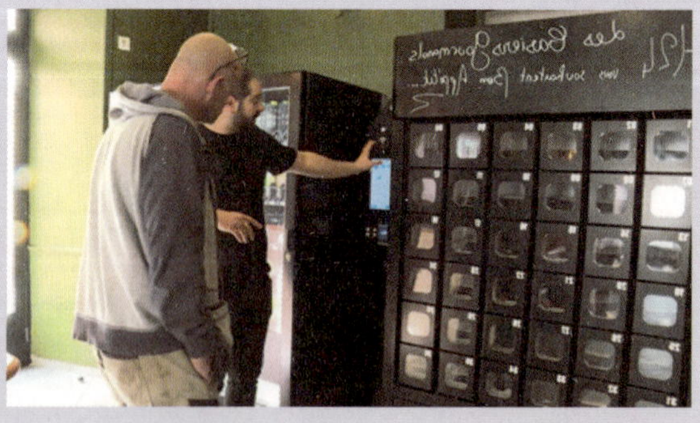

Floriane Padaon, France3 Régions, 25 mars 2023.

FICHE RESSOURCE 1

SERVUCTION ET SUPPORT PHYSIQUE

1. Le concept de servuction

1) L'origine du concept

Ce néologisme a été construit à partir des mots « service » et « production » (**SERV**ice prod**UCTION**) par Pierre Eiglier et Éric Langeard en 1987. Le concept de servuction permet d'appréhender le processus de création d'un service dans lequel interagissent trois éléments :
- le support physique ;
- le personnel en contact ;
- le ou les clients.

L'organisation de ces éléments ainsi que leurs interactions doivent être pensées dès l'origine pour permettre une fluidité dans la réalisation du service.

Le concept de servuction

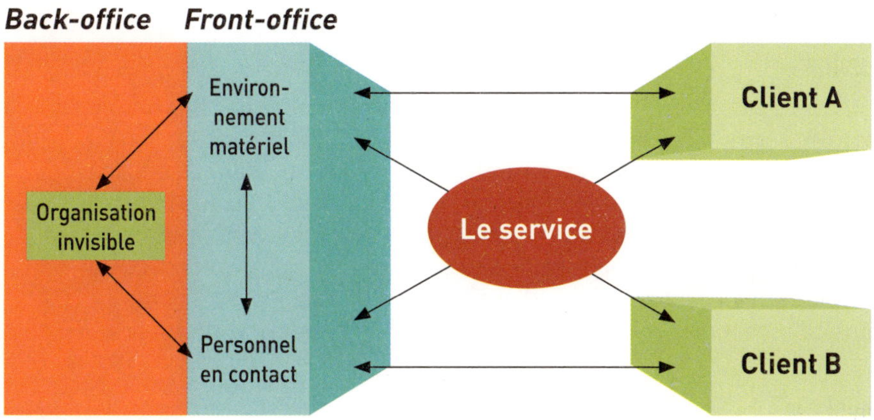

1. Environnement matériel = support physique

Jean-Pierre Conduchet, Fidly Conseil.

2) Définition de la servuction

La servuction représente l'ensemble des éléments matériels et humains utilisés ainsi que les activités déployées pour concevoir, créer et développer la prestation de service qu'une entreprise souhaite proposer sur le marché, en fonction d'un niveau de qualité choisi.

3) Intérêts du concept

Le concept de servuction est très utile pour analyser la production d'un service en hôtellerie-restauration, que ce soit lors de sa création ou lors d'un audit qualité. Il permet en effet de mettre en évidence l'interaction des trois éléments de base de la servuction (le client, le support physique et le personnel en contact) qui subissent, au premier plan, la coordination du système d'organisation interne à l'entreprise et la présence des autres clients.
Le concept de servuction souligne l'importance du processus. Le service, en tant que résultat, ne peut être dissocié de la manière dont il est fourni. La rencontre de service est le « moment de vérité » au cours duquel les clients et les employés coproduisent le service.

4) Conséquences

La simultanéité de la production, de la consommation et de la distribution d'un service a plusieurs conséquences :
- la qualité de l'interaction entre le client et l'entreprise est déterminante pour la réussite de la servuction ;
- le client participe à la production du service ;
- enfin, des interactions se produisent entre les clients consommateurs du service.

►►►

2. Notion de support physique

1) Définition

Le support physique regroupe l'ensemble des éléments matériels mis à la disposition du personnel et/ou des clients pour permettre la réalisation de la production de service.
Les différentes composantes du support physique permettent au client de bien identifier le concept de restauration ou d'hôtellerie développé par l'entreprise, comme les décors (couleurs, lumières…) et l'agencement des espaces, le mobilier, le matériel (de service, de présentation, de stockage, etc.), les technologies utilisées.

2) Contraintes liées au support physique

Les normes et contraintes réglementaires sont obligatoirement prises en compte, et l'ergonomie et l'esthétique prennent une place prépondérante dans le choix final du support physique.
Les supports physiques sont des facteurs de différenciation mais doivent toujours être pensés en cohérence avec les autres éléments du système de servuction que sont le personnel en contact et les clients.

3. Rôles du support physique

1) Principe de « vitrine-usine »

Élément fondateur du système de servuction, le support physique doit permettre tout à la fois de valoriser l'établissement (c'est-à-dire servir de vitrine au service), de faciliter la participation du client, de le renseigner sur la qualité de la prestation qu'il peut espérer tout en étant un outil de travail adapté pour le personnel (par similitude avec la production, on parle d'« usine »).
Le support physique doit répondre, dans le concept de servuction, au principe de « vitrine-usine » :
– la vitrine correspond à l'esthétique, les décors, la mise en scène, la tenue du personnel… au service de l'image que l'établissement veut se donner tout en étant à disposition des clients ;
– l'usine intègre les notions de réceptions, réserves, zones de stockage, matériels de service… et doit faciliter le travail du personnel.

2) Utilités du support physique

Créer une ambiance et participer à la communication de l'établissement	Le choix des matériaux, des couleurs, des lumières, des graphismes, du mobilier, des plantes, des décors, de la musique diffusée… compose l'ambiance de l'établissement. Ces éléments permettent de se différencier de la concurrence mais il est nécessaire de faire appel à des professionnels de la décoration.
Gérer l'espace	La surface disponible étant limitée, il est nécessaire de l'exploiter au mieux jusqu'à avoir, pour un même espace, plusieurs fonctionnalités (cas des lobbies d'hôtels, par exemple).
Gérer les flux de clients dans le temps	Prévoir des lieux différenciés d'accueil des groupes ou des individuels à la réception d'un hôtel, gérer les flux avant et après les repas, etc.
Correspondre à la prévision d'activité	Une surcapacité entraîne des coûts inutiles (investissement, mètres carrés inutilisés…). Une sous-capacité génère de l'insatisfaction clients (temps d'attente trop long), des dysfonctionnements dans le travail, une perte éventuelle de chiffre d'affaires, etc.
Faciliter le travail du personnel en contact	Ergonomie du mobilier et du matériel, organisation des espaces (place entre les tables dans un restaurant…), choix des matériaux (dans les salles de bains d'un hôtel afin d'en faciliter le nettoyage)…
Améliorer l'expérience client	Intégrer de nouvelles technologies afin de personnaliser la servuction, intégrer les attentes de flexibilité, de simplicité et de liberté du client, lutter contre la standardisation, réduire les temps d'attente…
Faciliter la gestion des informations	Reconnaissance et stockage des données, gestion des bases de données, informatisation du processus de service (gestion du stock et des commandes avec partage de données informatisées…).
Être adapté au temps nécessaire à la servuction	La durée du service en fonction du concept développé et la plus ou moins grande participation du client vont influencer, par exemple, le choix des supports physiques.
Assurer la sécurité et la tranquillité du client	Respect des normes d'hygiène, sécurisation des biens et des personnes…
Intégrer la typologie de la clientèle cible	Cohérence des supports physiques utilisés avec le cœur de cible.

FICHE RESSOURCE 2

LES DIFFÉRENTES FORMES DU SUPPORT PHYSIQUE

1. L'évolution du support physique

L'utilisation du concept de servuction en hôtellerie-restauration connaît une évolution grandissante dans les pratiques avec des conséquences notables sur le support physique. La digitalisation de la relation client vient encore renforcer les évolutions récentes du support physique. L'objectif poursuivit n'est pas d'entraîner la déshumanisation du processus de servuction mais bien son amélioration au service de l'expérience client.

2. Quelques évolutions du support physique

Parties du support physique	Illustrations
Comptoirs, vitrines réfrigérées, espaces modulables avec des rideaux ou cloisons amovibles, zones réservées au personnel avec des espaces de détente dédiés, organisation en îlots en cafétéria pour fluidifier le service…	 La chambre Jo&Joe landscape
Robots-concierges ou serveurs, chatbots (ou assistants virtuels), chambres d'hôtels intelligentes, tables tactiles, tablettes de prise de commandes…	 Un restaurant de Marly (Moselle), dans la banlieue de Metz, a « recruté » un robot-serveur pour amuser ses clients. C'est une « première en France », assure le propriétaire de l'établissement de cuisine asiatique, tout en promettant qu'il « n'a pas vocation à remplacer le personnel ».
Cuisine spectacle : de nombreux établissements placent le cuisinier au centre du restaurant, dans une cuisine ouverte, ce qui permet aux convives d'assister à la création de leur plat et de participer à l'ambiance du lieu.	 Cuisine ouverte au sein du restaurant Le Quinte et Sens du Pullman Paris La Défense. Cinq modes de cuisson différents y sont pratiqués à la vue des clients : broche, four tandoor, grill, plancha et wok.

▶▶▶

FICHE RESSOURCE 2 (suite)

Parties du support physique	Illustrations
Créer un lieu de vie : les lobbies d'hôtel se transforment et font se côtoyer accueil, restaurant ou bar. Les espaces de co-working doivent offrir une connexion wifi performante et des espaces de relaxation...	 Le concept Welcome Desk au Mercure Vienna First
Communiquer : site Internet, applications et objets connectés toujours plus « intelligents »	 Le Campanile Smart Lyon Est*** est le seul hôtel labellisé Smart Inside en Europe. Il propose une expérience client extraordinaire, grâce à une application interconnectée (contrôle de la température, des lumières de la chambre...), sans oublier le robot Alfred, qui se déplace dans l'hôtel pour livrer ce dont on a envie, pour le plus grand bonheur des enfants et des parents !
Créer une ambiance en utilisant les couleurs, les matériaux, les végétaux, les lumières ou encore le mobilier...	 Starbucks a choisi de proposer des tables rondes aux clients seuls pour éviter l'impression de vide que laisse immanquablement une table carrée avec un seul occupant.

APPLICATIONS

1. Les supports physiques modulaires en restauration

1 **Présentez le concept Agaponia du groupe Agapes Restauration en précisant les formes de support physique utilisées et les objectifs recherchés.**

2 **Expliquez la notion de « boîte à outils modulable » évoquée pour ce concept.**

DOCUMENT Agaponia, un tiers-lieu phygital pour une restauration digitalisée et décomplexée

À travers un parcours client 100 % digitalisé, *cashless* et une offre maison et en filières locales, le nouveau concept laboratoire d'Agapes Restauration apporte sa version très phygitale du tiers lieu. À la fois espace de travail, de détente et de repas, cette boîte à outils moderne, multifacette et modulaire en marque blanche, cible, entre autres, la restauration d'entreprise en pleine mutation mais pas que…

Disruptif à bien des égards, Agaponia, installé au siège d'Agapes Restauration, n'est pas seulement la synthèse des savoir-faire et de l'expertise, portés par chacune de ses marques Flunch, Il Ristorante, Pizza Paï, Les 3 Brasseurs ou encore Salad&Co. Sur 500 m², il se présente surtout comme un espace de vie multiple doté d'une restauration décomplexée conjuguée au futur où le digital est roi et l'offre plurielle et locale, cuisinée aux yeux des clients. Histoire de répondre à tous les moments de consommation, toutes les envies, toutes les générations et tous les circuits de 8 h à 19 h, 5 jours par semaine. Lieu de destination multi-univers, on peut, en toute autonomie, y manger, s'y détendre, s'y poser en coworking ou louer une salle de réunion privative […].

Le digital en toute autonomie !

Au cœur du nouveau siège d'Agapes Restauration, […] les espaces de vie chaleureux et salles privatives avec assises confortables se donnent la réplique dans des ambiances chaudes, comme à la maison. Au cœur du dispositif, le téléphone mobile irrigue tout le dispositif Agaponia bien avant l'arrivée du client sur site. On peut […] y réserver l'une des 5 salles de réunion à l'étage, un espace de coworking pour 1 h (5 €), une demie ou une journée pleine (12,50 € et 25 €) au sein de la zone aménagée Working Café avec boissons chaudes et citronnade à discrétion. On peut aussi commander à distance et à l'avance son repas et payer. « Il suffira ensuite d'enclencher la fonction "réclamer" au moment de son arrivée (entre 11 h et 14 h) pour donner le top départ du montage du plat chaud à retirer sans attendre au niveau des kiosques, en entrant dans le restaurant », détaille Julien Lefebvre, directeur du site.

QR Code, le sésame

Sur place, le balisage de l'offre s'exprime sous forme de QR Codes, selon la zone de destination. Si l'on se pose, côté Working Café ou à l'extérieur sur la terrasse végétalisée, le picto est sur la table et permet de commander et payer boissons chaudes ou froides, produits de grignotage avant de les retirer au bar. Une restauration en libre-service avec sandwichs, salades, desserts est aussi accessible en circuit court, en non-stop toute la journée, face au bar d'accueil. Il suffit de scanner là aussi le QR Code près de la vitrine pour ouvrir la solution digitale maison développée avec Smile In et Cashpad. Si l'on n'est pas déjà client, quelques minutes suffisent pour en être un et voir s'afficher toutes les propositions encore disponibles dans la vitrine LS. On compose alors son panier, on paye en ligne et on peut emporter directement ses achats en toute autonomie.

Mini Food court pour offre multiple

Pour l'accès à la zone « Fooding Place », même démarche avec le fameux picto spécifique situé à côté des menus, sauf pour les personnes dépourvues de téléphone, prises en charge par un membre de l'équipe. À la carte, 6 grandes familles de produits : les burgers, les pâtes fraîches fabriquées dans l'atelier maison tous les matins, les pizzas fraîches roulées façon rotolo, les fish & chips, les patates fumées, les woks mais aussi l'assiette de saumon fumé sur place selon la recette d'Amarine. Ajoutez à cela boisson et dessert puis l'addition est réglée *via* le smartphone. Libre à chacun ensuite, de récupérer son plateau en bois, ses couverts à usage unique, sa boisson, son dessert puis direction les îlots de fabrication, façon food court, pour récupérer sa commande chaude en préparation, servie comme tous les produits, dans une vaisselle jetable en carton (excepté les vins et bières). Baptisé Agaponia pour le siège d'Agapes, le concept à marque blanche est avant tout une large vitrine d'expertise au service des marques de l'écosystème d'Agapes et notamment Flunch. Mais il est surtout une boîte à outils modulable à qui souhaiterait mettre en place, dans une entreprise, dans un lieu de transit, dans un centre commercial, qui un frigo connecté, qui un corner, qui un pôle LS autonome, qui un espace de restauration à la carte ou de travail […].

www.snacking.fr, septembre 2021.

APPLICATIONS

2. Être présent sur Instagram et TikTok, un nouveau défi pour les professionnels du secteur

1. **Vous avez entendu parler de restaurants « instagrammables ». Expliquez cette notion.**
2. **Quelles recettes un restaurant doit-il appliquer pour qu'il soit instagrammable ? Illustrez vos réponses par des exemples trouvés sur Instagram.**
3. **Pourquoi TikTok est-il devenu un outil incontournable en hôtellerie-restauration ?**
4. **Comment mettre en avant le support physique des établissements grâce à TikTok ?**

DOCUMENT 1 L'Instagrammabilité d'une unité de restauration ou d'hébergement

« Instagrammable » est un néologisme ou anglicisme qui s'applique à un objet, un décor ou un lieu qui peut potentiellement très bien rendre dans le cadre d'une photo publiée sur la plateforme Instagram. « L'instagrammabilité » des lieux et décors devient potentiellement dans certains domaines d'activité un vecteur de visibilité par le biais des publications Instagram pouvant être réalisées par les visiteurs, clients ou même influenceurs.

Certains bars ou restaurants vont par exemple créer des plats ou cocktails ou investir dans des accessoires ou décors particulièrement instagrammables pour favoriser les publications.

www.definitions-marketing.com

DOCUMENT 2 TheFork révèle les tendances food 2024

En collaboration avec le bureau Nelly Rodi, TheFork présente une étude sur les tendances food 2024 pour le secteur de la restauration et du secteur agroalimentaire.

La gastronomie d'influence

Au-delà de la nourriture, le client recherche une expérience mémorable et toujours partageable/instagrammable. « Aujourd'hui, 50 % des clients se renseignent sur TikTok avant de réserver », déclare Damien Rodière, DG de TheFork Europe de l'Ouest. La gastronomie évolue en suivant les tendances des réseaux sociaux. C'est l'heure des saveurs explosives et des collaborations inattendues. Si le poulet frit est toujours plus présent, ainsi que les chicken waffles, c'est le retour des sausages rolls (on retrouve d'ailleurs là l'émergence de la cuisine britannique). Le piment (vu dans la box Mory Sacko pour Sushi Shop) s'invite partout, tout comme les sauces, créatives ou venues d'ailleurs. Les cuisines américaines, coréennes, chinoises et vietnamiennes sont le plus en vogue. Côté sucré, 2024 est l'année du donut et des New York rolls. Cette cuisine expérientielle se déguste chez Podium, nouvelle table du 15e, dont la carte est signée Glenn Viel, au bistrot Top Chef, ou chez Ephéméra, qui propose, avec ses trois restaurants, de vivre l'expérience des fonds sous-marins, de l'espace ou de la jungle.

https://resto.zepros.fr

APPLICATIONS

DOCUMENT 3 Extrait des pages TikTok du Bristol et de Starbucks

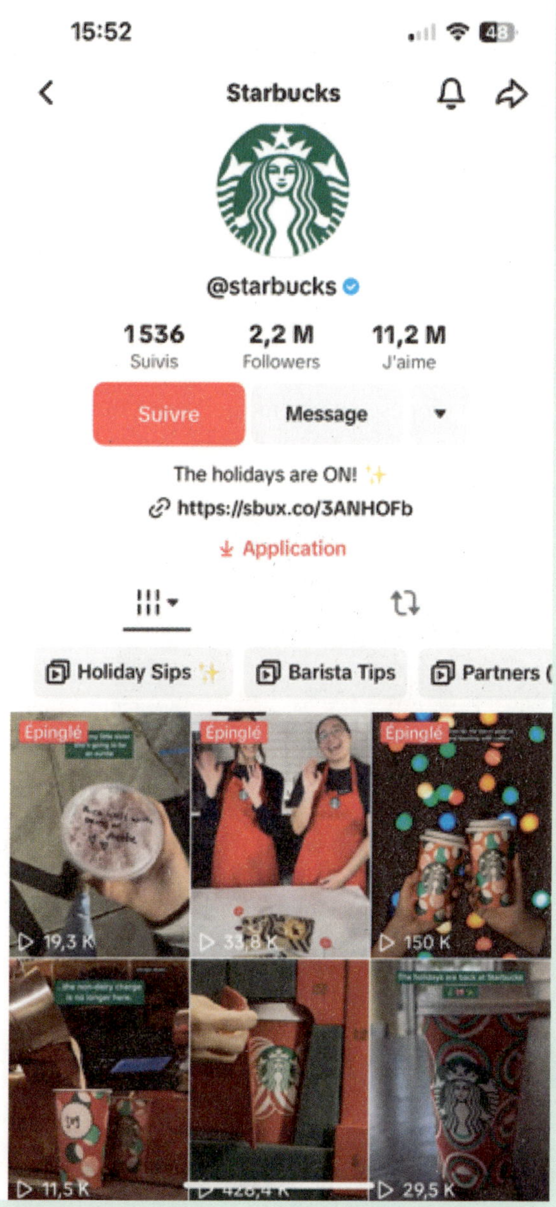

APPLICATIONS

3. De nouveaux concepts d'hôtels

1 **En vous aidant des deux exemples ci-dessous, définissez quel peut être le rôle du support physique dans l'évolution des concepts hôteliers.**

2 **Après avoir recherché d'autres exemples sur Internet, expliquez les raisons du développement des rooftops dans l'hôtellerie-restauration.**

DOCUMENT 1 L'expérience Paradiso

Le temps d'un moment ou d'un séjour, la vie à l'hôtel Paradiso est à la mesure du cinéma.
Un lieu où, pour la première fois, le cinéma est partout : dans les traditionnelles salles obscures, dans l'intimité de nos chambres et de nos suites transformées en espaces de projection ou même sur notre toit-terrasse et son cinéma en plein air.
Paradiso propose un cinéma qui se vit, qui se partage, qui émerveille et qui transporte. Un cinéma qui va au-devant de tout, qui s'offre à tous, dans un lieu qui ne ferme jamais.

Sur le toit

Profitez d'une vue unique sur les toits de Paris en sirotant un cocktail sur le rooftop ensoleillé. Un véritable jardin suspendu à découvrir le temps d'une après-midi ou d'une soirée.
Nous vous accueillons tous les jours sous réserve de bonnes conditions météorologiques : du lundi au jeudi de 16 h à 23 h, du vendredi au dimanche de 14 h à 00 h.

Entrée libre, sans réservation.

Et tous les dimanches de l'été à 21 h 30 : perché sur le toit de l'hôtel Paradiso, notre cinéma en plein air projette les soirs d'été un film à la nuit tombée, parmi une sélection de films soigneusement concoctée par les programmateurs de mk2 et piochée dans les trésors du catalogue de mk2 Films*.

* Sous réserve des conditions climatiques. Accès avec réservation obligatoire sur mk2.com.

Hôtel Paradiso-mk2hotelparadiso.com

DOCUMENT 2 Louvre Hotel Group lance Hosho, son nouveau concept de lit capsule à Paris au prix de 20 €

Le nouveau concept d'hébergement Hosho complète la liste d'innovations signées par Louvre Hotels Group avec un lit capsule au cœur de Paris.
Hosho propose un lit toutes options aux portes de Paris pour seulement 20 €. Ce lit capsule, surnommé « dreamstation », comprend une bonne literie, une lampe liseuse, un miroir, un casier individuel sécurisé, diverses prises électriques et surtout un rideau 100 % occultant pour profiter d'une nuit réparatrice.
Les chambres privatisables de 4, 6 ou 8 lits sont idéales pour les personnes qui, à 58 %, ont l'intention de se rendre à Paris en famille. Pour les femmes qui le souhaitent, l'établissement propose également des chambres non mixtes et des zones sécurisées avec une partie d'étage fermée.

Louvre Hotels Group crée une nouvelle catégorie sur le marché de l'hôtellerie à destination des voyageurs malins

Le site propose également une offre de services : espace de coworking, lavomatic design autour d'un bar, fours à micro-ondes, distributeurs automatiques de restauration légère ou encore casiers supplémentaires.
Pour tout voyageur souhaitant vivre son expérience en toute autonomie, tout le parcours est disponible en libre-service. Ce concept urbain entre en résonance avec une nouvelle génération de voyageurs qui veut consommer malin. En effet, pour leurs déplacements à Paris, les voyageurs français prévoient un budget moyen de 145 € par jour et plus de 60 % d'entre eux souhaitent économiser principalement sur leur hébergement et leur transport. […]
Malgré son petit prix, Hosho met l'accent sur un design et une décoration à la fois pop et urbaine, s'inscrivant dans les tendances d'aujourd'hui et inspirant les voyageurs. […]
De plus, plusieurs espaces ont été aménagés en partenariat avec des artistes, comme la grande fresque de Paris signée Giulia Carlicchi dans le lobby, ou encore une série de sérigraphies signées par l'artiste parisien Lucas Jacquinet, et enfin un grand mur de street-art sur le rooftop de l'établissement.

Hospitality On, mars 2022.

CHAPITRE 4

L'animation du point de vente

NOTIONS ÉTUDIÉES

- Zone de chalandise
- Marchandisage
- Techniques d'optimisation du point de vente
- Marché des événements
- Animations événementielles

COMPÉTENCES ATTENDUES

- Définir la notion de zone de chalandise (zones primaire, secondaire, tertiaire ; courbes isochrones, isométriques).
- Identifier et caractériser les techniques d'optimisation du point de vente en hôtellerie et du marchandisage.
- Illustrer les enjeux et les spécificités de la mise en valeur des produits.
- Repérer et distinguer les événements grand public des événements professionnels.
- Identifier et anticiper les événements prévisibles afin de proposer des offres adaptées.

NESSENCE
HÉRITER • RÉINVENTER • INNOVER

SITUATION

Le groupe Nessence, fondé en 2016 par Clarence Grosdidier après une longue carrière en Asie, est un acteur en pleine expansion dans le secteur de l'hébergement marchand. Basé à Bordeaux, Nessence développe des concepts innovants dans des segments variés, allant des auberges de jeunesse haut de gamme aux espaces de coworking et à l'hôtellerie bien-être.

Le groupe est structuré autour de trois principales marques :

- **W'IN**, un réseau d'espaces de coworking implanté au sein de bâtiments historiques alliant design moderne et services numériques avancés ;
- **Central Hostel**, une chaîne d'auberges de jeunesse de nouvelle génération, présente dans des bâtiments historiques au cœur des centres-villes ;
- **ROC (*Refuge Out of the City*)**, une offre d'hôtellerie axée sur le tourisme responsable et le *slow living*, qui offre des séjours de déconnexion en pleine nature.

Nessence mise sur des investissements importants pour continuer à se développer en France et à l'international.

Après plusieurs années d'expérience dans l'hôtellerie de toutes gammes, vous avez intégré le groupe aux côtés de la responsable marketing et communication. Vous l'assistez dans sa mission de développement sur le sol français de la marque Central Hostel.

Comprendre le contexte

1. Expliquez ce qu'est une zone de chalandise.
2. Pourquoi le lieu d'implantation est-il important pour un hôtel ?
3. Quelles animations pourraient attirer une clientèle de jeunes adultes (18-35 ans) dans un hôtel hybride du type Central Hostel ?

VOTRE MISSION

Au sein du groupe Nessence, vous avez en charge l'étude du Central Hostel de La Rochelle, ouvert en 2023, de l'étude de la zone de chalandise à la mise en valeur des prestations offertes afin de servir de modèle pour les ouvertures à venir.

TRAVAIL À FAIRE

1 Étudier la zone de chalandise

Votre mission débute par une étude de la zone de chalandise du Central Hostel de La Rochelle.

▶ FICHE RESSOURCE 1
▶ ANNEXES 1 À 6

1.1 Après avoir procédé à un état des lieux du tourisme en Charente-Maritime, étudiez la clientèle de ce département.

1.2 Montrez la pertinence du choix de la cible du Central Hostel de La Rochelle.

1.3 Justifiez le choix de La Rochelle comme ville d'implantation.

1.4 Montrez l'intérêt de délimiter la zone de chalandise.

2 Identifier et caractériser les techniques d'optimisation du point de vente et du marchandisage en hôtellerie-restauration

Le deuxième volet de votre étude porte plus spécifiquement sur l'optimisation du point de vente faisant appel aux techniques du marchandisage.

▶ FICHE RESSOURCE 2
▶ ANNEXES 5 ET 6

Site Internet
Hôtel Nessence
liennathan.fr/j6sjpi

2.1 Le concept de la chaîne Central Hostel mêle espace nuit et espace commun propices à la convivialité. Décrivez ces espaces d'échanges entre clients au Central Hostel de La Rochelle.

2.2 Classez les différentes animations proposées aux clientèles cibles par le Central Hostel selon qu'elles relèvent des animations actives et passives, permanentes et ponctuelles.

2.3 Compte tenu de l'environnement rochelais et des nombreux événements qui y sont proposés toute l'année, suggérez d'autres animations à destination de la cible des touristes jeunes.

2.4 Exposez les buts de l'animation d'un point de vente.

2.5 Détaillez le produit « chambre » en prenant appui sur les principes du marketing sensoriel.

3 Illustrer les enjeux et les spécificités de la mise en valeur des produits

Votre étude sera un support pour orienter les futurs directeurs de Central Hostel dans la mise en valeur de leur prestation hôtelière.

▶ FICHE RESSOURCE 3

3.1 Présentez les enjeux pour un hôtelier d'appliquer les techniques d'optimisation du point de vente et du marchandisage.

4 Identifier et anticiper les événements prévisibles afin de proposer des offres adaptées

Enfin, le dernier volet de votre étude abordera la nécessaire adaptation des prestations proposées aux différentes cibles de clients en lien avec les événements locaux.

▶ FICHE RESSOURCE 4
▶ ANNEXES 5 ET 6

4.1 Relevez les événements rochelais susceptibles d'intéresser la clientèle de jeunes adultes tout au long de l'année.

4.2 Détaillez l'offre que le Central Hostel de La Rochelle pourrait proposer aux sportifs venus participer au Marathon de novembre et ayant réservé une chambre dans l'établissement.

ANNEXES

ANNEXE 1 Charente-Maritime : – 2,5 % de fréquentation touristique pour l'été 2024

L'activité touristique globale a diminué de 2,5 % en Charente-Maritime cet été par rapport à 2023 (– 7,5 % en juillet et + 5 % en août). C'est le bilan que vient de dresser [l'agence de développement touristique] Charentes Tourisme. Le début de l'été a été impacté par une météo capricieuse, mais aussi par le contexte politique et économique. En volume de fréquentation, celle des Franciliens, qui représentent 30 % de la clientèle française, a reculé de – 5 % sur l'ensemble de la saison.
La Charente-Maritime accuse une baisse de fréquentation touristique en juillet avec – 7,5 % de nuitées par rapport à 2023, mais certaines villes comme Châtelaillon-Plage s'en sortent bien.
« Ce recul pourrait s'expliquer en partie par l'effet des Jeux olympiques, les Franciliens revenant sur le territoire après les Jeux, comme en témoigne leur hausse de fréquentation de +10 %, du 10 au 30 août (contre – 12,5 % en juillet et – 10 % lors de la première semaine d'août) », indique Charentes Tourisme.
Cependant, il faut noter que l'année 2023 avait enregistré une fréquentation touristique record. Le volume des nuitées de la saison équivaut donc à celui de 2022 et dépasse très fortement le niveau de 2019 (+ 15 %), année de référence du Covid.

Chloé Cartier-Santino, www.sudouest.fr, septembre 2024.

ANNEXE 2 Bilan d'activité touristique des Charentes : saison estivale 2024

Charentes Tourisme
INNOVER, COOPÉRER, TRANSFORMER

Origine des touristes [...]

En Charente-Maritime, les clientèles françaises ont été principalement originaires d'Île-de-France (30 %), de Nouvelle-Aquitaine (16 %) et d'Auvergne-Rhône-Alpes (9 %).
Bien que la répartition de ces clientèles soit restée similaire à celle de l'an passé, il est important de noter qu'en volume, la fréquentation des Franciliens a reculé de – 5 % sur l'ensemble de la saison estivale, tandis que celle des Néo-Aquitains est restée stable. La baisse de la fréquentation francilienne a été observée sur tous les territoires : littoral (– 5 %), intérieur (– 7,5 %) et îles (– 5 %). Ce recul pourrait s'expliquer en partie par l'effet des Jeux olympiques, les Franciliens revenant sur le territoire après les Jeux. [...]

Évolution des nuitées étrangères

[...] On observe une forte présence des principaux marchés étrangers sur l'ensemble de la saison estivale, avec des hausses notables : +15 % pour les Allemands, + 12,5 % pour les Espagnols, + 7,5 % pour les Belges et + 5 % pour les Néerlandais. Cependant, les nuitées des Britanniques ont enregistré une baisse de – 7,5 %.
Sur la période post-JO, les nuitées des cinq principaux marchés étrangers (Pays-Bas, Royaume-Uni, Allemagne, Belgique, Espagne) sont restées stables. En revanche, les nuitées des clientèles hors UE ont connu une forte progression de + 20 % (dont + 65 % Chine, + 25 % États-Unis et Japon). Bien que ces marchés représentent moins de 15 % des nuitées étrangères, leur fréquentation a été particulièrement dynamique, contrastant avec la baisse de – 5 % observée durant la période pré-JO.

www.tendancehotellerie.fr, septembre 2024.

ANNEXE 3 Les chiffres clés du tourisme en Charente-Maritime en 2023

⇨ La fréquentation hôtelière

EN CHARENTE-MARITIME

Près de 2 266 900 nuitées *(- 1 % par rapport à 2022)*
Part des étrangers : **14 %**
Taux d'occupation : **58 %**
Durée moyenne de séjour : **1,8 jour**

TAUX D'OCCUPATION MENSUEL

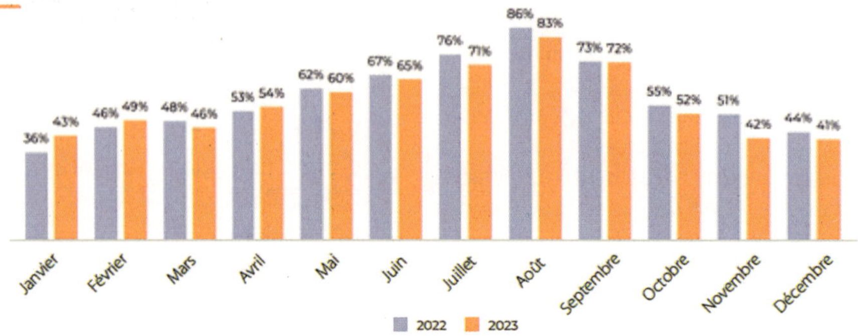

⇨ Les clientèles françaises en Charente-Maritime

D'OÙ VIENNENT-ELLES ?

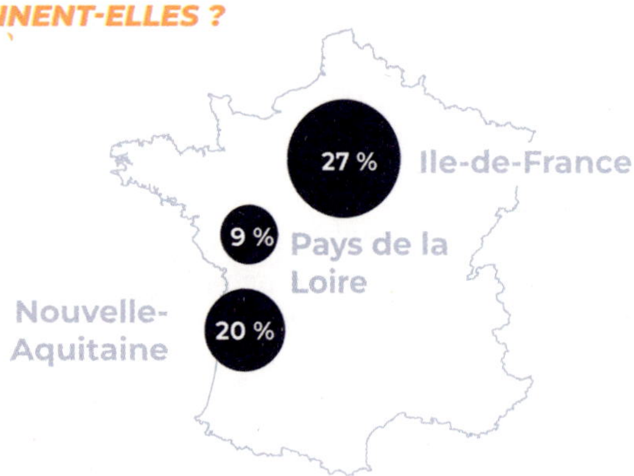

6,9 nuits*
de durée moyenne de séjour
(France : 4,8 jours)
**nombre de nuits par voyage*

Hébergement
Non marchand 53 %
Location - Chambre d'hôtes 19 %
Hôtellerie de plein air 18 %
Hôtel 5 %

⇨ Les clientèles étrangères en Charente-Maritime

POIDS DES CLIENTÈLES ÉTRANGÈRES

Ens. des séjours	24 %
Séjours 3 nuits et +	18 %

RÉPARTITION DES SÉJOURS ÉTRANGERS PAR NOMBRE DE NUITS

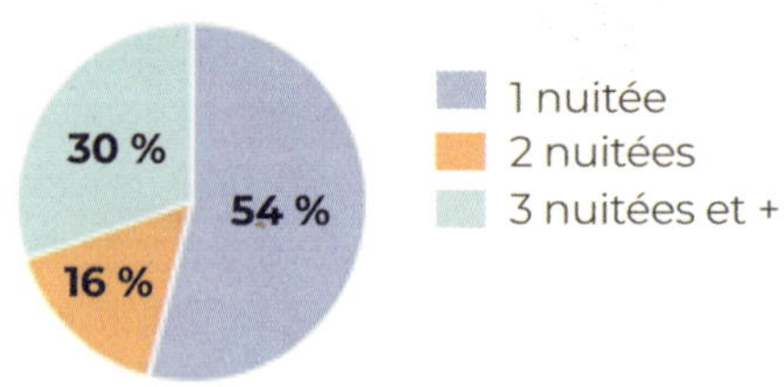

TOP 3 NATIONALITÉS

Total des nuitées

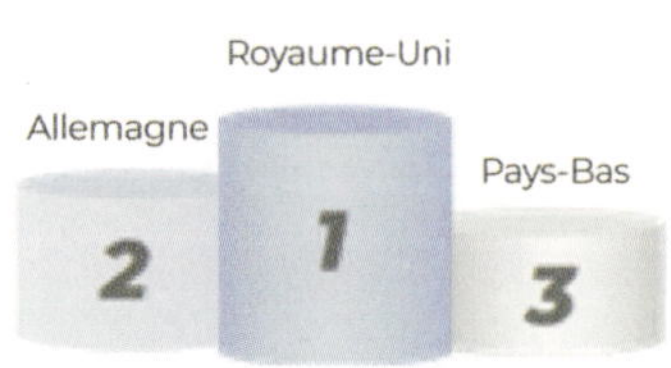

Ensemble des séjours

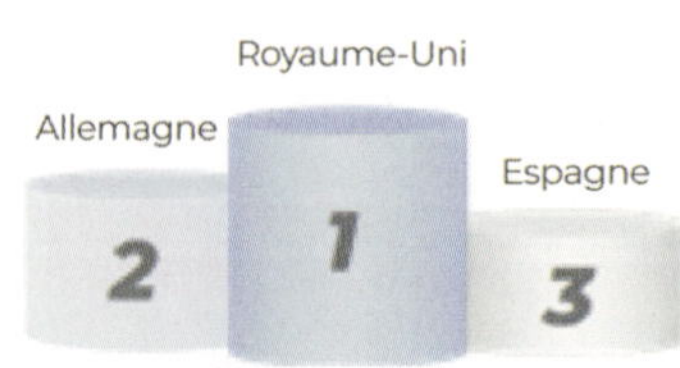

Source : Charentes Tourisme, Chiffres clés 2023, édition 2024.

ANNEXE 4 Stratégie touristique de La Rochelle 2023-2030

Un territoire aux multiples atouts

Un cadre naturel remarquable, un patrimoine historique protégé, un foisonnement d'événements culturels et sportifs font de l'agglomération de La Rochelle une destination touristique prisée. Consciente des enjeux du XXIe siècle et des grandes mutations en cours, le territoire souhaite aujourd'hui se positionner comme une destination porteuse de sens et durable. L'agglomération rochelaise conjugue attraits naturels, dynamisme économique, vitalité culturelle et sportive, matière grise et innovation. Des atouts qui attirent chaque année de nouveaux habitants.
Avec 70 kilomètres de côtes et 9 communes sur 28 en bord de mer, à proximité des îles de Ré, d'Oléron, d'Aix et Madame, l'agglomération profite d'un positionnement privilégié sur la façade atlantique. [...]

Chiffres clés

- 28 communes sur un territoire de 327 km^2
- 178 217 habitants
- 5e agglomération par sa population de la région Nouvelle-Aquitaine
- 1 000 ha de parcs d'activités
- 15 000 étudiants
- 452 km d'aménagements cyclables
- 9 communes littorales
- 70 km de côtes
- 81 628 emplois dans la zone [...]

Sources : CA de La Rochelle / INSEE, RP 2020 et 2021 / INSEE, Flores fin 2021.

Vidéo
4:33
Tour d'horizon pour découvrir les pépites du territoire
liennathan.fr/qv8ppw

ANNEXE 5 Les événements à La Rochelle

CAP SUR LA ROCHELLE

NOUVEAU
La Criée de l'Encan
19 MARS 2023

Sunny Side Of the Doc
19 AU 22 JUIN 2023

FEMA
Festival La Rochelle Cinéma
51e édition
DU 30 JUIN AU 9 JUILLET 2023

Francofolies de La Rochelle
38e édition
DU 12 AU 16 JUILLET 2023

Festival de la Fiction TV
12 AU 17 SEPTEMBRE 2023

Grand Pavois La Rochelle
51e édition
DU 20 SEPTEMBRE AU 25 OCTOBRE 2023

Festival International du Film et du Livre d'Aventure
20e édition
DU 13 AU 19 NOVEMBRE 2023

Marathon de La Rochelle
32e édition
DIMANCHE 26 NOVEMBRE 2023

www.larochelle-tourisme.com

 Le concept Central Hostel, c'est quoi ?

En immersion dans la vieille ville de La Rochelle

Nichée au cœur de l'un des quartiers les plus pittoresques de la ville, Central Hostel La Rochelle dispose d'un emplacement idéal pour explorer la ville et ses monuments historiques. À quelques pas du Vieux Port et des tours, l'auberge de jeunesse vous offre une immersion totale dans la vie locale de La Rochelle.

Site Internet

Central Hostel

liennathan.fr/j6sjpi

Flânez dans les rues pavées de la ville pour un voyage dans le temps, partez en balade en mer pour admirer les paysages côtiers ou explorez la ville à vélo pour une expérience sportive, votre séjour dans notre auberge de jeunesse à La Rochelle s'annonce riche en découvertes.

DES CHAMBRES DOUBLES LUXUEUSES

Central La Rochelle vous propose des chambres doubles spacieuses et confortables. Avec un grand lit-double, un espace détente, un coin canapé pour votre séjour en famille ainsi qu'une salle d'eau privative, chaque chambre double a été pensée et équipée pour vous offrir la meilleure expérience dans notre hôtel à La Rochelle au cœur de la vieille ville.

DES DORTOIRS CONFORTABLES

Vivez une expérience sociale lors de votre voyage à La Rochelle en séjournant dans un de nos dortoirs. L'auberge de jeunesse à La Rochelle dispose de 18 dortoirs allant de 2 à 12 personnes, mixtes ou uniquement femmes que vous pouvez partager ou privatiser selon vos envies. Les lits simples sur mesure sont équipés de store individuel, prise usb, casier sécurisé et salle de bain partagée, pour un confort optimal. Réservez votre séjour à Central La Rochelle sans plus attendre.

Que vous soyez un voyageur intrépide, des amoureux éperdus ou encore une femme ou un homme d'affaires, vous trouverez votre bonheur chez Central Hostel. Avec un concept d'hôtel hybride, nous nous démarquons des auberges de jeunesse classiques en offrant à nos voyageurs une offre de chambres de type boutique hôtel. Toutes nos chambres, quelle que soit leur taille, vous offrent un confort absolu avec un standing élevé et des équipements de qualité.

Une auberge de jeunesse pas chère ne signifie pas forcément prestations bas de gamme. En effet, Central Hostel revisite et dépoussière le concept d'auberge de jeunesse en proposant la première « Boutique Hostel » au standing plus élevé. Avec ce nouveau concept d'hébergement bon marché, nous proposons dans nos hostels un hébergement aussi convivial que branché et bien sûr accessible à tous ceux qui souhaitent la meilleure expérience au meilleur prix !

Le restaurant

Le paradis des papilles

Au sein même de notre auberge de jeunesse, plongez dans la vie locale dans notre café-restaurant ouvert aux voyageurs et aux habitants du quartier. Retrouvez-vous et échangez autour d'un bon plat au restaurant dans le centre historique de La Rochelle.

Et si on ne dormait pas ?

Que faire à La Rochelle ? Retrouvez de nombreuses activités organisées au sein de Central. Blind test, karaoké ou encore projection de films, vous trouverez forcément votre bonheur.

Extrait du site www.centralhostel.fr

FICHE RESSOURCE 1

DÉFINIR LA NOTION DE ZONE DE CHALANDISE

1. Définition de la zone de chalandise

La zone de chalandise correspond à l'aire d'influence d'un point de vente et permet de visualiser d'où proviennent les clients potentiels, appelés les « chalands ».
L'étude de la zone de chalandise d'un point de vente est la première étape pour définir ensuite une politique de marchandisage. Elle permet de dresser le paysage de l'existant, de connaître la typologie de la population (nombre d'habitants, profils des consommateurs...), de choisir l'implantation idéale et de calculer des données prévisionnelles indispensables à tout créateur d'entreprise (prévision des ventes, chiffre d'affaires, résultat...).

2. Méthode de construction de la zone de chalandise

1) Les variables influençant la zone de chalandise

a. Les caractéristiques propres au point de vente :
- la **distance** séparant les clients potentiels du point de vente ;
- le **temps** d'accès nécessaire ;
- la **nature de la prestation** (selon qu'il s'agit d'un restaurant de type rapide ou gastronomique, le client pourra accepter une distance plus ou moins éloignée par rapport à sa résidence) ;
- la **notoriété** de l'établissement (un chef étoilé représente un pouvoir d'attraction pour le client et pourra l'amener à faire davantage de distance pour s'y rendre) ;
- les **effets induits** de la zone d'implantation (zone de passage, ensoleillement, facilité d'accès, stationnement...).

b. Les facteurs environnementaux : concurrence, environnement socio-économique (niveaux de revenus des clients potentiels, taille des foyers, habitude de consommation...).

2) La construction de sous-zones

a. Les courbes isométriques et isochrones

À partir d'une carte géographique, des courbes sont tracées :
- les courbes **isométriques** représentent la distance entre le domicile du client et le point de vente ;
- les courbes **isochrones** représentent le temps de déplacement depuis le domicile du client vers le point de vente.

b. La zone de chalandise

On distingue ensuite trois zones de chalandise différentes et concentriques pour un même point de vente. Ces **courbes de concentration** sont découpées en :
- zone primaire, qui correspond à la zone d'attractivité la plus forte ;
- zone secondaire, qui correspond à une zone d'attractivité moyenne ;
- zone tertiaire, qui correspond à une zone d'attractivité faible.

Exemple : un entrepreneur souhaite ouvrir un salon de thé sur le port de Cassis. La zone bleue correspond à l'ensemble des lieux se trouvant à 20 minutes à vélo de l'emplacement. Les personnes y vivant sont des clients potentiels.

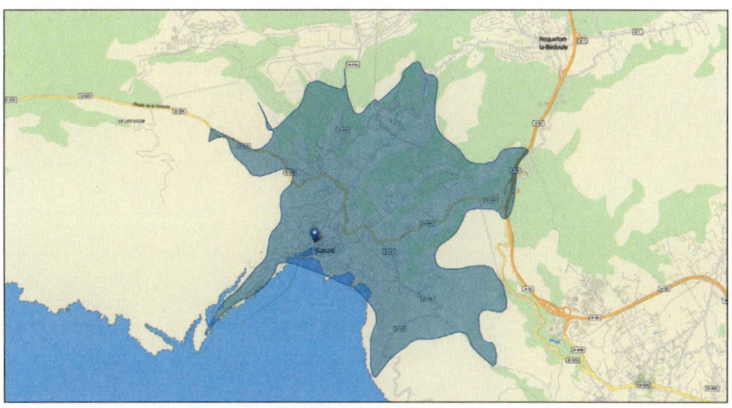

© www.oalley.fr

Le zonage est variable selon la nature et l'attractivité des points de vente et peut évoluer pour de multiples raisons (changement du plan de circulation de la ville, des habitudes des clients, de l'arrivée de la concurrence, des projets d'urbanisme local...), d'où l'intérêt d'y veiller pour adapter ensuite le marketing mix (le restaurateur pourra veiller à l'évolution de sa zone de chalandise en demandant le code postal du client lors de son passage en caisse et pourra optimiser ses investissements publicitaires vers de nouveaux territoires ou de nouvelles prestations de services). Le choix de l'emplacement à l'intérieur de cette zone sera fonction des locaux disponibles, des possibilités de construction, du budget de l'entrepreneur... La finalité sera d'y faire venir les clients et de les fidéliser.

▶▶▶

Des outils disponibles en ligne peuvent aider à déterminer une zone de chalandise et à apprécier son potentiel. Mais l'accès à l'ensemble des données d'analyse est payant.

Exemples de définition du potentiel d'une zone de chalandise avec les outils suivants :

→ **Isocarto** (France) : https://isocarto.fr

1. Saisir une adresse et valider son choix en appuyant sur la touche Entrée du clavier (ou utiliser l'outil automatique de géolocalisation ✥. La zone est centrée sur le point orange.
2. Cliquer sur la carte pour générer la zone.
3. Sélectionner les options de zone de chalandise [icône] (moyen de locomotion, temps de parcours). Cliquer de nouveau sur la carte pour générer la vue intégrant les options définies. L'obtention du rapport des données détaillées est payante.

→ **Smappen** (Belgique, France, États-Unis d'Amérique, Royaume-Uni) : www.smappen.fr

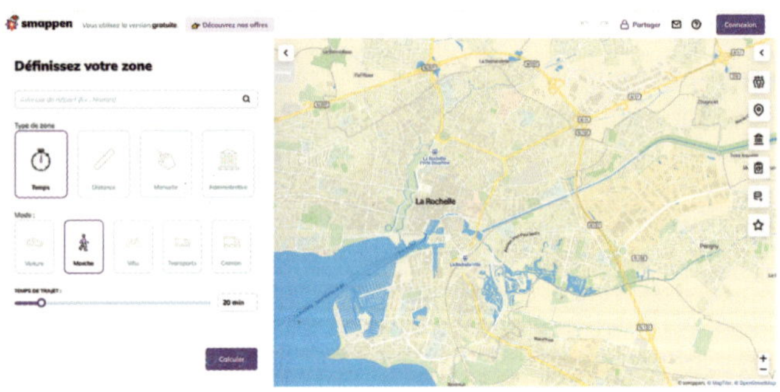	**1.** Saisir une adresse. **2.** Cliquer sur « Commencez l'analyse ».
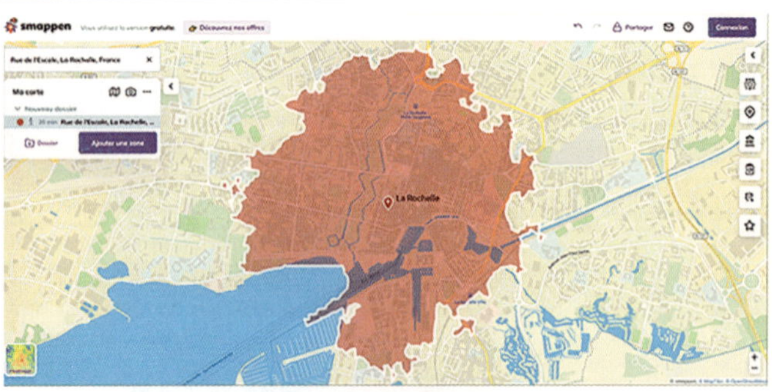	**3.** Affiner ses choix en termes de temps selon le mode de déplacement choisi et le temps de trajet du client pour venir dans le point de vente. **4.** Cliquer sur « Calculer ». *Afin d'obtenir le tracé de la zone de chalandise, il convient de créer un compte.*
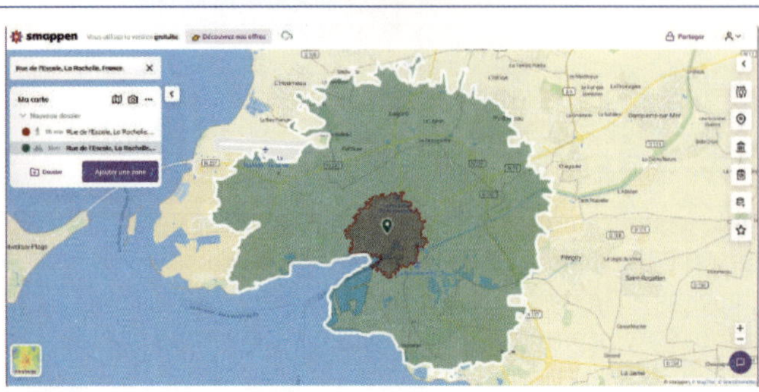	**5.** Répéter l'opération en ajoutant une ou plusieurs zones selon les critères souhaités (ex. : la distance) en cliquant sur « Ajouter une zone ». *L'obtention de données détaillées sur le marché local (icônes à la droite de l'écran) suppose de souscrire un abonnement payant.*

FICHE RESSOURCE 2

IDENTIFIER ET CARACTÉRISER LES TECHNIQUES D'OPTIMISATION DU POINT DE VENTE ET DU MARCHANDISAGE EN HÔTELLERIE-RESTAURATION

1. Le marchandisage

Il correspond à une partie du marketing qui englobe des stratégies et des techniques variées permettant de présenter, dans les meilleures conditions matérielles et psychologiques, le bien ou le service à vendre à l'acquéreur éventuel.

Exemples : l'aménagement du point de vente, l'ambiance, l'optimisation de l'espace alloué aux clients et à la circulation du personnel.

Dans les années 1950, Charles Kepner (économiste américain spécialisé dans l'étude des comportements et la prise de décision) a défini le marchandisage.
Toutefois, cette définition mérite d'être adaptée aux problématiques marketing actuelles car la priorité n'est pas tant de faire croître le chiffre d'affaires et de vendre toujours plus, mais davantage d'optimiser la rentabilité. Les solutions sont alors nombreuses.

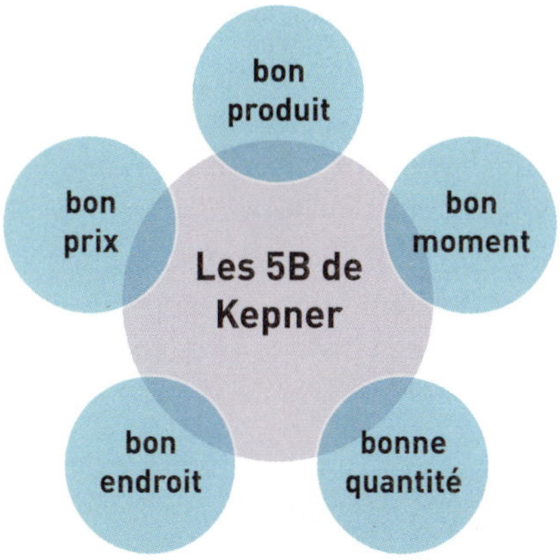

2. Les techniques d'optimisation du point de vente

1) L'architecture commerciale

Afin de définir le bon produit, l'hôtelier indépendant peut donner une identité à son établissement en jouant sur plusieurs paramètres :

- les **murs** (insonorisation, qualité et esthétique du matériau, solidité, durabilité, choix des couleurs...) ;
- le **sol** (choix du matériau pour l'esthétique, le confort et l'entretien) ;
- l'**éclairage**, élément constitutif de l'aménagement de la chambre et de décor ;
- la **domotique**, avec la mise à disposition du wifi, d'équipements permettant d'optimiser la consommation d'énergie ;
- le **mobilier**, alliant robustesse, apparence, confort et dépaysement tout en répondant aux exigences des lieux recevant du public ;
- les **textiles** (couettes, rideaux, draps de bain...) offrant confort et esthétique ;
- tous les autres aspects selon le concept d'hébergement déployé : l'accessibilité, la présentation extérieure, la signalétique de l'hôtel.

Quels que soient les choix, ils doivent être en cohérence avec le positionnement de l'établissement. L'appel à un architecte d'intérieur peut permettre davantage de créativité, d'originalité ou d'innovation. Certes, faire appel à ce spécialiste représente un coût, mais la qualité du travail qui en découle génère une augmentation rapide du chiffre d'affaires.

▶▶▶

2) Le marketing sensoriel et expérientiel

a. Du marketing classique au marketing sensoriel

Le **marketing sensoriel** est une approche marketing évoquée par Philip Kotler en 1973 comme « la création d'un environnement d'achat produisant des effets émotionnels spécifiques chez l'individu, tels que le plaisir ou l'excitation, susceptibles d'augmenter sa probabilité d'achat ».

Basée sur les cinq sens du consommateur potentiel afin de le séduire, cette mise en ambiance repose sur la vue, la présentation du produit, les couleurs, l'odeur, la musique, le toucher, la dégustation, etc. Cette approche postule qu'un consommateur est enclin à passer plus de temps et à dépenser plus d'argent dans un lieu où il se sent bien, stimulé par une musique, une odeur ou une ambiance générale agréable. Dans la même logique, il se tournera vers des offres dont la consommation est censée lui procurer ce sentiment de bien-être.

Les caractéristiques traditionnelles du produit, telles que le prix ou la qualité, ne sont plus suffisantes à engendrer une action d'achat. Ainsi, le marketing sensoriel, par la stimulation des sens et des émotions du consommateur, va lui faire vivre une expérience positive et influencer son attitude d'achat.

b. Du marketing sensoriel au marketing expérientiel

Le **marketing expérientiel** prend appui sur les principes du marketing sensoriel ainsi que sur d'autres leviers afin de faire vivre au client une expérience marquante, voire unique, qui lui laissera une vision positive de l'entreprise.

La roue expérientielle

La roue expérientielle permettra la création de valeur à condition de travailler les 5 facettes en parallèle, et sans délaisser la veille concurrentielle.

3) L'animation du point de vente

Certains hôtels et restaurants mettent en place des animations pour attirer la clientèle et se démarquer de la concurrence.

Ces animations peuvent être de plusieurs types :

- **animations actives** avec ou sans participation du client :
  - le client participe à un jeu, un karaoké, un dîner dansant... ;
  - le client ne participe pas lorsqu'il assiste à une démonstration d'un chef de cuisine, un flambage en salle ou lorsqu'il déambule dans le hall d'un hôtel lors d'une exposition artistique ;
- **animations passives :** il s'agit d'éléments d'attractivité qui reposent sur des éléments d'environnement : décoration, éclairage, sonorisation... (voir *supra* « le marketing sensoriel »).

Les restaurants thématisés jouent sur cette animation passive pour mettre en adéquation leur point de vente avec le concept.

Exemple : une pizzeria utilisera les couleurs de l'Italie, affichera des éléments de décoration en lien avec la culture italienne (masques de la *commedia dell'arte*...).

Les marketings sensoriel et expérientiel, l'architecture commerciale et l'animation du point de vente sont des techniques complémentaires les unes des autres.

FICHE RESSOURCE 3

ENJEUX ET SPÉCIFICITÉS DE LA MISE EN VALEUR DES PRODUITS EN HÔTELLERIE-RESTAURATION

1. La démarche de mise en valeur des produits

Ces techniques d'optimisation du point de vente sont à intégrer par tout entrepreneur.

Exemple : démarche de mise en valeur de crêpes flambées dans un restaurant gastronomique

Animation en cohérence avec les attentes de la clientèle et le positionnement de l'entreprise	Compétences et motivation des collaborateurs	Matériel disponible	Produits disponibles	Commercialisation de l'animation
Restaurant gastronomique ciblant une clientèle à fort pouvoir d'achat recherchant de nouvelles expériences	*Motivation du personnel pour assurer un spectacle en salle ⇒ Mise en place d'un challenge sur une animation « flambage » avec le personnel de salle*	*Desserte, poêle, gaz, liteau...*	*Sucre, alcool, fruits, crêpes*	*Publicité sur le lieu de vente, argumentaire de vente des chefs de rang*

2. Les enjeux de la mise en valeur des produits

Même si la mise en place de cette démarche représente un temps de réflexion et souvent une dépense supplémentaire (thématisation du point de vente par l'adaptation de ses composantes, architecture d'intérieur...), ce sont aussi des moyens :
- de répondre aux attentes du client ;
- d'impliquer le personnel et de le mettre en valeur aux yeux du client ;
- de satisfaire le client et de le fidéliser ensuite ;
- de capter de nouveaux clients ;
- de dégager davantage de chiffre d'affaires ;
- d'améliorer la rentabilité de l'établissement ;
- de gagner en compétitivité par rapport à ses concurrents ;
- d'assurer sa pérennité.

Exemple : Les Grands Buffets est un restaurant situé à Narbonne, il est reconnu comme la vitrine mondiale de la cuisine d'Auguste Escoffier, grand chef du 19e siècle ayant fait de la gastronomie française, une gastronomie planétaire.

Il propose des buffets gastronomiques à volonté dans un décor fastueux :
- l'aménagement intérieur est somptueux avec lustres en cristal, chandeliers et nappes blanches ;
- le personnel porte des uniformes élégants, renforçant le côté raffiné de l'expérience ;
- les plats proposés sont emblématiques de la gastronomie française (canard au sang, lièvre à la royale, homard a l'américaine, etc.) et une carte des vins proposés au prix producteur.

Ce modèle connaît un succès immense, attirant de nombreux visiteurs chaque année, mais seulement ceux qui auront anticipé leur réservation de plusieurs mois !

L'ADAPTATION DE L'OFFRE AUX ÉVÉNEMENTS GRAND PUBLIC ET PROFESSIONNELS

1. Repérer et distinguer les événements grand public des événements professionnels

Les deux caractéristiques d'un événement sont :
- sa durée : l'événement est ponctuel (de quelques heures à quelques mois) ;
- ses cibles multiples : il rassemble une grande quantité de personnes (intervenants, artistes, spectateurs, exposants...).

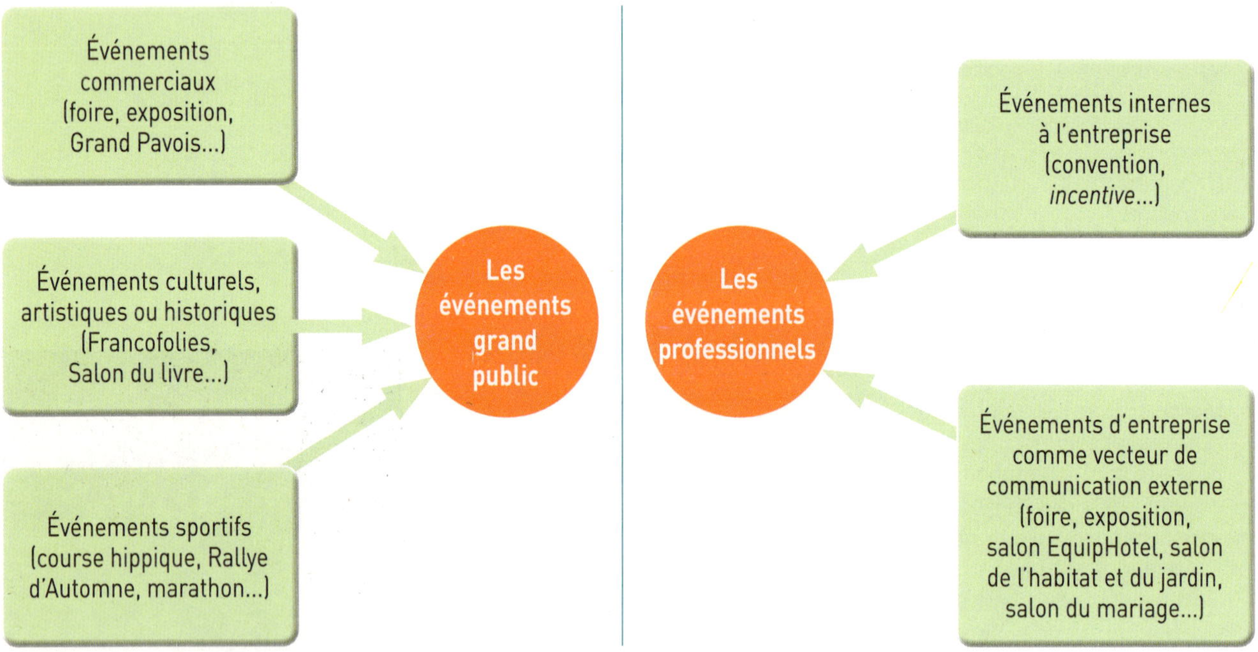

2. Identifier et anticiper les événements prévisibles afin de proposer des offres adaptées

L'hôtelier-restaurateur doit s'intégrer dans son environnement. La définition de sa zone de chalandise lui permettra de cerner les différents événements s'y déroulant, de manière à adapter son offre. C'est grâce à cette adaptation qu'il pourra optimiser sa fréquentation et sa rentabilité.

Exemple : dans le cadre du Festival international du film, qui se déroule tous les ans à La Rochelle en début d'été, le professionnel de la restauration peut adapter son offre en thématisant son établissement sur le thème du cinéma (affiches de film, décoration inspirée des équipements de tournage...). Sa carte peut proposer un menu thématisé selon les pays représentés dans la programmation (« menu Fellini » d'inspiration italienne...). Des tarifs préférentiels peuvent être proposés aux équipes de films. Le professionnel peut accueillir des acteurs, scénaristes, producteurs et mettre en place des soirées-conférences et débats avec les clients...

APPLICATIONS

1. La mise en valeur de l'offre au restaurant Le Train bleu

À l'occasion de la grande Exposition universelle, en 1900, le Buffet de la gare fut construit dans la gare de Lyon, à Paris. La direction de la Compagnie des chemins de fer souhaitait alors la création d'une étape gourmande dans un décor à la fois luxueux, moderne et mythique. En 1963, le Buffet de la gare devient Le Train bleu, en hommage à la ligne Paris-Vintimille datant de 1868, train de légende qui desservait les villes de la Côte d'Azur, en longeant la Méditerranée. C'est aujourd'hui un restaurant gastronomique et un bar réunis dans un établissement d'exception. Vous allez étudier la mise en valeur de l'offre au sein de cette brasserie parisienne en répondant aux questions ci-dessous.

1. **Étudiez l'emplacement de cette brasserie et justifiez les choix qui ont été faits à l'époque.**
2. **Dressez le profil type des clients ciblés par Le Train bleu.**
3. **À partir du site de la brasserie https://www.le-train-bleu.com, consultez l'offre de restauration et montrez que le service offert est cohérent avec le positionnement haut de gamme de l'établissement.**
4. **Retrouvez et illustrez les différents sens sollicités par cette offre.**

DOCUMENT 1 L'avènement du tourisme en France au XIXe siècle

Jusqu'au début du XXe siècle, le tourisme n'est réservé qu'à une petite catégorie de voyageurs privilégiés. Durant cette période, on voyage lentement en admirant la beauté des sites et les richesses artistiques. Le tourisme est alors un bien de luxe. Les équipements pour recevoir ces premiers touristes sont rares et dispersés. Les classes possédantes partent en villégiature ou voyagent sans véritable préoccupation de revenu ni de prix. C'est l'ère des privilégiés jouissant des avantages liés à leur naissance ou à l'argent, et le tourisme (ainsi que le voyage...) figure parmi ces avantages. […]
C'est toute l'aristocratie européenne et tout le monde des Arts et des Lettres qui prend l'habitude de migrer l'été vers les littoraux. Ce mouvement naissant est puissamment catalysé par le développement des chemins de fer qui rapproche les sites du tourisme naissant des bassins de clientèle. C'est ainsi que Paris s'affirme comme un important gisement de clientèle.

geotourweb.com

DOCUMENT 2 La fréquentation des gares parisiennes

Nom de la gare	Total voyageurs 2023
Paris Gare du Nord	226 768 485
Paris Gare de Lyon	110 498 896
Paris Gare Saint-Lazare	103 453 620
Paris Montparnasse	64 471 254
Paris Est	39 877 017
Paris Austerlitz	21 657 509

Source : ressources.data.sncf.com

2. L'architecture commerciale ou comment optimiser un point de vente

Par groupes de deux, vous allez mener l'étude de l'architecture commerciale d'un restaurant de votre choix, à proximité de votre lycée ou de votre résidence personnelle. Cette proximité géographique vous permettra de rencontrer le professionnel. C'est le fruit de cet échange qui vous assurera une bonne compréhension des choix qui auront été faits.
L'ensemble de votre étude suivra le questionnement ci-dessous et donnera lieu à la rédaction d'un dossier de 10 pages maximum.

Attention : avant d'entériner le choix de l'enseigne que vous souhaitez étudier, vous devrez obtenir l'autorisation du professionnel !

1. **Faites un croquis de l'aménagement intérieur de l'établissement, clair et légendé.**
2. **Notez les couleurs, matières, accessoires utilisés et justifiez ces choix.**
3. **Soyez attentifs à l'ambiance sonore, voire aux odeurs. Qu'en pensez-vous ?**
4. **Repérez les éléments distinctifs : mobilier, façade... Commentez et expliquez les choix faits par le professionnel.**
5. **Dans un tableau, relevez les différents supports physiques utilisés en vous intéressant particulièrement aux outils digitaux. Expliquez leur intérêt pour le professionnel et pour le client.**
6. **Décrivez l'ambiance des lieux.**
7. **Dégagez les points forts et les points faibles en termes d'architecture commerciale.**

CHAPITRE 5

Le management de la relation client

NOTIONS ÉTUDIÉES

- Participation du client à la production de services
- Expérience client (valeur perçue)
- Management de la qualité
- Concept et gestion de la relation client
- Outils de prospection et de fidélisation
- Stratégies monocanale, multicanale, omnicanale, cross-canal

COMPÉTENCES ATTENDUES

- Définir la participation du client à la production de services (coproduction) et ses différentes formes.
- Intégrer la spécificité de l'approche qualité dans un environnement de services.
- Gérer la fréquentation et l'attente du client.
- Identifier et analyser les données nécessaires à la gestion de la relation client (GRC).
- Utiliser des outils de prospection et de fidélisation.
- Analyser la cohérence entre les choix de GRC et la stratégie commerciale.

SITUATION

Créé en 1950 par Gérard Blitz, le Club Méditerranée (Club Med) a révolutionné le tourisme avec le concept des vacances « tout compris », favorisant un esprit épicurien et convivial. D'abord simple association où les clients étaient appelés « Gentils Membres » (GM) et les employés « Gentils Organisateurs » (GO), le Club Med s'est transformé en entreprise dès 1957. Avec l'essor du tourisme aérien, il s'est rapidement développé à l'international, atteignant 80 villages dans 40 pays. Cependant, dans les années 1990, l'entreprise connaît des difficultés, avec une image vieillissante et une offre trop complexe.

Depuis 2004, le Club Med a recentré sa stratégie de relation client en ciblant une clientèle haut de gamme, notamment les familles et les jeunes actifs à hauts revenus. Le « tout compris » reste au cœur de l'offre, avec une montée en gamme des services et des infrastructures pour offrir une expérience personnalisée et exclusive. Cette approche vise à fidéliser les clients en leur offrant un service premium, tout en répondant aux nouvelles attentes en matière de qualité et de flexibilité.

Un renouveau relationnel et digital fait du management de la relation client le socle de la stratégie.

Comprendre le contexte

1. Proposez des outils digitaux dédiés à l'amélioration de la relation client.
2. Exposez différents moyens de fidéliser la clientèle haut de gamme du Club Med.
3. Voyez-vous un lien entre la qualité des prestations et la fidélité de la clientèle ? Expliquez.

VOTRE MISSION

Après l'obtention de votre BTS, sensibilisé(e) à l'importance des relations humaines dans le monde du travail, vous avez souhaité poursuivre vos études dans ce domaine. Vous effectuez un stage de management des ressources humaines au sein du groupe Club Med et assistez votre tuteur, en charge du pilotage des programmes de formation du groupe à l'Université des Talents. Afin de vous imprégner de la culture d'entreprise du Club Med, vous menez une étude du management de la relation client au sein du groupe.

TRAVAIL À FAIRE

1 La participation du client à la production de services

Toute l'organisation du Club Med est centrée sur le client. Vous étudiez les interactions entre les Gentils Membres (GM) et le groupe.

▶ FICHE RESSOURCE 1
▶ ANNEXES 1 ET 2

1.1 Qualifiez les différentes formes de participation du GM au Club Med.

1.2 Montrez comment, au Club Med, la participation du client est présente avant, pendant et après la prestation de services.

1.3 Présentez les enjeux de la participation au processus de prestation de services pour le GM et pour le Club Med.

2 La spécificité de l'approche qualité dans un environnement de services

Le Club Med se définit comme une « entreprise apprenante » et souhaite associer compétences, savoir-faire et savoir-être, non seulement pour l'épanouissement de ses collaborateurs mais également pour la satisfaction des clients. Vous vous intéressez à l'approche qualité du Club Med.

▶ FICHE RESSOURCE 2
▶ ANNEXES 2 À 6

2.1 Présentez les conditions à réunir au Club Med pour offrir une prestation de qualité.

2.2 Expliquez la démarche mise en œuvre par le Club Med pour sensibiliser et impliquer ses collaborateurs à la démarche qualité.

2.3 Présentez, sous forme de schéma, les effets positifs d'une prestation de qualité sur la fidélité des GM et des collaborateurs, puis établissez le lien avec la performance globale du Club Med.

3 La gestion de la relation client (GRC)

Dans le cadre de son repositionnement stratégique, le Club Med a revu sa stratégie relationnelle avec ses clients. Grâce à différents leviers, le groupe souhaite renforcer le lien avec sa clientèle française et internationale.

▶ FICHE RESSOURCE 3
▶ ANNEXES 7 À 9

3.1 Aujourd'hui, les conseillers de voyage du Club Med sont devenus des « *Travel Experience Designers* » (TED). Exposez les moyens mis en œuvre par le groupe pour accompagner cette transformation.

3.2 Le *Net Promoter Score* (NPS) du Club Med affiche 73 en 2022 contre 66 en 2021. Expliquez cette progression et les effets pour le groupe.

3.3 Menez une analyse critique du programme de fidélité « Great Members » du Club Med.

3.4 Au-delà du programme « Great Members », étudiez les enjeux de la stratégie « marketing relationnel » du Club Med.

ANNEXES

ANNEXE 1 Le CRM* au Club Med

Avec l'app My Club Med, profitez de votre séjour dès le premier instant

Préparez votre arrivée, consultez les activités proposées et composez votre journée idéale. Une technologie accessible à tous afin que vous puissiez vous concentrer sur l'essentiel : profiter de vos vacances en famille ou entre amis !

En 2018, le lancement de la stratégie « Happy Digital » du Club Med a été synonyme de nouveautés digitales pour ses clients. Grâce à l'application My Club Med App, l'expérience client a été fluidifiée pour un parcours « zéro contrainte » et des émotions décuplées. Puis ses services ont été mis en avant pour faciliter la vie de ses hôtes au sein des nombreux *Resorts*. La dimension sociale a également été pensée en intégrant un réseau social en propre, « My Story », qui permet de partager ses meilleurs moments.

Au-delà de l'application mobile, le Club Med a aussi intégré ses clients les plus fidèles pour la co-création de nouveaux services *via* la plateforme collaborative des « Club Makers ».

Parallèlement à l'innovation technologique, il a créé une nouvelle dimension organisationnelle en accordant une valeur certaine à ses clients et en développant un « Esprit Club », au sein duquel se déploient les valeurs de la culture d'entreprise du groupe. Les appartements-boutiques du Club Med, l'état d'esprit des GO (Gentils Organisateurs) ou l'ouverture et l'accessibilité du comité de direction « Open Codir » en sont des expressions concrètes.

Aujourd'hui, la technologie et l'organisation centrée sur le client sont les fondements de la stratégie relationnelle du Club Med. Le sentiment d'appartenance à la communauté « Club Med » est renforcé et le client est relié au groupe par un fort lien de confiance.

Les valeurs du Club Med

- La **gentillesse**, le plaisir de faire plaisir avec un vrai sens du service et de l'accompagnement.
- La **liberté** d'explorer des dizaines d'hectares de nature au cœur de paysages époustouflants, de tester de nouveaux terrains de jeu, de ne pas surveiller sa montre, de se sentir parfaitement à l'aise d'être soi.
- La **multiculturalité**, en créant depuis toujours des liens étroits avec les populations hôtes du monde entier : producteurs locaux, G.O., designers...
- Une **vision pionnière**, qui a permis à Club Med de réinventer le voyage et continue d'ouvrir de nouveaux horizons inexplorés.
- La **responsabilité** de protéger les lieux et les personnes qui rendent tout ça possible en dépassant les exigences officielles depuis de nombreuses années.

https://corporate.clubmed/notre-strategie

* CRM = *Customer Relationship Management*

ANNEXE 2 Club Med poursuit ses efforts pour garder l'humain au cœur de la relation client

En mettant l'accent sur une relation client omnicanale et personnalisée, le Club Med apporte une réponse adaptée aux attentes des clients de plus en plus exigeants. Pour cela, l'entreprise investit dans la formation de ses conseillers de voyage, renforcés par une IA dont le rôle ne cesse de grandir.

La réputation du Club Med n'est plus à démontrer ! Acteur incontournable des vacances haut de gamme tout compris pour les couples et les familles, Club Med a l'ambition de devenir la marque *lifestyle* de tourisme la plus désirable. Présente sur tous les continents avec 68 *Resorts*, près de 25 000 collaborateurs et plus d'1,5 million de clients annuels qui viennent passer des vacances dans les *Resorts*, l'entreprise a adopté une stratégie de montée en gamme globale depuis près de 20 ans. « *Bien évidemment, la relation client contribue à cette montée en gamme. Une relation client qui doit répondre aux attentes de clients qui sont de plus en plus exigeants, qui sont en attente de personnalisation et qui ne veulent pas se tromper dans leur choix de vacances. Une relation client qui doit aussi s'adapter à l'évolution du parcours d'achat qui devient de plus en plus omnicanale* », souligne Caroline Launois, VP Digital Sales.

Des conseillers devenus des « *Travel Experience Designers* »

Une montée en gamme qui s'est accompagnée d'une transformation commerciale pour accompagner les conseillers de voyage à devenir des « *Travel Experience Designers* » en charge de la création de l'offre, de la vente, de l'avant et de l'après voyage. « *Un projet digital et humain basé sur la symétrie des attentions : pour qu'une expérience client soit réussie, il faut que l'expérience collaborateur le soit tout autant* », précise Caroline Launois.

En outre, cette transformation se base sur quatre piliers. **À commencer par l'excellence de la culture voyage.** L'idée est de ne pas simplement vendre un séjour en *Resort*, mais davantage vendre une destination. Club Med accompagne les conseillers de voyage à connaître les destinations *via* des plans de formation, *via* des partenariats pour leur permettre d'avoir un discours inspirant et vecteur d'émotion pour préparer le séjour des clients.

Deuxième pilier, l'excellence de la considération. Face à l'exigence croissante des clients, l'entreprise accompagne ses équipes pour y répondre à travers un pilotage renforcé de la qualité, à travers la mise en place de standards opérationnels, de grilles de coaching ou d'outils numériques. L'objectif est double : les aider à se former et à suivre leur performance / montée en compétences.

Troisième pilier, l'excellence de la vente en développant sa propre méthode commerciale, appelée « DESIGN », « *où chaque lettre va représenter une des étapes du parcours avec nos clients. L'objectif étant d'être dans une démarche de co-construction du futur séjour. Nous avons d'ailleurs revu notre parc d'agences avec la création d'appartements-boutiques pour créer des lieux d'expérience haut de gamme en phase avec nos* Resorts, *afin de se sentir comme à la maison* », poursuit Caroline Launois.

Enfin, **dernier pilier, celui de la digitalisation**. Celle-ci doit être perçue comme un vecteur de facilitation. Un gros travail de remise à niveau a été mené depuis 2018, visant une modification en profondeur de l'écosystème digital mis à disposition des conseillers de voyage. Le CRM (Microsoft Dynamics) est enrichi d'une vue 360 qui permet aux conseillers d'avoir l'intégralité des informations du client, de son historique, etc.

Par ailleurs, la digitalisation de la relation client contribue à ce que les clients puissent acquérir une certaine autonomie pour effectuer différentes tâches. Exemple avec l'action « Facilitez votre arrivée », qui permet aux clients de renseigner, en amont de leur séjour, une série d'informations sur leurs cours de ski, sur leurs inscriptions… afin de profiter de leur séjour les premières minutes de leur arrivée en *Resort*.

Jérome Pouponnot, www.relationclientmag.fr, 24 avril 2024.

ANNEXE 3 L'Université des Talents

L'Université des Talents pilote de nombreux projets tout au long de l'année, [...] les Academy Weeks, dont l'objectif est de (ré)unir et développer ses équipes confirmées, ainsi que d'accueillir ses nouveaux talents pour les former aux codes du savoir-être et savoir-faire Club Med. Durant ces semaines de formation, Club Med place ses collaborateurs en position de « clients » pour qu'ils vivent l'expérience et cernent au mieux leurs attentes, afin d'adapter leur posture en fonction de leur métier.

www.tendancehotellerie.fr, janvier 2022.

ANNEXE 4 « *Travel Experience Designers* » de Club Med : des résultats positifs en progression

- 73 NPS (*Net Promoter Score*) : + 7 points entre 2021 et 2022
- + 8 % nouveaux clients en France en 2022 *vs* 2019
- 7 appartements-boutiques : augmentation du panier moyen et du chiffre d'affaires *vs* une agence « classique ». Par exemple, l'appartement de Nice : + 30 % chiffre d'affaires et + 9 % prix moyen un an après son ouverture.
- Temps de formation : 1 mois en 2022 *vs* 3 mois en 2019 pour l'intégration d'un nouveau TED
- 90 % de satisfaction TED : « Je pense que ce que je fais et ce que j'apprends au Club Med me permettra d'être bien reconnu(e) sur le marché du travail. » [...]
- Temps de traitement des réclamations clients divisé par 3,5 (48 h *vs* 7 jours) [...]

https://viuz.com, juillet 2023.

ANNEXE 5 Les 4 piliers du projet « *Travel Experience Designer* » (TED)

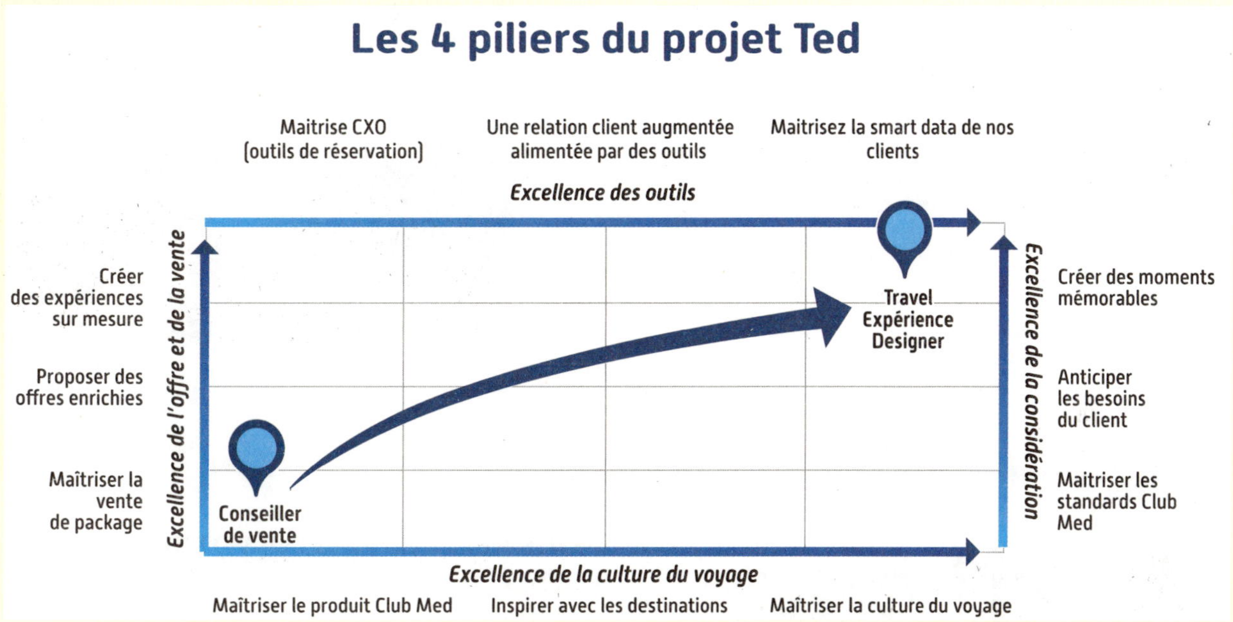

ANNEXE 6 Labels et certifications au Club Med

Qu'est-ce que la certification BREEAM ?

Éco-certifier la construction

Le Club Med s'est engagé à éco-certifier la **construction de l'ensemble de ses nouveaux *Resorts*** avec BREEAM (ou une certification équivalente selon les régions du monde), certification internationale et indépendante d'écoconstruction parmi les plus reconnues au monde, qui **valorise la conception et la construction de différents types de bâtiments**.
Aujourd'hui, le Club Med déploie cette certification ou d'équivalentes sur la plupart de ses nouveaux villages et extensions ainsi que sur les rénovations les plus importantes.

Qu'est-ce que l'écocertification Green Globe ?

Éco-certifier nos opérations

Ce label international et indépendant, parmi les plus reconnus et exigeants, récompense les professionnels du tourisme dont les **activités respectent les nombreux critères du référentiel de certification**. En 2021, 100 % de nos *Resorts* étaient certifiés Green Globe pour leur exploitation responsable grâce notamment à :

- Mise en place d'une démarche structurée de gestion des impacts environnementaux et sociaux
- Formation du personnel et sensibilisation de la clientèle
- Optimisation des consommations d'eau et d'énergie
- Tri et recyclage des déchets
- Contribution au développement local grâce notamment aux achats responsables et à la création d'emplois
- Protection de la biodiversité et développement de partenariats avec des experts locaux
- Prévention des pollutions et sécurisation des produits dangereux
- Promotion du patrimoine culturel local

www.clubmed.fr

ANNEXE 7 « Great Members », le programme de fidélité du Club Med

Great Members

NOUS RÉCOMPENSONS VOTRE FIDÉLITÉ

Chaque jour !

En tant que Great Member, votre fidélité est toujours récompensée. Chaque fois que vous effectuez un séjour au Club Med, vous cumulez des points pour bénéficier d'avantages. Nous sommes heureux de vous compter parmi nous dans notre programme de fidélité.

4 STATUTS DIFFÉRENTS, DES AVANTAGES SANS FIN

Découvrez ce qui vous attend...

Tous les ans, votre statut Great Members est calculé en fonction du nombre de points que vous avez cumulé sur les 3 dernières années. Chaque séjour en Resort, service à la carte réservé avant votre départ ou dépense en Resort avec le Club Med Pass vous rapportent des points pour atteindre le statut supérieur et bénéficier de nouveaux avantages.

Habituellement, votre statut est valable du 01/01 au 31/12 de l'année suivante et vos points sont valides 3 ans à partir de la date de votre retour.
Bien sûr, vous pouvez passer au statut supérieur en cours d'année si vous atteignez le nombre de points nécessaire.

www.clubmed.fr/great-members

ANNEXE 8 Conditions du programme de fidélité « Great Members » du Club Med 2024

Vivez l'*esprit* Club Med

	Pour *préparer* votre séjour	Pour *profiter* de votre séjour	*Après* votre séjour et *toute l'année*
Great Members Platinum	• Ligne de réservation dédiée[1] • Surclassement de chambre (Non garanti et selon disponibilités) • Accès aux salons privés en aéroport, selon disponibilité et pour tout séjour réservé avec un package transports uniquement, à partir de Toulouse et Marseille (hors départs vers Zone Schengen)[3] • Nuit d'hôtel offerte sur une sélection d'hôtels à proximité des aéroports de Paris. Avantage non garanti du 27/07 au 11/08/2024[3] • -10% sur l'assurance voyage Ecran Total et -20% supplémentaires dès 3 souscriptions sur le même dossier sur un même dossier de réservation pour un départ de la même ville aux mêmes dates et sur la même destination[4]	• Transfert privé[1] • Parking offert (dans certains[1] Resorts uniquement) • G.O® référent ou équipe dédiée[1] • Réservation prioritaire dans le restaurant de spécialités • Gift Pass de 100€[1] valable sur une sélection de services • Invitation pour un repas entre amis[1] (jusqu'à 4 personnes) • Départ tardif de votre chambre (selon disponibilités) • Check-in prioritaire incluant le déjeuner d'arrivée • WI-FI premium offert[1] (sur 4 appareils) • 15% de réduction dans nos boutiques sur les articles de la marque Club Med • 10% de réduction sur une sélection d'excursions en Resort[1] • 10% de réduction sur les produits à la vente de la marque du Spa[2] • Accès à un cocktail privé, réservé aux membres Gold et Platinum[1]	• Accès et réservation en avant-première à l'ouverture des ventes • Cheerz 40 tirages photo offerts[1], sur l'application mobile ou sur www.cheerz.com[3] • Cheerz 15% de réduction[1] sur vos commandes photo Cheerz[3] • Accès au programme de parrainage • Des offres personnalisées
Great Members Gold	• Surclassement de chambre (Non garanti et selon disponibilités) • Accès aux salons privés en aéroport, selon disponibilité et pour tout séjour réservé avec un package transports uniquement, à partir de Toulouse et Marseille (hors départs vers Zone Schengen)[3] • Nuit d'hôtel offerte sur une sélection d'hôtels à proximité des aéroports de Paris. Avantage non garanti du 27/07 au 11/08/2024[3] • -10% sur l'assurance voyage Ecran Total et -20% supplémentaires dès 3 souscriptions sur le même dossier sur un même dossier de réservation pour un départ de la même ville aux mêmes dates et sur la même destination[4]	• Transfert privilégié[1] • Check-in prioritaire incluant le déjeuner d'arrivée • Gift Pass de 50€[1] valable sur une sélection de services • WI-FI premium offert[1] (sur 4 appareils) • 15% de réduction dans nos boutiques sur les articles de la marque Club Med • 10% de réduction sur une sélection d'excursions en Resort[1] • 10% de réduction sur les produits à la vente de la marque du Spa[2] • Accès à un cocktail privé, réservé aux membres Gold et Platinum[1]	• Cheerz 30 tirages photo offerts[1], sur l'application mobile ou sur www.cheerz.com[3] • Cheerz 15% de réduction[1] sur vos commandes photo Cheerz[3] • Accès au programme de parrainage • Des offres personnalisées
Great Members Silver	• Des informations personnalisées pour toujours mieux vous aider à préparer votre séjour en toute sérénité.	• WI-FI premium offert (selon les Resorts[1], valable sur 4 appareils) • 15% de réduction dans nos boutiques sur les articles de la marque Club Med • 10% de réduction sur une sélection d'excursions en Resort[1] • 10% de réduction sur les produits à la vente de la marque du Spa[2]	• Cheerz 20 tirages photo offerts[1], sur l'application mobile ou sur www.cheerz.com[3] • Cheerz 15% de réduction[1] sur vos commandes photo Cheerz[3] • Accès au programme de parrainage • Des offres personnalisées
Great Members Turquoise	• Des informations personnalisées pour toujours mieux vous aider à préparer votre séjour en toute sérénité.		• Cheerz 10 tirages photo offerts[1], sur l'application mobile ou sur www.cheerz.com[3] • Cheerz 15% de réduction[1] sur vos commandes photo Cheerz[3] • Accès au programme de parrainage • Des offres personnalisées

[1] En savoir plus sur les conditions des avantages Great Members® sur www.clubmed.com/great-members [2] À partir de 100€ d'achats hors soins. En savoir plus sur les conditions du programme sur clubmed.com/great-members [3] Hors frais de port [4] Avantages et conditions générales d'Assurance sur www. www.clubmed.fr/l/assurance-ecran-total

www.clubmed.fr/great-members

ANNEXE 9 Conditions du programme de fidélité « Great Members » du Club Med 2024

Points Great Members : motif et date d'acquisition – nombre cumulé

Les Points Great Members sont acquis en fonction :
- du montant intégral de la réservation (incluant séjour, transport et transferts le cas échéant) ;
- du montant des dépenses sur site (*Resorts* Club Med, Club Med Villas & Chalets et des Croisières by Club Med uniquement sur le Club Med 2) ;
- du nombre de séjours passés au Club Med® par le foyer ou par le GM® inscrit seul ;
- du nombre de parrainages effectués selon les conditions du programme Parrainage.

Les Points Great Members sont valables trois (3) ans à compter de leur date d'acquisition. [...]

Équivalence entre Statuts et Points Great Members acquis

Si, au 1er janvier, conformément au barème indiqué à l'article précédent et aux modalités de calcul indiquées ci-dessus, le Membre a acquis :
- moins de 19 999 Points Great Members, il accède au Statut Turquoise ;
- entre 20 000 et 49 999 Points Great Members, il accède au Statut Silver ;
- entre 50 000 et 99 999 Points Great Members, il accède au Statut Gold ;
- à partir de 100 000 Points Great Members, il accède au Statut Platinum.

www.clubmed.fr/great-members

FICHE RESSOURCE 1

LA PARTICIPATION DU CLIENT À LA PRODUCTION DE SERVICES

1. La participation du client

La participation du client est intrinsèque à la servuction en raison de la simultanéité entre la production, la consommation et la distribution du service. Pour mémoire, la servuction repose sur cinq piliers : le client, le personnel en contact, les supports physiques, l'organisation interne et les autres clients. Le processus de servuction consiste à réunir ces cinq composantes pour offrir au client la meilleure expérience qui soit.
À ce titre, la chaîne de valeur de l'entreprise évolue et peut amener à une sollicitation accrue du client. Selon les concepts des établissements d'hôtellerie et de restauration, le client participera plus ou moins à la production de service.

2. Les différentes formes de participation du client au processus de servuction

1) Selon l'action du client

Dans le cadre de l'animation du point de vente, l'entreprise peut être amenée à solliciter plus ou moins son client. Il en découlera deux types de participation.

a. Une participation active

Le client apporte une réelle valeur ajoutée à l'opération. Sans sa participation, l'opération ne peut pas être réalisée. La participation du client peut revêtir différentes formes :

- **physique :** le client se substitue au personnel dans l'exécution de tâches simples ;

  Exemple : le client porte ses bagages jusqu'à sa chambre.

- **intellectuelle :** le client dispose d'un niveau élevé de connaissances des situations ;

  Exemple : manipulation des bornes de réception automatisée.

- **affective :** le client est très impliqué dans la marque et matérialise cet attachement par l'adhésion à un programme de fidélité.

  Exemple : le programme de fidélité ALL (Accor Live Limitless) du groupe Accor et ses cinq statuts : Classic, Silver, Gold, Platinium, Diamond.

b. Une participation passive

Le client est absent du système de production de service. Il est simple consommateur d'une prestation et n'apporte aucune valeur ajoutée.

Exemple : le client est pris en charge par la réception à l'entrée et à la sortie de l'hôtel.

c. Les différentes formes de participation

LA MATRICE DES FORMES DE PARTICIPATION

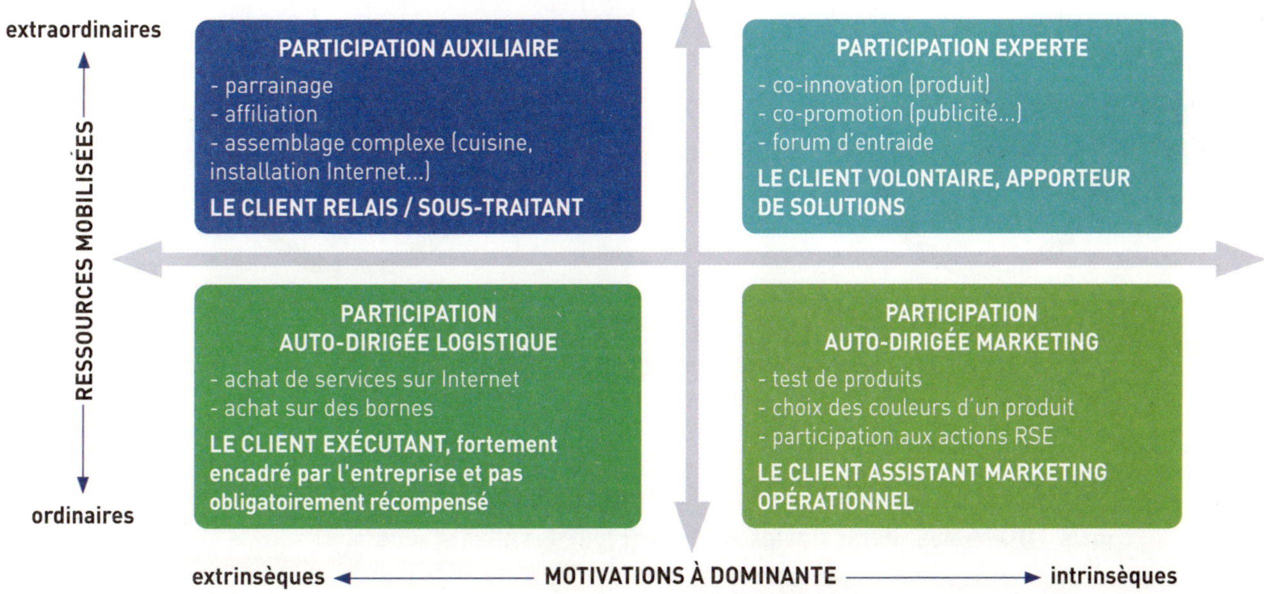

« Participation du consommateur », Académie de Versailles.

▶▶▶

Le client participe au processus de servuction physiquement, culturellement, communicationnellement, financièrement… **Cette participation peut être ordinaire** si tous les clients peuvent le faire (passer au self, réaliser une opération de *check-in* face à une borne de réservation…) **ou extraordinaire** si elle est réservée à certains clients seulement (traitement VIP en chambre, déjeuner dans la cuisine même d'un chef étoilé…).
La **motivation extrinsèque** est liée à l'espoir d'avoir fait une bonne affaire (réduction de prix, prestations gratuites…) alors que la **motivation intrinsèque** est générée par la réalisation de l'activité même : besoin d'expression, sentiment de réussite, plaisir et curiosité éprouvés.

2) Selon la variable du mix

a. Produit : co-conception et co-innovation du produit ou du service

Exemple : la plateforme collaborative du Club Med « Club Makers », qui incite le client à faire part de ses idées pour faire évoluer l'offre.

b. Prix : le PWYW (*Pay What You Want*) est un système de paiement où le client décide du prix à payer pour une prestation. Un prix minimum peut être défini mais le client a la liberté de payer plus s'il est satisfait ou moins s'il ne l'est pas.

Exemple : Sylvain, restaurateur, diplômé d'hôtellerie, propose à Brie-Comte-Robert, en Seine-et-Marne, un restaurant d'un nouveau genre : pas de carte… ni d'addition. à la table de Sylvain, l'hôte donne ses préférences et Sylvain cuisine. À la fin du repas, l'hôte donne la somme qu'il souhaite, le prix est libre.

c. Distribution : parrainage de nouveaux clients par des clients actuels pour assurer la commercialisation de l'offre.

Exemple : Airbnb propose à ses clients de gagner du crédit utilisable lors d'un prochain voyage en parrainant un ami.

d. Communication : co-promotion où le consommateur prend des photos ou des vidéos, qu'il poste ensuite sur les réseaux sociaux ou *via* des sites de commentaires.

3) Les enjeux de la participation client

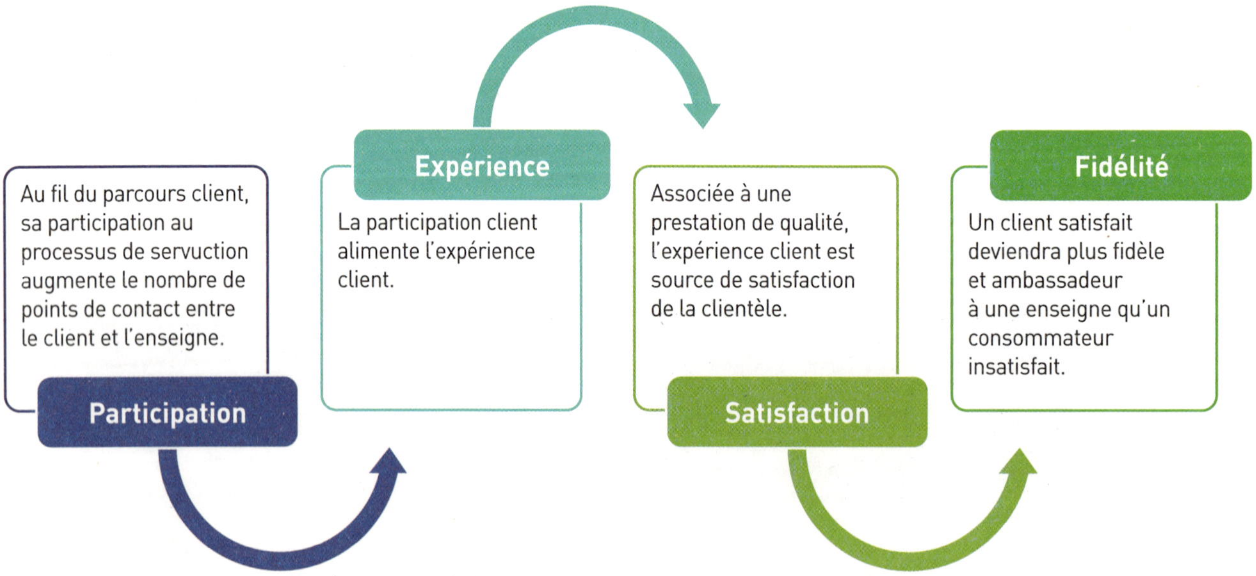

Si la qualité de la prestation est, bien sûr, une condition à la fidélisation d'un client, la mise en place d'un programme de fidélité ouvre de nouvelles perspectives.

Tous les clients satisfaits ne sont pas fidèles à 100 %
mais 100 % des clients fidèles sont avant tout des clients satisfaits.

FICHE RESSOURCE 2

LA SPÉCIFICITÉ DE L'APPROCHE QUALITÉ DANS UNE ENTREPRISE DE SERVICES

1. La mise en œuvre de la démarche qualité dans l'entreprise d'hôtellerie-restauration

Il existe différents facteurs de la qualité dans l'entreprise de services.

- Les **collaborateurs**, qu'il s'agisse du *front-office ou du back-office* : la démarche qualité leur incombe à tous et c'est une implication globale qui offrira les meilleurs résultats. La dimension humaine est d'autant plus importante qu'il peut y avoir confusion dans l'esprit du client entre l'entreprise et la personne en contact : c'est l'« effet de halo ».

  Exemple : si la prestation de service d'un collaborateur n'est pas à la hauteur des attentes du client, c'est l'image de l'ensemble de l'entreprise qui en pâtira. Et inversement dans une situation de qualité.

- Le **management** : les managers doivent impulser la démarche qualité dans l'entreprise par leur attitude, leur stratégie. C'est le gage d'une culture d'entreprise orientée « qualité ».
- Les **processus et standards de qualité** : la maximisation de la qualité offerte passe par une démarche de labellisation, normalisation et/ou certification. Bien que ces signes de qualité ne soient pas tous lisibles par le consommateur, ils forgent une culture dans l'entreprise et maintiennent un haut niveau d'exigence en termes de qualité fournie. C'est une source de crédibilisation et de valorisation de l'enseigne.
- Les **partenaires commerciaux** : la mise en œuvre d'une démarche de qualité peut supposer d'être en relation avec des partenaires bien choisis.

  Exemple : dans le cadre d'une démarche locavore, il est primordial de ne s'approvisionner qu'auprès de fournisseurs géographiquement resserrés autour de l'entreprise. Cet approvisionnement local a pour but de réduire les émissions de gaz à effet de serre, et par là même de réduire le bilan carbone de l'entreprise. C'est une démarche vertueuse au bénéfice de la société entière, donc au bénéfice du client de l'entreprise, indirectement.

2. Le rôle majeur du personnel en contact

La spécificité du secteur de l'hôtellerie-restauration est la place prépondérante du personnel en contact dans la mise en œuvre de la démarche qualité de l'entreprise.

La qualité de service dépend en grande partie de la volonté des personnels et du management. Créer un rapport personnel de l'employé ou du cadre envers le client, faire montre d'empathie et de volonté d'accompagner et d'aider le client au cours de sa consommation de service (restauration ou hébergement), cette capacité à « entrer et à maintenir la relation » constitue une valeur, une marque de confiance et une valeur ajoutée au service.

3. La mesure de la qualité perçue

Compte tenu de la spécificité des services, où le client participe, à des degrés divers, à la prestation, le management de la qualité est validé obligatoirement par les clients, qui sont les seuls vrais juges. L'entreprise va donc chercher à mesurer l'écart entre la qualité fournie et la qualité perçue par plusieurs moyens :

- le contact direct entre le personnel et les clients ;
- les questionnaires de satisfaction à faire remplir aux clients ;
- les clients mystères qui viennent évaluer la prestation de service ;
- les sites d'avis remplis par le client après sa venue ;
- les audits de l'organisation, qu'ils soient internes ou réalisés par des spécialistes.

4. Les enjeux de la démarche qualité pour le client, l'entreprise et la société tout entière

Pour le client	Pour l'entreprise	Pour la société tout entière
	Ce qu'il y a à gagner	
- Satisfaction du client - Sentiment d'écoute et de reconnaissance - Fidélisation du client, qui peut devenir ambassadeur de l'enseigne	- Être perçue comme une entreprise vertueuse en matière de qualité est le gage d'une image positive aux yeux du client, mais aussi un moyen de se positionner et de se différencier par rapport aux concurrents. - Mise en valeur du travail des collaborateurs ⇒ fierté d'appartenance à l'entreprise - Mobilisation des ressources humaines autour de la valeur de la qualité	- Non-gaspillage (valorisation de l'intégralité d'un aliment : pelures, fanes...) - Économie de ressources (utilisation de l'énergie solaire pour l'alimentation en eau chaude d'un hôtel) - Valorisation de l'image du pays (veiller à la qualité de la table pour faire honneur à la gastronomie française classée au patrimoine culturel immatériel de l'humanité)
	Ce qu'il y a à engager	
- Emprise du digital sur les interactions humaines - Apprentissage de la maîtrise des instruments technologiques	- Formation à la qualité pour éviter les dépenses liées à la non-qualité (un client commande une blanquette de poisson mais le serveur lui apporte un risotto de champignons. Ce plat ne pourra plus être vendu et la nouvelle commande passée ne sera logiquement pas facturée au client, ce qui constitue une perte pour l'entreprise). - Respecter les obligations légales : information au consommateur, obligation de résultat quant à la nourriture fournie, obligation de valorisation des biodéchets.	Faire évoluer les mentalités et favoriser la prise de conscience des enjeux sociétaux de la qualité au bénéfice de l'intérêt général et particulier.

LES CONDITIONS DE L'EFFICACITÉ DE LA GESTION DE LA RELATION CLIENT

FICHE RESSOURCE 3

LA GESTION DE LA RELATION CLIENT (GRC) OU *CUSTOMER RELATIONSHIP MANAGEMENT* (CRM)

La GRC est une stratégie basée sur une relation durable et cohérente avec des clients identifiés par leur potentiel d'activité et de rentabilité. Sa finalité est d'accroître le chiffre d'affaires et la rentabilité de l'entreprise.

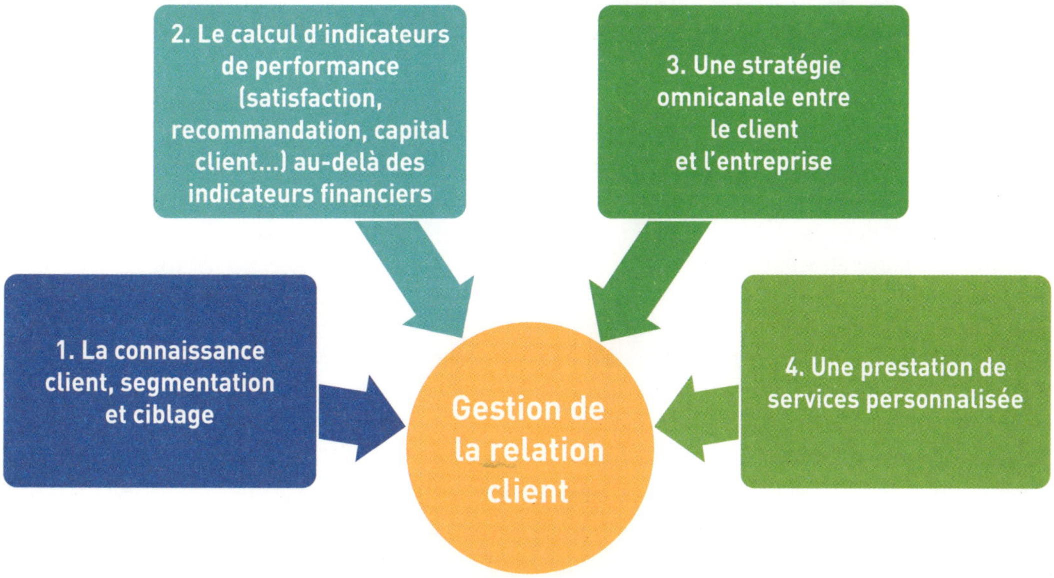

Le développement de l'une de ces composantes nécessite celui des autres.

1. La connaissance client

La connaissance client repose sur le système d'information marketing. Celui-ci est organisé autour des hommes, des équipements et des procédures pour rassembler, trier, analyser et diffuser toutes les informations utiles et nécessaires aux managers pour prendre les meilleures décisions possibles.
Le système d'information de l'entreprise (données internes, veille marketing, études de marché ...) offre des données nécessaires à l'identification et à l'analyse de la relation client.
Aujourd'hui les données issues du *big data* s'y ajoutent : « *like* » sur Facebook, téléchargement d'applications mobiles, achats sur des sites d'e-commerce, utilisation de cartes de fidélité en ligne... Cette masse de données est triée, presque en temps réel, de manière toujours plus fine, afin de cerner plus précisément les comportements des internautes consommateurs pour personnaliser davantage l'offre.

2. Le calcul d'indicateurs de performance

Le *Net Promoter Score* est influencé par la qualité de service et l'expérience globale. Cet indice de recommandation est calculé en demandant aux clients de noter, sur une échelle de 0 à 10, leur probabilité de recommander l'entreprise, le produit ou le service.

Une unique question est posée aux utilisateurs d'une marque :

Puis les réponses sont classées en 3 catégories :

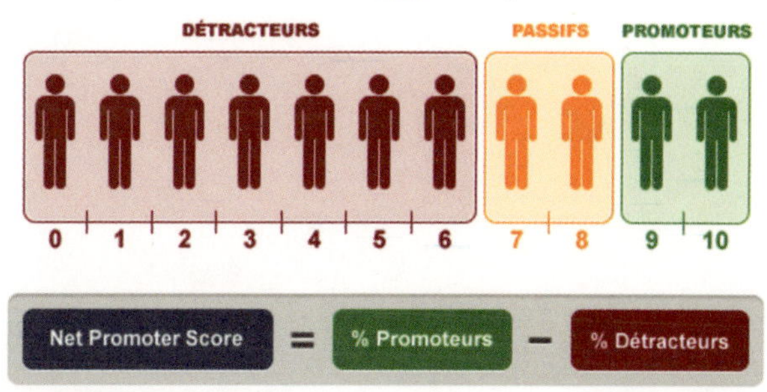

fr.checkmarket.com

▶▶▶

Sa simplicité de mise en œuvre et de compréhension rend cet outil très facilement utilisable. Néanmoins, les scores doivent être comparés aux moyennes du secteur HR, et la question prise seule n'a pas de dimension explicative. D'où l'intérêt de l'inclure dans une étude de données plus larges. Alors que la part de marché, indicateur commercial, peut être améliorée par les actions du marketing traditionnel, la politique relationnelle est au service des indicateurs financiers : un client dépense davantage dans une enseigne, dès lors qu'il est fidélisé. C'est donc une façon privilégiée de développer les ventes.

3. Le marketing de l'engagement client ou *advocacy marketing*

L'*advocacy marketing* est une stratégie où une entreprise transforme ses clients les plus satisfaits en ambassadeurs de la marque. L'idée est de créer une relation suffisamment forte avec les clients pour qu'ils deviennent des ambassadeurs naturels de la marque vis-à-vis de leur entourage, *via* des témoignages, des recommandations sur les réseaux sociaux, des avis en ligne ou encore des parrainages.

Les éléments principaux de cette stratégie sont :

- l'engagement du client ;
- le partage d'expériences positives ;
- l'amplification par le bouche-à-oreille pour atteindre de nouveaux clients ;
- un impact sur la notoriété et la crédibilité de la marque, en particulier dans un contexte où les consommateurs se méfient de la publicité traditionnelle.

Cette approche fonctionne particulièrement bien dans des secteurs où la confiance et la fidélité des clients sont essentielles, comme l'hôtellerie ou la restauration.

Contrairement au *Net Promoter Score* (NPS), qui est un indicateur de mesure de la satisfaction et de la fidélité des clients à un instant donné permettant de rendre compte de la santé de la relation client, la stratégie de l'engagement client vise la transformation de la satisfaction du client en promotion proactive.

Le NPS est souvent utilisé comme point de départ pour l'*advocacy marketing*, puisqu'il permet l'identification des promoteurs qui pourront soutenir activement la marque, le bien ou le service.

4. Le marketing *one-to-one*

Il va permettre une relation individualisée avec un prospect ou un client afin de lui vendre une prestation. Le marketing relationnel a pour but de développer une relation individualisée, interactive et durable avec un client afin de la fidéliser.

Il existe différents systèmes de fidélisation :

- système de points accumulés au fil des dépenses donnant droit à des réductions tarifaires ;

  Exemple : le programme de fidélité « Les Collectionneurs » de Châteaux et Hôtels Collection.

- système de niveau de récompense : tandis que le client monte dans l'échelle de la fidélité, la valeur des récompenses augmente ;

  Exemple : le club AccorHotels et ses cinq status : Classic, Silver, Gold, Platinium, Diamond.

- programme non monétaire pour les clients qui préfèrent la reconnaissance et des attentions ;

  Exemples : chambre surclassée, panier de fruits et de boissons, billets de concert.

- partenariat avec une autre marque pour fournir des offres tout compris.

  Exemple : AccorHotels et Eurostar rapprochent leurs programmes de fidélité pour offrir des avantages mutuels.

APPLICATIONS

1. La GRC de Mama Shelter

Dis-loyalty est un nouveau programme d'hospitalité unique pour les voyages et la restauration auquel Mama Shelter a adhéré. Il permet au client d'obtenir des avantages plus importants. 75 hôtels, 150 restaurants et bars de 10 marques du groupe Ennismore de renommée mondiale sont rassemblés derrière ce programme. Il encourage activement ses membres à explorer de nouvelles destinations en les récompensant s'ils sont déloyaux.
Inutile d'accumuler des points, de gravir des échelons ou d'attendre des récompenses. Les membres bénéficieront d'avantages et de gratifications instantanés dès qu'ils s'inscriront sur la nouvelle plateforme dédiée en ligne. Pas de conditions générales compliquées ou de dates d'interdiction pour les séjours dans les hôtels afin que tous les jours de l'année soient disponibles.
Afin de mieux comprendre la démarche de Mama Shelter, vous traiterez les questions suivantes.

1. **Analysez le positionnement de l'enseigne Mama Shelter.**
2. **Montrez la cohérence entre le positionnement de Mama Shelter et le programme *Dis-loyalty*.**
3. **Identifiez les motivations et les limites à mutualiser son programme de fidélité avec d'autres enseignes.**

DOCUMENT 1 L'enseigne Mama Shelter

Un design captivant, de la convivialité, des bons plats et une ambiance espiègle : tels sont les éléments qui constituent l'ADN de Mama Shelter. Fondée par Serge Trigano et ses fils Jérémie et Benjamin, la marque a ébranlé le monde de l'hospitalité avec un concept audacieux de « refuge urbain » en 2008, en commençant par son premier établissement dans le 20e arrondissement excentré de Paris. « Mama » est rapidement devenue synonyme de générosité, d'hospitalité chaleureuse et d'un soupçon de malice. Depuis lors, elle a étendu son rayonnement à 3 continents, 9 pays et 14 villes, et d'autres ouvertures sont prévues.

Site Internet
Mama Shelter
liennathan.fr/7dz2wc

DOCUMENT 2 Le programme de déloyauté *Dis-loyalty*

La déloyauté est un **engagement minimum d'un an**, mais il est impossible d'être un phobique de l'engagement lorsque les économies sont aussi importantes.

https://dis-loyalty.com

APPLICATIONS

2. Le *Total Relationship Management* de Starbucks

Le *Total Relationship Management* (TRM) met l'accent sur la gestion intégrée de toutes les relations que Starbucks entretient avec des parties prenantes, tant internes qu'externes, pour créer une vision globale et holistique des interactions avec les clients, les fournisseurs, les collaborateurs… Au final, c'est un moyen de gérer, de manière stratégique et globale, l'ensemble des relations qui ont un impact sur le groupe Starbucks.
Pour bien comprendre ce qui relève de ce management des interactions, vous vous intéressez au cas Starbucks.

1 Construisez une carte mentale pour montrer que le TRM profite à différentes parties prenantes : les collaborateurs, les clients, les fournisseurs, ainsi qu'à l'entreprise elle-même.

2 Identifiez quelques limites du TRM.

DOCUMENT 1 L'Académie du café Starbucks

STARBUCKS® GREENER APRON™

L'Académie du café Starbucks est une plateforme accessible à l'échelle mondiale créée en partenariat avec l'Arizona State University pour les partenaires, clients, membres de la communauté et apprenants Starbucks du monde entier. Elle offre un contenu d'apprentissage de calibre mondial et élimine les obstacles à une éducation de qualité supérieure. À l'aide de Starbucks Greener Apron (SGA), les apprenants peuvent progresser vers la réalisation de leurs objectifs personnels et professionnels en choisissant parmi une vaste série de cours qui comprend notamment du contenu spécifique concernant « Tablier plus vert », l'Académie du café Starbucks et « Être accueillant ».

www.starbucksbenefits.com

DOCUMENT 2 Les Pratiques C.A.F.E., des directives pour un approvisionnement éthique

Les pratiques C.A.F.E. faisaient partie des premiers programmes d'approvisionnement éthiques développés en collaboration avec Conservation International en 2004.
Depuis 2015, le café Starbucks® a été vérifié comme étant à 99 % d'origine éthique, et nous sommes le plus grand détaillant de café à atteindre cette étape.
Ce programme de vérification évalue les exploitations contre des critères de qualité, économiques, sociaux et environnementaux, tous conçus afin de promouvoir des pratiques de culture du café transparentes, rentables et durables tout en contribuant à protéger le bien-être des producteurs, de leurs communautés et de notre planète.
Les fournisseurs de Starbucks® (agriculteurs, producteurs et exportateurs) sont tenus de présenter des preuves des paiements effectués pour le café vert tout au long de la chaîne d'approvisionnement, y compris le montant payé directement aux agriculteurs pour leur café.
Cela nous permet de suivre à quelles plantations nous achetons, les noms des agriculteurs et le prix payé à chacun d'eux pour le café.

www.starbucksathome.com

DOCUMENT 3 Starbucks Rewards

www.starbucks.fr

CHAPITRE 6

Le parcours client

NOTIONS ÉTUDIÉES

Concept et formes

COMPÉTENCES ATTENDUES

Définir le concept de parcours client et étudier ses différentes formes.

Intégrer les caractéristiques du parcours client dans le cadre du développement de la relation client.

SITUATION

Popolare est une *trattoria* italienne offrant 250 places assises, située rue Réaumur dans le 2e arrondissement, en plein cœur de Paris. C'est un des restaurants du groupe Big Mamma. Venir y manger vous offrira une expérience au cœur de la « *happy food* » italienne, au sein d'un décor chaleureux et convivial avec de grandes tables en bois, un mur de bouteilles, la mise en majesté du bar à cocktail, le plus gros bar de Paris avec 500 références d'alcools et une carte de cocktails très fournie. La cuisine ouverte saura satisfaire les curieux. C'est ici que sont réalisés les pâtes fraîches, les pizzas, les tiramisus et autres spécialités culinaires de la botte, mais aussi là que le café est torréfié, le tout à partir de produits d'origine italienne. L'addition est sage puisque pour moins de 15 €, vous pourrez vous régaler. Si vous voulez partager votre expérience, les comptes Facebook, Instagram ou X du groupe accueilleront vos photos et/ou vos commentaires.

Site Internet
Popolare
liennathan.fr/i7jhi6

Comprendre le contexte

1. Quelles sont, selon vous, les attentes du client du restaurant Popolare ?
2. Où commence le parcours client de cet établissement ? Où se poursuit-t-il ?
3. Identifiez les évolutions du parcours client en hôtellerie-restauration depuis l'avènement de l'ère digitale.

VOTRE MISSION

BIG MAMMA

Vous avez été recruté(e) pour effectuer une mission d'assistant(e) manager au sein du groupe Big Mamma. Votre fonction vous permet d'étudier les différentes enseignes du réseau. C'est à cette occasion que vous vous penchez en détail sur le parcours client au sein d'un des restaurants du réseau : la *trattoria* Popolare.

TRAVAIL À FAIRE

1 Le concept et les formes du parcours client

Afin de mieux comprendre le cheminement du client qui se rend au restaurant et l'effet des différents outils numériques qu'il a à sa disposition, vous décidez d'entamer une réflexion autour du parcours client.

▶ FICHE RESSOURCE 1

▶ ANNEXES 1 À 3

1.1 Schématisez le parcours du client qui se rend au restaurant Popolare à Paris.

1.2 Étudiez le rôle que joue la marque Big Mamma dans ce parcours client.

1.3 À l'ère du numérique et des technologies avancées, présentez les différentes étapes du parcours client qui vient manger à Popolare.

1.4 Exposez les conséquences possibles de l'utilisation des outils digitaux pour le réseau Big Mamma.

2 Les caractéristiques du parcours client dans le cadre du développement de la relation client

Votre manager vous demande de poursuivre votre réflexion de manière à formuler des recommandations destinées à améliorer l'offre du restaurant et garantir la fidélité de la clientèle.

▶ FICHES RESSOURCES 2 À 4

▶ ANNEXES 4 À 8

2.1 En vous appuyant sur l'exemple du parcours client à la SNCF, relevez les moments de vérité positifs ou négatifs qui apparaissent à chaque point de contact dans le parcours client de Big Mamma.

2.2 Exposez les raisons pour lesquelles le groupe Big Mamma a finalement décidé d'offrir la réservation à ses clients.

2.3 Faites des recommandations au manager du restaurant pour atteindre un « parcours client sans couture ».

2.4 Étudiez deux des caractéristiques du concept Popolare : le marketing sensoriel et la composante « ressources humaines », afin de montrer que ce sont des éléments clés de la relation client.

2.5 Listez les autres composantes d'un parcours client réussi chez Popolare.

ANNEXES

ANNEXE 1 Le concept Big Mamma

Tigrane Seydoux et Victor Lugger sont deux étudiants à HEC lorsqu'ils se rencontrent. Après quelques expériences professionnelles d'entrepreneur ou de banquier, ils se retrouvent pour fonder le groupe Big Mamma en 2014. La première *trattoria* italienne ouvre au printemps 2015, faubourg Saint-Antoine à Paris. En 2024, le réseau Big Mamma compte 24 restaurants, 1 bar et 1 food-court à Paris, Lille, Lyon (...) mais aussi à l'étranger.

Les deux idées de base de ce concept sont de faire vivre l'Italie aux clients et d'offrir du « bon pas cher ». Pour satisfaire le premier objectif, les équipes sont constituées à 95 % de jeunes italiens. Ils offrent l'expérience « *feel good* ». Le deuxième objectif repose sur l'idée de manger pour un montant inférieur à 15 €. Pour ce faire, les filières d'approvisionnement du groupe sont italiennes, en direct des producteurs de dimension artisanale. Cette désintermédiation est la clé de l'approvisionnement à moindre coût. C'est grâce aux volumes de vente de chaque restaurant (de 300 à 1 000 couverts pour La Felicità, restaurant XXL de la Station F à Paris ouvert en mai 2018) que le modèle est rentable et que la pizza la moins chère est affichée à 9 €. Mais cette dimension quasi industrielle ne fait pas oublier la qualité, car le « bon » est assuré par le 100 % « fait maison » (pâtes fraîches, pizzas, tiramisus, pains, brioches, café torréfié sur place...).

L'expérience est culinaire, mais aussi digitale. En effet, le groupe est présent sur différents réseaux sociaux et possède un site Internet au contenu évocateur.

Chaque restaurant veut transmettre la « *happy food* » italienne, donner du bonheur au client. Les équipes sont jeunes, dynamiques et accueillantes. Le décor est chaleureux. Tous les établissements ont une âme et un caractère grâce à une architecture adaptée. Aujourd'hui, le groupe s'est fait une place sur le marché de la pizza.

C'est grâce à un concept bien articulé, cette logistique d'achat en direct, la transparence produits, leur mise en œuvre, la convivialité, la générosité des plats, l'aménagement signature du groupe avec le mur de bouteilles, que les deux associés font aujourd'hui partager leur passion de l'Italie.

ANNEXE 2 Extraits de la carte du restaurant Popolare

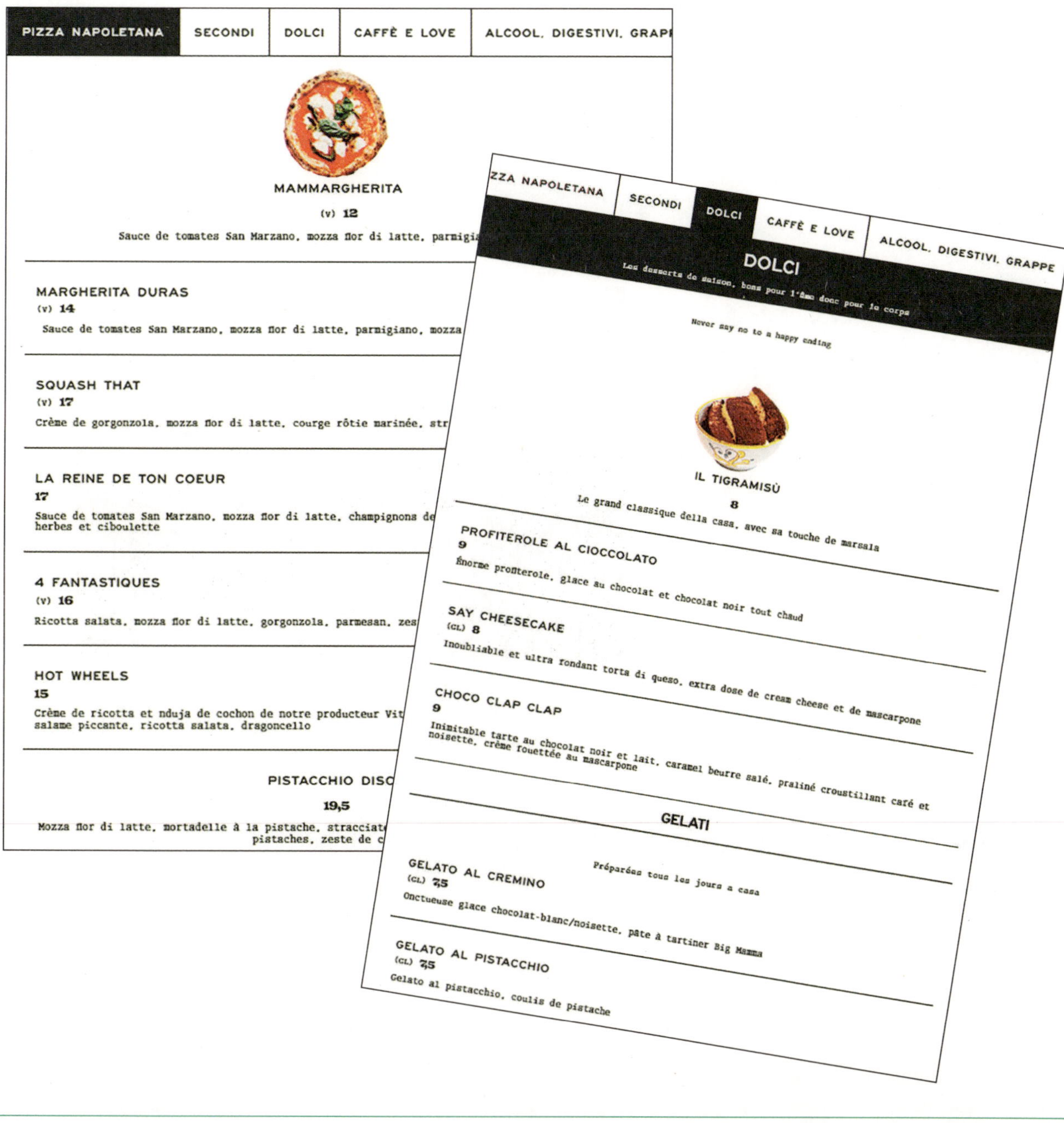
PIZZA NAPOLETANA | SECONDI | DOLCI | CAFFÈ E LOVE | ALCOOL, DIGESTIVI, GRAPP

MAMMARGHERITA
(V) 12
Sauce de tomates San Marzano, mozza fior di latte, parmigia

MARGHERITA DURAS
(V) 14
Sauce de tomates San Marzano, mozza fior di latte, parmigiano, mozza

SQUASH THAT
(V) 17
Crème de gorgonzola, mozza fior di latte, courge rôtie marinée, str

LA REINE DE TON COEUR
17
Sauce de tomates San Marzano, mozza fior di latte, champignons de
herbes et ciboulette

4 FANTASTIQUES
(V) 16
Ricotta salata, mozza fior di latte, gorgonzola, parmesan, zes

HOT WHEELS
15
Crème de ricotta et nduja de cochon de notre producteur Vit
salame piccante, ricotta salata, dragoncello

PISTACCHIO DISC
19,5
Mozza fior di latte, mortadelle à la pistache, stracciat
pistaches, zeste de c

ZZA NAPOLETANA | SECONDI | DOLCI | CAFFÈ E LOVE | ALCOOL, DIGESTIVI, GRAPPE

DOLCI
Les desserts de saison, bons pour l'âme donc pour le corps

Never say no to a happy ending

IL TIGRAMISÙ
8
Le grand classique della casa, avec sa touche de marsala

PROFITEROLE AL CIOCCOLATO
9
Énorme profiterole, glace au chocolat et chocolat noir tout chaud

SAY CHEESECAKE
(CL) 8
Inoubliable et ultra fondant torta di queso, extra dose de cream cheese et de mascarpone

CHOCO CLAP CLAP
9
Inimitable tarte au chocolat noir et lait, caramel beurre salé, praliné croustillant café et noisette, crème fouettée au mascarpone

GELATI
Préparées tous les jours a casa

GELATO AL CREMINO
(CL) 7,5
Onctueuse glace chocolat-blanc/noisette, pâte à tartiner Big Mamma

GELATO AL PISTACCHIO
(CL) 7,5
Gelato al pistacchio, coulis de pistache

ANNEXE 3 Quelques commentaires des clients du restaurant Popolare

Je ne m'attendais pas à ce que l'équipe du restaurant vienne nous saluer. Quelle surprise ! Ils ont tous l'air tellement sympathiques !

Les photos d'Insta m'ont mis l'eau à la bouche ! J'espère que ce sera aussi bon que les images veulent le montrer...

J'adore la déco avec le mur de bouteilles !

C'est sympa d'être assis à de grandes tables. On fait des rencontres !

Tu as vu la maîtrise du pizzaïolo pour tourner la pâte ?

ANNEXE 4 L'analyse des interactions avec le consommateur

L'analyse des interactions avec le consommateur est devenue incontournable dans le secteur de la restauration à l'ère du digital. Elle permet de mieux comprendre les attentes des clients, que ce soit *via* les avis en ligne, les réseaux sociaux ou les plateformes de réservation, et d'ajuster l'offre en conséquence. Cela améliore l'expérience client en permettant de répondre rapidement aux suggestions ou aux critiques, tout en personnalisant les services pour chaque consommateur. En parallèle, l'analyse des données aide à optimiser les campagnes marketing en ciblant mieux les promotions et événements, tout en renforçant la fidélité et la gestion de la réputation *via* des réponses proactives aux avis en ligne. L'utilisation du digital permet également de suivre les tendances culinaires et de s'y adapter en temps réel, maximisant ainsi l'attrait des établissements. Cette analyse améliore aussi l'efficacité opérationnelle (par exemple, en optimisant la gestion des stocks et du personnel). Enfin, elle peut stimuler le chiffre d'affaires grâce à des stratégies de vente croisée (*cross-selling*). Pour finir, la connaissance des différents points de contact au fil du parcours client permet de prendre de bonnes décisions.

Big Mamma a compris l'importance de ces analyses et exploite les interactions digitales pour capter les attentes des clients *via* les réseaux sociaux, organiser des événements attractifs et ainsi fidéliser une communauté engagée.

ANNEXE 5 La réservation chez Big Mamma

Avant 2019, il était impossible de réserver une table dans un restaurant du groupe Big Mamma. Victor Lugger, cofondateur du groupe, s'en défendait en évoquant les risques de *no-show* et de retard des clients, facteurs de coûts pour le restaurant. Selon lui, la réservation ne serait possible qu'à condition d'augmenter ses prix, or le positionnement de Big Mamma repose sur l'excellent rapport qualité/prix.
Mais depuis janvier 2019, on peut enfin réserver chez Big Mamma ! Voici ce que l'on peut lire sur leur site.

ON PREND LES RÉSERVATIONS <3 Amici belli, tous nos restaurants à l'exception de la Felicità prennent les réservations. Alors pour vos grandes tablées de potos, vos premiers dates ou vos retrouvailles en famille, ça se passe juste **ICI**.

Tous nos restaurants proposent des réservations au service du midi et du soir, et pour ceux qui veulent passer nous voir à la bonne franquette, on a parfois des tables qui se libèrent. On vous recommande cependant de réserver pour vous garantir votre tablée. Et pour les plus grands groupes, nous proposons des big tablées avec un menu à prix fixe, bien gourmand et généreux.

Personnes	Heure	Date
2	21:00	mar. 29 oct.

🍝 Whoop whoop ! 🍕Typique trattoria italiana, vivez votre expérience à Popolare sur des tables à partager ! Il est possible de réserver le midi ET le soir ! Des tables sont aussi disponibles, pour ceux qui préfèrent passer à l'improviste ;) 🍕Typical trattoria italiana, live your experience in Popolare on sharing tables ! We propose lunch and dinner reservations but some of the tables are also available for those who want to drop in unannounced! ;) Pour toute autre information, écrivez nous à pizzeria.popolare@bigmamma.com Baci💋 La Squadra di Pizzeria Popolare

19:00	19:15	19:30	20:00
20:15	20:30	20:45	21:00
21:15	21:30	21:45	22:00
22:15	Soumettre une demande		

www.bigmammagroup.com/fr

ANNEXE 6 Le parcours client à la SNCF

La SNCF en tant que prestataire de service de transport répond à des exigences de qualité afin d'offrir la meilleure expérience possible aux usagers tout au long de leur parcours.
Le parcours client schématisé ci-dessous laisse apparaître les différents points de contact à l'initiative de l'usager ou de la SNCF (publicité, *newsletter*, e-mailing, opération de communication, programme de fidélisation, etc.). Il permet de partager la vision du client et d'agir sur le parcours pour optimiser l'expérience vécue par le client.

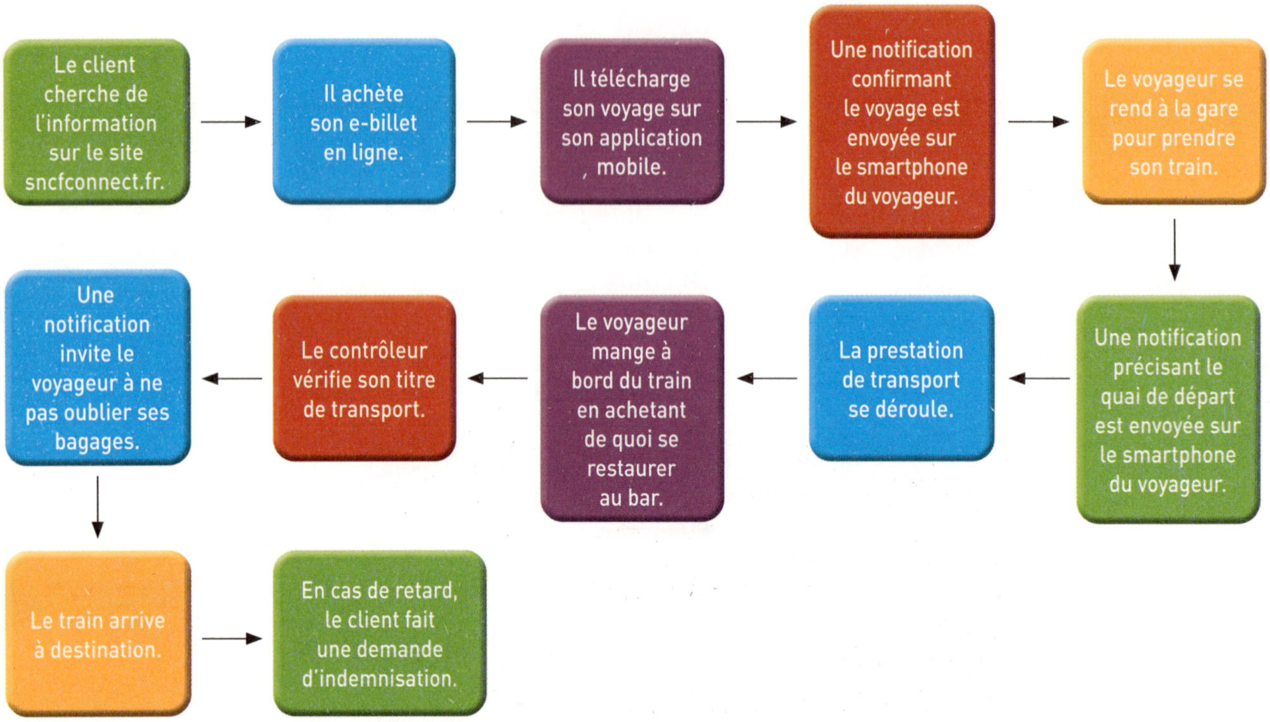

ANNEXE 7 Les moments de vérité à la SNCF

L'entreprise va pouvoir recenser les moments de vérité positifs ou négatifs afin de cerner où l'expérience est enchantée et où, à l'opposé, elle est irritante.

POINTS DE CONTACT	MOMENTS DE VÉRITÉ POSITIFS	MOMENTS DE VÉRITÉ NÉGATIFS
Consultation du site web	Site fluide	• Bugs à répétition • Lenteur de consultation
Achat de l'e-billet en ligne	Paiement validé	• Difficulté de paiement en ligne • Échec de la commande du billet
Utilisation de l'application mobile	Téléchargement sans difficulté : le prochain voyage apparaît.	• Application non accessible • Référence du voyage invalide
SMS de confirmation du voyage et du quai	Meilleure orientation du client	• Quai difficilement accessible avec de lourds bagages • Absence d'ascenseur ou d'escalator • Signalétique défaillante
Transfert vers la gare	Orientation facilitée par une signalétique adaptée	Absence de stationnement à proximité
Transport	• Train confortable • Place attitrée libre	• Changement de matériel : plus de place attitrée • La place attribuée est occupée. • Wagon bruyant
Bar	• Bon rapport qualité/prix • Amabilité du vendeur	• Stock épuisé • Accueil médiocre
Vérification des titres de transport	Amabilité du contrôleur	Accueil médiocre
Arrivée	À l'heure prévue	• Retard dans l'horaire • Correspondance ratée
Demande d'indemnisation	Demande acceptée et traitée sous 48 h	• Site saturé lors de la 1re connexion • Long délai d'indemnisation

FICHE RESSOURCE 1

LE CONCEPT ET LES FORMES DU PARCOURS CLIENT

1. Le concept du parcours client

Le parcours client désigne à la fois :
– le parcours type que suit un client dans sa relation et ses interactions avec une marque ou une entreprise ;
– les actions effectuées par le client entre le moment où il constate son besoin, celui où il passe à l'achat et le moment du post-achat (utilisation, support, avis...).
La porte d'entrée du parcours client est la notoriété de la marque. Ce sont ensuite la confiance dans la marque et la communication de l'entreprise qui permettront d'établir une relation durable.

2. L'évolution du parcours client

Relation client multicanale		Relation client cross-canal		Relation client omnicanale
Séparation des canaux qui sont indépendants Un canal = un parcours client	➡	Intégration des canaux qui sont complémentaires Plusieurs canaux au sein d'un même parcours client	➡	Disparition de la frontière canal physique / canal virtuel Le parcours client est unique et sans coupure.

L'essor des nouvelles technologies de l'information et de la communication (NTIC : sites web, mails, applications mobiles, SMS, réseaux sociaux) a révolutionné le parcours client. Ainsi, les canaux se sont multipliés pour s'ajouter au point de vente physique, au courrier et au téléphone. Avec cet essor, l'approche de la relation client dans l'entreprise a évolué car les canaux (toutes les interfaces physiques ou virtuelles qui permettent au client de rencontrer la marque) sont désormais multiples.
→ La relation client **monocanale** n'existe plus.
→ L'approche **multicanale**, qui offre des points de contact multiples mais indépendants les uns des autres, est également vouée à disparaître. Selon cette approche, un canal correspond à un parcours client.

Exemple : l'ouverture d'un point de vente physique ne toucherait qu'une clientèle, tandis que l'application de vente en ligne en toucherait une autre.

Or, un même client peut entrer en relation avec l'entreprise de plusieurs manières.

→ Cette insuffisance suppose de passer au stade supérieur : l'approche **cross-canal** crée des passerelles entre les canaux qui sont intégrés les uns aux autres.

Exemple : le *click & collect* = le client commande son repas en ligne et vient le récupérer au comptoir du restaurant.

Certes, les clients n'utilisent pas les mêmes canaux, mais chaque client utilise plusieurs canaux. Ainsi, les canaux deviennent complémentaires et répondent à un besoin de passer d'un canal à l'autre au sein d'un même parcours client.

→ Puisque le client utilise en permanence différents canaux, la relation **omnicanale** va encore plus loin en faisant disparaître la frontière physique/virtuel pour offrir au client une expérience globale, unifiée et sans coupure.

Exemple : un client consulte la carte du restaurant en scannant avec son smartphone le QR Code affiché sur la table, voire passe sa commande directement *via* une table connectée.

Ainsi, le parcours client ne cesse d'évoluer, car il intègre des éléments *off* et *on line* qui, à l'heure de l'économie digitale, connaissent eux aussi des évolutions permanentes.
Intégrer les technologies avancées (IA, Big Data, Internet des objets, réalité augmentée...) est aujourd'hui un facteur primordial de différenciation de la concurrence, mais aussi un moyen d'attirer et de fidéliser la clientèle *off* et *on line*, car ces technologies de pointe permettent :
– d'anticiper les besoins des consommateurs en analysant leurs parcours en ligne et les informations échangées entre eux ;
– d'offrir un service sur mesure avec un parcours client unique (principe du marketing *one to one*) afin de créer des expériences personnalisées et immersives ;
– d'engager le client de manière plus interactive et pertinente (stratégie de l'engagement client) ;
– de mesurer et d'analyser une multitude de données ;
– d'intégrer des données variées (mobile, réseaux sociaux, géolocalisation) aux côtés d'autres données plus traditionnelles ;
– de maximiser la satisfaction client.

FICHE RESSOURCE 2

LES COMPOSANTES DU PARCOURS CLIENT DANS LE CADRE DU DÉVELOPPEMENT DE LA RELATION CLIENT

1. Les points de contact

Les **interactions** ou **points de contact** apparaissent chronologiquement au fil du parcours client à l'initiative du client ou à celle de l'entreprise (publicité, e-mailing, *newsletters*, programme de fidélisation, nouvelles prestations, offres promotionnelles...).
Afin d'optimiser l'expérience client, il est d'usage de représenter le parcours client sous la forme d'un **schéma**, représentant éventuellement plusieurs canaux de distribution si le parcours est omnicanal. Il est construit à partir de l'écoute et de l'observation des clients (commentaires clients, études qualitatives, *Net Promoter Score*) et des observations des prospects. À partir de ce schéma, l'entreprise pourra plus facilement visualiser les conditions organisationnelles, technologiques ou humaines à mettre en œuvre pour optimiser chaque interaction.

2. Les moments de vérité

Afin de mieux faire se correspondre l'expérience attendue par le client et l'expérience perçue, l'entreprise doit étudier les **moments de vérité** (positifs ou négatifs) au fil du parcours client. Ce sont les moments où la relation peut basculer :
– pour le meilleur quand l'expérience est positive (remarquable, voire formidable, magique...) ;
– pour le pire quand l'expérience est décevante, voire irritante.
L'entreprise cherchera ensuite à prioriser les moments de vérité à optimiser : d'abord les moments négatifs où la relation peut rompre en mettant en œuvre les moyens nécessaires (formation des équipes, équipements technologiques...), puis les moments positifs en cherchant à surprendre toujours plus le client. Repérer ces points de bascule est le gage de la qualité de la prestation offerte, de la satisfaction de la clientèle et donc de sa fidélisation.

3. Le *blueprint*

Afin de mettre en évidence les risques de défaillance et les opportunités pour améliorer l'expérience client, on peut aligner, sur la représentation visuelle du parcours client, les activités du *front* et du *back-office*, c'est-à-dire les processus internes afférents ; c'est le ***blueprint***. Grâce à cet outil du design de services, l'ensemble de l'entreprise est impliqué dans le partage des responsabilités de chacun sur la relation client, y compris le *back-office,* qui sera ainsi valorisé. On pourra alors concevoir un service adapté aux attentes des utilisateurs, mais aussi positif pour l'entreprise.

Exemple : par analogie avec une scène de théâtre, le devant de la scène (*frontstage*) dans un restaurant est la salle. C'est le lieu où se déroule les actions visibles des clients, où déambulent les serveurs. Les coulisses (*backstage*) cachent aux yeux des clients les actions et interactions nécessaires pour préparer les commandes. En parallèle, des éléments intangibles sous-tendent ces processus sur scène et en coulisses : procédures internes, budget, gestion des ressources humaines...

Le *blueprint* d'un restaurant rapide

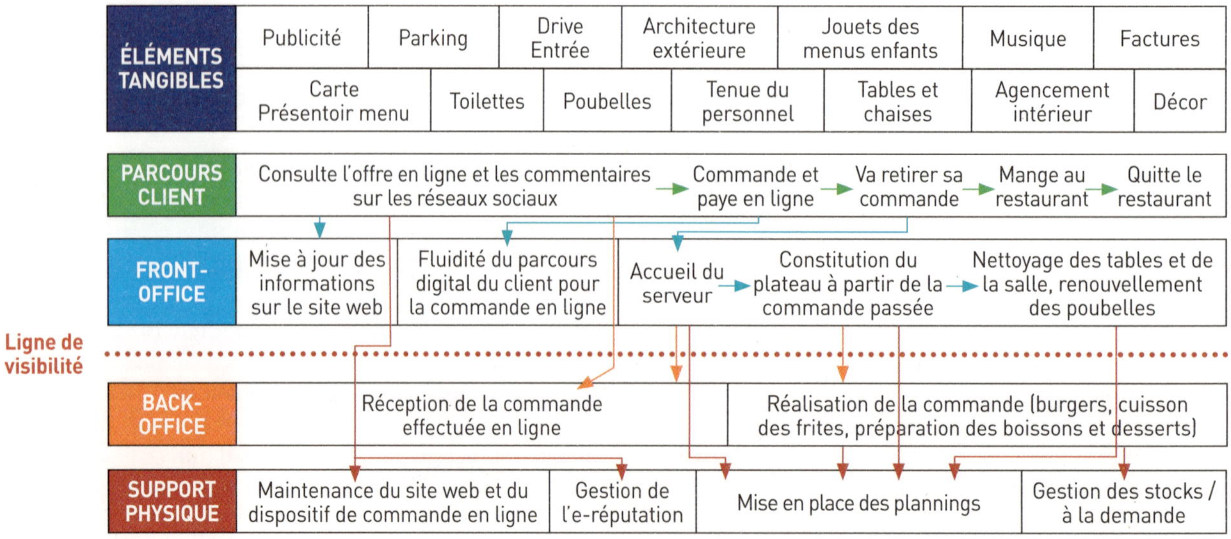

FICHE RESSOURCE 3

LES CONDITIONS D'UN PARCOURS CLIENT EFFICACE

1. La marque : clé d'entrée du parcours client

Plusieurs conditions doivent être réunies afin d'optimiser la réussite d'un parcours client. Tout d'abord, la **marque** est considérée comme la première clé d'entrée dans le parcours client. Plus sa notoriété est forte, plus elle favorise la prise de conscience du client.

2. Le marketing de contenu

Les entreprises doivent prendre en compte l'importance de l'usage des outils numériques en travaillant le **marketing de contenu**, c'est-à-dire toutes les pratiques par lesquelles l'entreprise communique au client du contenu sur le produit, mais aussi sur l'univers de la marque, ses valeurs, son identité. C'est un moyen de valoriser la culture de la marque, son savoir-faire, son authenticité, son histoire.

Exemple : à la SNCF, l'enjeu du marketing de contenu est d'être là dès la phase d'inspiration du prospect. Le client est accompagné depuis le choix d'une destination jusqu'à la phase d'organisation de son voyage sur place. Les moyens sont internes à l'entreprise (rédactionnel interne), mais aussi externes : rôle des influenceurs, vidéos, partenaires du tourisme. L'impact du contenu est mesurable en termes de trafic.

Toutes les **composantes de la servuction** sont concernées :
- un client impliqué : à l'ère de la connectivité, le client est acteur et influenceur des prospects et des autres clients ;
- des équipes formées aux procédures et aptes à fournir une prestation de qualité à la hauteur des attentes du client ;
- un environnement adapté (enjeu du marketing sensoriel, design des services...) ;
- un *back-office* tourné vers la réalisation d'une prestation de qualité (manager impliqué, procédures rédigées, recrutement efficace...).

La **gestion de l'e-réputation** permet d'assurer un contenu cohérent aux yeux du client et de gérer la relation client.

3. Le parcours client sans couture

Lorsque les consommateurs ont un parcours omnicanal, la gestion de la relation client (GRC) doit intégrer tous les points de contact au fil du parcours client pour offrir une cohérence d'ensemble simultanée au consommateur ou au prospect.
L'entreprise doit être capable d'assurer une expérience client fluide en répondant aux nombreux défis que représente l'existence de points de contact aussi bien physiques que digitaux. C'est la notion de « **parcours client sans couture** ».

Le parcours client sera considéré sans couture si :
- les prix affichés sont homogènes sur différents canaux (cas particulier de l'hôtellerie où les prix peuvent varier selon le canal de commercialisation choisi : en direct, *via* des OTA...) ;
- la communication est homogène quel que soit le personnel en contact (même message transmis par le maître d'hôtel lors de la réservation par téléphone, par le serveur lors de la prise de commande...) ;
- le client est reconnu quels que soient le canal de contact et l'historique des relations conservé ;
- le client peut choisir le canal d'achat de son choix (bornes de commande, application mobile, site web, au comptoir...).

Plus les canaux utilisés sont nombreux, plus les facteurs humains et technologiques sont mobilisés pour atteindre l'objectif d'un parcours client sans couture.

Exemple : au Club Med, le client peut acheter un séjour en se rendant dans une agence Club Med ou dans un de leurs appartements-boutiques. Il peut visualiser l'offre des villages grâce aux casques de réalité augmentée ou aux brochures, et échanger avec les collaborateurs présents dans le point de vente physique. Des agences de voyages hors réseau Club Med commercialisent également les offres du groupe. Le client peut aussi effectuer la démarche seul, grâce au site www.clubmed.fr, qui lui offre quantité de visuels et de textes pour faire un choix éclairé de destinations et de séjours.
Le groupe doit veiller à la correspondance entre les visuels, les commentaires et la réalité perçue sur place par le Gentil Membre. Le parcours client sera sans couture s'il y a une exacte correspondance entre les attentes du client et la qualité de la prestation de service rendue sur le lieu de séjour.

LES FINALITÉS DU PARCOURS CLIENT

Le parcours client se situe à la croisée de l'orientation client, de la qualité de service et du marketing relationnel et permet de :
- fluidifier les interactions avec le client ;
- concevoir des services innovants et différenciants grâce au design des services ;
- concevoir une expérience client unique et mémorable : l'**effet « waouh »**, grâce à un effet de surprise (le client obtient plus que ce qu'il attendait), une émotion très positive et mémorable, une attention personnalisée ;
- se différencier de la concurrence ;
- développer le chiffre d'affaires ;
- fidéliser et capter de nouveaux clients.

Dans les faits, ces finalités peuvent coexister dans une même entreprise et converger vers une démarche globale : l'**expérience client**, suite d'immersions extraordinaires pour le client, depuis la communication sur le site de vente (mise en scène d'une ambiance, d'une atmosphère) jusqu'à l'interaction avec l'entreprise.
Ainsi, le parcours expérientiel peut se substituer au parcours d'achat, même si leurs caractéristiques sont différentes.

ÉLÉMENTS DE DIFFÉRENCIATION	PARCOURS D'ACHAT	PARCOURS EXPÉRIENTIEL
Objectif	Centré sur le prix et les caractéristiques tangibles du produit	Accent mis sur la fidélisation du client
Orientation stratégique	• Services complémentaires peu développés • Standardisation de l'offre	• Stratégie orientée vers le service à la clientèle • Personnalisation de l'offre
Rôle du client	• Engagement limité • Peu de personnel et qualification *a minima*	• Contact permanent avec les clients • Personnel très qualifié et présence renforcée
Relationnel	Contact et échange modérés avec le client	Qualité reposant sur le produit et surtout sur le service offert au client et la relation avec lui
Avantage concurrentiel	Qualité du produit et prix	Développer une relation à long terme, une fidélité et un bouche-à-oreille positif
Dimension de l'offre	Fonctionnelle	Fonctionnelle, relationnelle et émotionnelle

Toute entreprise qui accordera une importance au parcours client pourra développer sa relation avec les clients :

APPLICATIONS

1. Le parcours client dans le restaurant Sublimotion

La spécificité de la technologie numérique permet aux responsables marketing dans les enseignes de luxe de concevoir une stratégie qui intègre en son centre l'expérience client et ses dimensions interactive, sensorielle, émotionnelle, fonctionnelle et sociale. Le restaurant Sublimotion joue sur toutes ces dimensions pour offrir un moment inoubliable à ses clients. Découvrez l'offre Sublimotion à partir des documents proposés, puis répondez aux questions.

1. **Étudiez le marketing sensoriel de l'enseigne.**
2. **Tracez le parcours client.**
3. **Envisagez, dans un tableau, le scénario du pire en examinant tous les dysfonctionnements qui peuvent arriver tout au long du parcours client et causer une insatisfaction. Vous tenterez de repérer la ou les causes, puis proposerez des actions de prévention.**
4. **Montrez que toutes les composantes sont réunies pour offrir une expérience mémorable aux clients.**

DOCUMENT 1 Sublimotion, le restaurant le plus cher du monde

Sublimotion est situé dans l'hôtel Hard Rock à Ibiza. Pour une moyenne de 1 500 euros par personne, vous pouvez y vivre une expérience unique pendant trois heures. Cela coûte un peu cher, mais vous obtenez beaucoup en retour. En effet, Sublimotion est bien plus qu'un simple lieu physique. C'est un ensemble d'émotions, vous parcourez le monde en trois heures et vous pouvez profiter de sensations uniques.
Lorsque vous entrez ici, 12 personnes s'assoient à une longue table avec des chaises luxueuses dans un espace clos. Les murs sont un spectacle de lumière virtuelle et des images en mouvement sont projetées sur la table. Par exemple, lorsque vous voyagez au pôle Nord lors du spectacle de magie, un plat froid vous sera servi d'une manière unique. La musique sera également adaptée au thème.
Les plats sont créés par le célèbre chef Paco Roncero, qui compte deux étoiles Michelin. Vous pouvez donc être assuré que la nourriture est de haute qualité. En outre,

20 personnes travaillent quotidiennement pour assurer le spectacle.
Bref, vous voulez changer des restaurants classiques et il vous reste encore beaucoup d'argent ? Sublimotion Ibiza est peut-être fait pour vous.

www.onevillasibiza.fr

DOCUMENT 2 Vidéo promotionnelle de Sublimotion, Ibiza

Vidéo 2:08
Sublimotion
liennathan.fr/jfbcui

APPLICATIONS

2. La nouvelle donne des comparateurs de prix : entre marques et consommateurs

L'offre pléthorique de voyages, de prestations hôtelières ou de restauration a développé, chez le client, le réflexe de comparer les prix. C'est une nouvelle clé d'entrée dans le parcours client avec l'avènement du numérique. En hôtellerie, 80 % des clients d'hôtels, dont 93 % de la clientèle de loisirs, recherchent et choisissent un hôtel *via* Internet. C'est désormais de loin le premier outil de requêtes. Cette tendance renforce d'autant plus l'obligation pour les entreprises de ne pas délaisser la stratégie de marque et de contenu.

1. **Repérez trois portails d'infomédiation dans le domaine de l'hôtellerie-restauration.**
2. **Listez les risques de l'utilisation de tels outils pour le client, puis pour la structure hôtelière.**
3. **Exposez les différents moyens à disposition d'une enseigne hôtelière pour se distinguer de ses concurrents au-delà de la variable prix.**

DOCUMENT **Deliveroo lance son « Programme Confiance » pour trouver les meilleures offres**

Deliveroo a annoncé le lancement de son nouveau « Programme Confiance », pour permettre aux clients de trouver les meilleures propositions, en mettant en avant sur l'application les restaurants qui proposent le meilleur rapport qualité/prix. Un programme qui permettra aux meilleurs restaurants de gagner en visibilité et d'attirer plus facilement les clients vers leur établissement.
Une recette pour aider les restaurants à réussir sur Deliveroo ! Le Programme Confiance permettra en effet aux consommateurs de faire leur choix parmi les propositions de restaurants sur l'application, à l'heure où 85 % des clients de Deliveroo ont déclaré que le rapport qualité/prix était important lors du choix de leur restaurant.

Le Programme Confiance est basé sur un système de scores évaluant les restaurants sur différents indicateurs clés de performance. Ces indicateurs, qui seront évalués chaque mois, incluent l'« indicateur prix », qui compare les prix des plats sur Deliveroo avec ceux pratiqués en salle, les « indicateurs de service » et l'« indicateur de qualité », basé sur les notes des clients sur l'application Deliveroo.
Les restaurants seront continuellement accompagnés par les équipes de Deliveroo afin que les restaurants puissent tirer le meilleur profit possible de ce programme. Tous les mois, chaque restaurant recevra un Score Confiance. Ce score pourra par exemple être « Excellent », « Bon » ou encore « Acceptable ».

Un programme au service d'une meilleure expérience client

Un score « Acceptable » permettra aux restaurants partenaires de continuer à profiter des avantages existants sur Deliveroo, tandis que les scores « Bon » ou « Excellent » leur permettront de débloquer de nouveaux avantages. **Ces avantages consisteront notamment en la mise en avant des restaurants à plusieurs endroits de la plateforme sous une pastille « Sélection Deliveroo »**, de l'accès à des offres promotionnelles financées par Deliveroo, ou encore, une mise en priorité dans des carrousels intégrés à l'application.
« *Nous sommes fiers de lancer le Programme Confiance, qui est le reflet de notre engagement à promouvoir la qualité et le service parmi nos restaurants partenaires, tout en offrant une expérience client exceptionnelle. Avec ce lancement, Deliveroo entend proposer le meilleur à tous ses utilisateurs tout en poursuivant un accompagnement de qualité à ses partenaires !* » déclare Melvina Sarfati El Grably, directrice générale de Deliveroo France.

Jérôme Pouponnot, www.relationclientmag.fr, 23 mai 2024.

Entraînement intermédiaire

Mama Shelter

DURÉE POUR TRAITER LE CAS :

Préparation : 3 heures

SITUATION

Créateur de lieux de vie et metteur en scène au quotidien, en France et à l'international, **Mama Shelter** totalise à aujourd'hui 2 714 chambres, 18 restaurants et 780 collaborateurs, dans 14 villes et 9 pays ! D'autres implantations sont en chantier à Zurich, Casablanca ou Singapour.

Ce développement à l'international fut permis grâce à l'entrée d'Accor dans son capital. Le groupe est majoritaire au capital de Mama Shelter et assure le développement de ses marques hôtelières lifestyle, grâce à l'expertise du groupe londonien Ennismore.

La famille Trigano (dont le grand-père fut le fondateur du Club Med) a mis au service de ses clients, sa double expertise d'hôtelier et de restaurateur, associée au designer Philippe Starck, pour innover en créant un lieu de rupture : hybride à la bobo-cool, offrant une ambiance joyeuse et un service exceptionnel à un prix abordable. Ce concept non-segmentant n'est associé à aucune cible-type. Les clients loisirs – en couple, en famille ou en groupe – ainsi que les clients affaires y trouveront une offre qui leur correspond.

Les établissements Mama Shelter sont des lieux atypiques, dont l'adresse situé dans le quartier Riquier, à proximité du Vieux-Port et du centre historique, cet hôtel propose 102 chambres, un restaurant design rendant hommage aux artistes ayant transité par la French Riviera, un patio, un rooftop avec piscine, bar et comptoir à pizzas. Pour les réunions d'affaires et les événements privés, cinq espaces modulables de 20 à 78 m² peuvent accueillir jusqu'à 150 personnes : deux ateliers, deux studios et une breakroom, espace de détente avec jeux d'arcade, flipper et babyfoot. Fidèle au concept Mama Shelter, l'établissement se distingue par un design coloré et ludique, inspiré des collages de Matisse, des céramiques de Picasso et de l'ambiance méditerranéenne. Bref, encore un refuge urbain, esthétique, moderne, populaire, accueillant et sexy.

TRAVAIL À FAIRE

Particulièrement intéressé(e) par ces concepts « *lifestyle* », vous allez mener une analyse de la politique commerciale de l'enseigne. Au fil des dossiers qui suivent, vous aurez l'opportunité d'étudier la servuction, les techniques commerciales d'optimisation de l'établissement, la gestion de la relation client, et la communication de l'enseigne.

Dossier 1 – La servuction chez Mama Shelter à Nice

1.1 Relevez ce qui rend l'expérience client unique au sein de l'enseigne Mama Shelter et plus particulièrement au sein de l'établissement niçois.

1.2 Dans un tableau, répertoriez les éléments clés de la servuction qui offrent liberté, intimité et animation aux clients.

Dossier 2 – Les techniques d'optimisation du point de vente

2.1 Montrez le rôle du marketing sensoriel dans l'expérience des clients de Mama Shelter à Nice.

2.2 Qualifiez les animations proposées selon la classification active-passive et occasionnelle-permanente.

2.3 Étudiez l'opportunité d'un partenariat avec un événement niçois afin de toucher plus particulièrement une clientèle affaires.

2.4 Présentez les caractéristiques que pourrait avoir ce partenariat.

Dossier 3 – Les nouvelles technologies au service de la relation client

3.1 Listez les différents points de contact entre l'hôtel niçois et ses clients tout au long de son parcours.

3.2 Peut-on dire qu'il s'agit d'un parcours client « sans couture » ?

3.3 Proposez des outils digitaux qui permettraient de faciliter le parcours client.

3.4 À partir des propositions formulées à la question précédente, exposez les bénéfices pour le client, pour les collaborateurs, puis pour l'ensemble de l'entreprise.

3.5 Après avoir présenté les caractéristiques du label Smart selon le groupe « Louvre Hotels », argumentez sur la possible mise en place de ce label dans l'établissement Mama Shelter de Nice, compte tenu de son positionnement et de sa cible de clientèle.

Dossier 4 – La communication au sein de l'enseigne

4.1 Analysez l'intérêt pour Mama Shelter de devenir sponsor de l'opération Étoilés et Solidaires.

4.2 Identifiez la forme de communication liée à cette opération.

4.3 Présentez avec détail une action de communication hors média cohérente pour l'établissement niçois.

ANNEXES

ANNEXE 1 15 ans de Mama Shelter : histoire d'une saga familiale à la conquête du monde

Joyeux anniversaire et belle réussite ! Du premier hôtel inauguré le 5 septembre 2008, à Paris, au développement international, quel parcours ! Pourtant, le pari de Serge Trigano et de ses deux fils Jérémie et Benjamin de créer des hôtels urbains, différents, semblait plus que risqué. Histoire d'une saga familiale à la conquête du monde

Serge Trigano : le flair d'un pionnier

Dans mes rêves les plus fous, jamais je n'aurais imaginé apposer le nom de Mama Shelter sur des bâtiments classés aux Monuments historiques, confie dans ses bureaux parisiens Serge Trigano.

Rennes, Dijon, les deux derniers-nés s'étalent dans des immeubles remarquables, au cœur de ces deux villes capitales pour leur région, la Bretagne et la Bourgogne. Le miracle d'un visionnaire, allié avec ses deux fils, comme il le fut avec son père Gilbert, fondateur du Club Med.

L'idée du trio Trigano : ouvrir des hôtels urbains, véritables lieux de vie, de mixité, de rencontres, d'échanges, de fêtes, regroupant sous un même toit des chambres à prix accessibles, des tables d'excellence, des bars, avec des marqueurs forts : une literie et des draps comme ceux des cinq étoiles, une superbe salle de bains avec une très belle douche, des babyfoots, une déco gaie, originale, décalée. Le tout dans une ambiance joyeuse, cool, avec un personnel souriant, accueillant, un service parfait. « Nous voulions nous installer dans des quartiers coups de cœur, contant une histoire. Nous souhaitions que, grâce aux restaurants ouverts sur l'extérieur, les habitants s'approprient les Mama, que les voyageurs sentent les vibrations, prennent le pouls de la ville. [...] »

Mama Shelter Paris East est vite devenu, avec ses premières chambres à 70 €, ses menus étoilés à 25 €, ses pizzas, ses burgers de qualité, ses brunchs, ses animations pour les grands et petits, le QG des trentenaires de Belleville, du Père Lachaise, des Buttes Chaumont, en gros de la Rive Droite, mais aussi des voyageurs d'affaires, des touristes en famille ou en tribu. Un premier de lignée fantastique pour l'enseigne bienveillante, en osmose avec son nom. Mama parce qu'une maman c'est la première femme qu'on aime et qu'on aimera toute sa vie, la femme qui vous aime, vous choie, vous protège, vous nourrit. Shelter, un refuge, un abri en anglais, qui vous enveloppe, vous accueille.

[...]

Aujourd'hui, 17 Mama Shelter forment une fratrie unie. Notre alliance avec Accor en 2014 permet ce développement. Depuis 2021, Ennismore s'est rapproché du Groupe Accor pour créer une co-entreprise fondée sur l'hôtellerie lifestyle, nous nous imposons comme le leader de cette nouvelle hospitalité. De plus en plus d'hôteliers nous contactent pour rejoindre l'enseigne. Un business model qui fonctionne, car nous avons vocation à manager mais pas à posséder. Et nous le faisons, ensemble avec Ennismore.

Mama Shelter, forte de ses atouts, de son identité, de ses différences, épaulé par les équipes d'Ennismore, écrit un nouveau chapitre de son histoire, le chapitre de son implantation sur cinq continents, de son rayonnement international. [...]

www.tendancehotellerie.fr, novembre 2023.

ANNEXE 2 Quelques salons à Nice

Événement	Périodicité	Date
Salon des formations internationales de Nice : attire les représentants des établissements étrangers proposant des programmes internationaux de niveau post-baccalauréat aux masters	Annuel	17/01/2025 (2 jours)
Salon Studyrama des études supérieures de Nice	Annuel	17/01/2025 (2 jours)
Carnaval de Nice : événement hivernal le plus important de la Côte d'Azur	Annuel	15/02/2025 (16 jours)
Salon de l'apprentissage, de l'alternance et des métiers de Nice	Annuel	01/03/2025 (1 jour)
Bâtir : Salon de la construction, de la rénovation, de la décoration de l'habitat	Annuel	15/03/2025 (10 jours)
Foire internationale de Nice : orchestrée autour de 4 univers : vie quotidienne / extérieur / automobile / maison	Annuel	15/03/2025 (10 jours)
Salon des véhicules de loisirs	Annuel	28/03/2025 (4 jours)
Salon piscine, spa et jardin de la Côte d'Azur	Annuel	28/03/2025 (4 jours)
Solutions CSE Nice : Salon des comités d'entreprise, des représentants du personnel et des collectivités	Annuel	13/05/2025 (1 jour)
Festival de musique sacrée de Nice	Annuel	Juin 2025
Salon des formations tourisme, hôtellerie et restauration de Nice	Annuel	Octobre 2025
Salon Studyrama Grandes Écoles de Nice	Annuel	Octobre 2025
Agecotel : solutions, innovations, équipements, produits et services utiles au quotidien des professionnels des CHR, des métiers de bouche...	Tous les deux ans	Février 2026

ANNEXE 3 La relation client au Mama Shelter de Nice

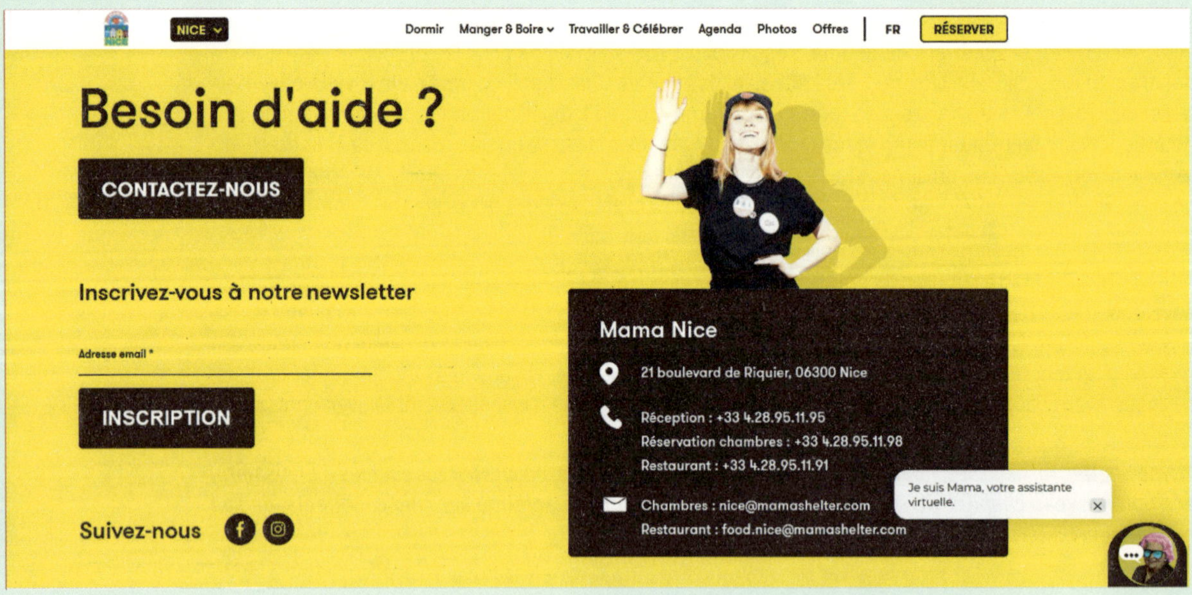

ANNEXE 4 La commercialisation de Mama Shelter Nice

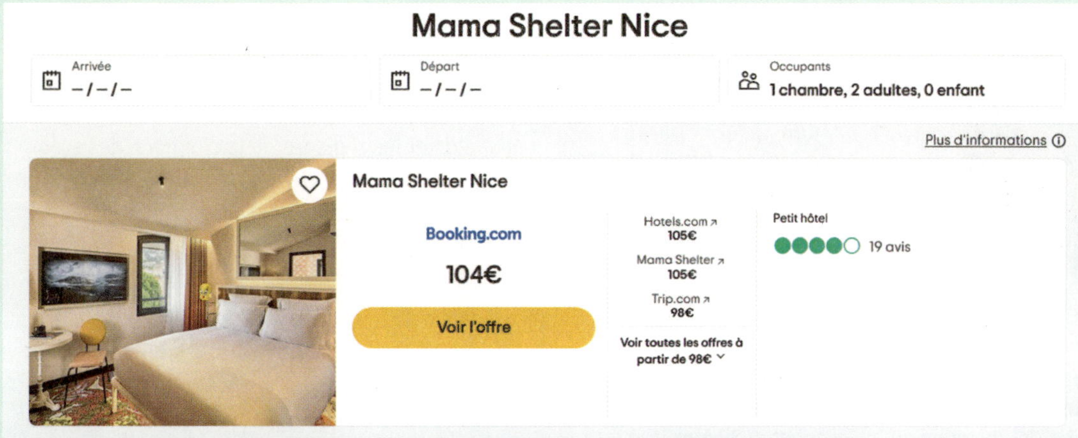

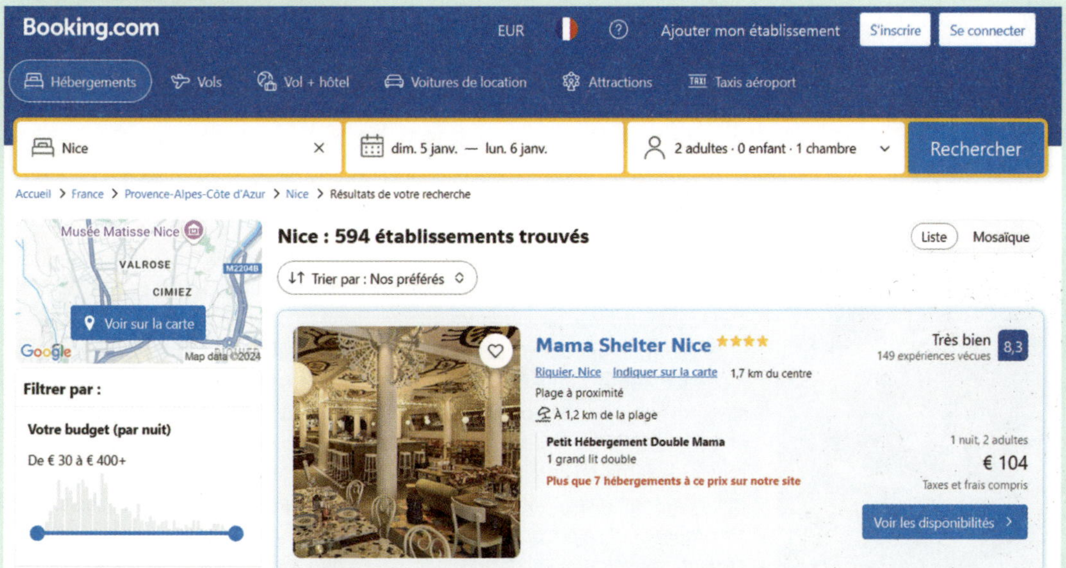

ANNEXE 5 Les 25 principales tendances de la technologie hôtelière en 2024

La technologie hôtelière désigne les nombreux outils et systèmes conçus pour aider les hôtels à optimiser leur fonctionnement et à atteindre leurs objectifs […] : automatiser les opérations, pratiquer le « *revenue management* », optimiser la distribution, analyser les données, effectuer des prévisions et enfin, pour améliorer l'expérience client dans son ensemble […], gagner du temps et réduire ses coûts. Par conséquent, les hôtels doivent être prêts à l'adopter sur un marché en constante évolution et compétitif, d'autant plus que les clients s'attendent à retrouver pendant leur séjour des technologies capables d'améliorer leur expérience. […] Nous avons dressé une liste des 25 grandes tendances en matière de technologie hôtelière qui vous aidera à vous adapter au futur du secteur.

1. L'intelligence artificielle
2. La cybersécurité
3. Les applications hôtelières
4. L'économie d'énergie
5. La technologie intelligente
6. Le big data
7. La réalité virtuelle
8. Les opérations
9. Les chatbots
10. Réservations par métarecherche
11. La technologie mobile
12. Le marketing par SMS ou WhatsApp
13. La reconnaissance faciale
14. Les progrès en matière de réservation
15. Les systèmes de gestion hôtelière
16. L'Internet des objets (IdO)
17. Les paiements numériques
18. Une connexion à Internet rapide, un indispensable
19. Le logiciel hôtelier pour une expérience fluide
20. Les robots
21. Le logiciel de gestion des revenus
22. Le cloud
23. Le concierge virtuel
24. Les API
25. Les smart TV

Eva Lacalle, www.mews.com, juillet 2024.

ANNEXE 6 Avec son Campanile Smart, Louvre Hotels Group expérimente les technologies qui auront un impact dans l'hôtellerie

Le robot room-service dans l'hôtel Campanile Smart Lyon Bron

Ouvert en juin 2021, l'hôtel Campanile Smart Lyon Bron est le laboratoire d'expérimentations technologiques de Louvre Hotels Group où « touchless » et automatisation font bon ménage. [...]

Doté du label « SMART INSIDE », l'établissement 3 étoiles est présenté comme l'hôtel du futur avec plus de 20 technologies proposées tout au long du parcours client. Il se veut également plus écologique, grâce à plusieurs outils de mesure et d'optimisation du bâtiment et de l'énergie.

Dès son arrivée, le client peut s'enregistrer sur les bornes de check-in. Un QR Code l'invite alors à ouvrir la web app où se trouve le compagnon digital de la marque. Pour rejoindre les étages, l'application permet d'appeler l'ascenseur sans avoir à toucher les boutons. Dans la chambre, le client peut ajuster les réglages de la chambre, des scénarios lumineux à la température ambiante. Le service en chambre est assuré par un robot concierge et le client peut visionner ses contenus préférés sur la télévision connectée à partir de son smartphone.

L'hôtel est doté d'un BMS (*Building Management System*) qui permet de suivre et d'améliorer les consommations énergétiques *via* des capteurs de présence en chambre et des scénarios spécifiques. Le client a également accès à des bornes de recharge pour voitures électriques installées à l'entrée de l'hôtel.

www.tom.travel, février 2022.

ANNEXE 7 Hôtellerie : et si le luxe, c'était l'émotion ?

[...] Les mentalités ont changé. Désormais, la réussite d'un séjour à l'hôtel relève de critères subjectifs. « *Avant, les clients demandaient la plus grande suite ; aujourd'hui, ils demandent celle qui a la plus belle vue. Tout est dans le ressenti*, explique Frédéric Savoyen, fondateur et PDG du groupement d'agences de voyages Eluxtravel. *Ils ne recherchent plus le côté ostentatoire, mais un mix de confort et d'expérience, un enrichissement au sein de l'hôtel et à l'extérieur. Ils veulent avoir la sensation de vivre des choses uniques, des moments rares, qu'ils soient d'ordre culturel, gastronomique, sportif... et évidemment personnalisés. L'hôtel n'est plus un simple lieu de villégiature pour dormir, bien manger et se prélasser. Le luxe ne passe plus uniquement par le côté grand, brillant, majestueux, mais aussi par tout ce que l'on va mettre autour.* »

https://hoteletlodge.fr, janvier 2024.

ANNEXE 8 L'association Étoilés & Solidaires cuisine pour les aînés

L'association Étoilés & Solidaires a lancé un nouveau format depuis mars 2021 de solidarité et de convivialité, **« Les Chefs & personnalités s'invitent chez nos Aînés »**. L'idée ? Un chef étoilé cuisine des mets de qualité avec des produits frais, de saison et locaux et une fois par mois, une personnalité le rejoint pour préparer un repas haut de gamme destiné à un duo bénévole-aîné de l'association Petits Frères des Pauvres. Le panier-repas est livré en 2 CV par le duo chef-personnalité au domicile de la personne âgée. Le chef multi-étoilé Pierre Gagnaire et parrain de l'association Étoilés & Solidaires a cuisiné en compagnie de Pascal Legitimus en mars dernier. Le 28 mai prochain, le célèbre parfumeur Francis Kurkdjian, qui a créé *Le Mâle* pour Jean-Paul Gaultier en 1995, rejoindra l'auteure de La cuisine du 6e étage, Nathalie George. Et le 31 mai, ce sera au tour de l'humoriste Muriel Robin de la rejoindre en cuisine !

www.carenews.com, mai 2021.

CHAPITRE 7

La mobilisation des ressources humaines

NOTIONS ÉTUDIÉES

- Déterminants de la motivation
- Leviers de motivation au travail
- Fidélisation
- Implication au travail
- Veille sociale
- Bilan social
- Conditions de travail
- Modes de résolution des conflits
- Représentation des salariés

COMPÉTENCES ATTENDUES

- Identifier les déterminants de la motivation au travail, à partir des fondements théoriques (théories des salaires, théories des contenus motivationnels...).
- Proposer des leviers de motivation au travail adaptés à l'entreprise (financiers, non financiers).
- Distinguer la fidélisation, la motivation et l'implication au travail.
- Analyser les enjeux de la motivation et de la fidélisation du personnel.
- Apprécier le climat social de l'unité à partir d'indicateurs pertinents de performance sociale.
- Montrer le rôle d'un bilan social.
- Identifier les déterminants des conditions de travail et analyser les enjeux pour la mobilisation des ressources humaines.
- Repérer les sources de conflits et choisir un mode de résolution de conflit approprié.
- Connaître les dispositifs de représentation des salariés dans l'entreprise.

SITUATION

Cuisinier du Centre de la France, Thibault Millet a grandi au milieu de la nature. Il a partagé son enfance et son adolescence entre l'école et les fourneaux de l'auberge familiale, La Source, à Saint-Flour, pour aider sa mère. Une nécessité au départ, plus tard devenue le fil conducteur d'une vie pour cet autodidacte, guidé par l'originalité et le désir de valoriser son terroir.

Côté cuisine, son ardeur aux fourneaux met à l'honneur les saveurs de sa région natale avec sincérité. Cantal, lentilles blondes de Saint-Flour, viande Salers des Monts du Cantal, tripoux... sont revisités selon les envies du moment et les tendances du marché.

La Source s'inscrit au cœur d'une destination qui propose de nombreux événements festifs, culturels ou sportifs tout au long de l'année : la fête des bœufs gras de Pâques, le festival des Hautes Terres pour célébrer les cultures de montagne, le championnat de boules carrées... et les adeptes de tourisme vert ou sportif y trouvent leur plaisir. Thibault enregistre alors une hausse d'activité en période estivale.

Côté ressources humaines, il recrute donc des saisonniers pour renforcer l'effectif permanent. D'une équipe de 33 personnes à l'année, elle passe à 45 collaborateurs en juillet et en août. Mais il rencontre des difficultés à recruter. Au quotidien, il éprouve des difficultés à souder ses équipes, et souffre d'un *turnover* assez marqué. Il sait que le management autoritaire n'est pas la solution mais les tensions latentes au sein des équipes le désarment. Pourtant, le respect des hommes et des femmes fait partie des valeurs que ses parents lui ont transmises et il sent qu'il échoue.

C'est pourquoi il souhaite entamer une profonde réflexion sur ses pratiques et mobiliser ses collaborateurs en adaptant son style de management.

Comprendre le contexte

1. Le style de management autoritaire pourrait-t-il être à l'origine des difficultés de recrutement ?
2. Quelles pourraient être les solutions pour attirer les candidats ?
3. En quoi la difficulté à souder les équipes nuit-elle à leur fidélité ?

VOTRE MISSION

Vous avez postulé dans l'auberge de Thibault pour effectuer votre stage. D'un commun accord avec lui, votre mission se concentrera sur la richesse majeure de son établissement : les hommes et les femmes. Grâce à votre regard neuf, il souhaite que vous lui apportiez des conseils sur la meilleure manière de mobiliser ses collaborateurs.

TRAVAIL À FAIRE

1 La motivation des équipes

Vous décidez de commencer par mener un diagnostic de la motivation des équipes au travail.

1.1 Présentez, dans un tableau, les différents éléments favorables et défavorables à la motivation des hommes et des femmes dans l'auberge. Vous classerez ces leviers selon qu'ils sont financiers ou non.

1.2 Concluez sur la motivation des équipes et le bien-être au travail au sein de l'établissement.

1.3 Faites des propositions pour améliorer les conditions de travail, et donc le bien-être des collaborateurs.

Vous pensez que la cohésion des équipes pourrait être favorisée par l'inscription des salariés à une manifestation sportive locale : le Tour du Nipalou, à une vingtaine de kilomètres de Saint-Flour. En motivant tous les collaborateurs, vous pourriez même gagner le challenge du nombre d'inscrits sous la même enseigne.

▶ FICHES RESSOURCES 1 ET 2
▶ ANNEXES 1 À 6

1.4 Comment pensez-vous fédérer l'équipe de l'auberge lors de cet événement sportif ?

1.5 Imaginez quels peuvent être les bénéfices de cet événement pour les collaborateurs de l'auberge La Source.

Les équipes de l'auberge ont répondu présentes au Tour du Nipalou. La manifestation a donné lieu à plusieurs articles de presse assortis de photos des coureurs sur lesquelles des collaborateurs se sont reconnus. L'un d'entre eux a même été interviewé par des équipes de France 3 Régions. La vidéo tourne en *replay* dans l'auberge !

1.6 Quel(s) effet(s) cette manifestation peut-elle avoir sur la marque employeur de l'auberge ? et sur la performance globale de l'entreprise ?

2 La satisfaction et la fidélisation des collaborateurs

2.1 Suite au recrutement d'un chef de rang le mois dernier, vous souhaitez connaître sa perception de l'entreprise. Comment pouvez-vous procéder ?

2.2 Exposez le lien entre le rapport d'étonnement et le marketing social.

2.3 Citez les bénéfices que le néorecruté peut retirer de cette démarche. Et ceux que peut retirer l'entreprise.

▶ FICHE RESSOURCE 3
▶ ANNEXES 7 ET 8

3 Les conflits sociaux

Comme Thibault l'avait évoqué lors de votre arrivée dans l'entreprise, vous avez noté l'existence de tensions au sein de l'équipe de cuisine et plus particulièrement entre deux collaborateurs. Antoine, qui a une forte personnalité, impose ses façons de faire à Ludovic, nouvelle recrue, qui souffre de cette situation, se désengage petit à petit de ses fonctions et se renferme sur lui-même. Il y a peu d'échanges entre eux et la qualité du travail s'en ressent.

▶ FICHE RESSOURCE 4
▶ ANNEXES 9 ET 10

3.1 Présentez la source du conflit entre Antoine et Ludovic.

3.2 Exposez les conséquences d'un tel conflit pour Ludovic puis pour l'équipe.

3.3 Faites des propositions à Thibault pour qu'il puisse gérer ce conflit au mieux.

3.4 Dites si les instances de représentation du personnel pourraient aider Thibault à régler le conflit.

ANNEXES

ANNEXE 1 Votre audit RH

Dans le cadre de votre mission, vous avez souhaité faire un état des lieux « RH » de l'auberge La Source, pour mieux adapter vos propositions par la suite. Voici le résultat de votre prise de notes.

Effectifs	70 % de collaborateurs – 30 % de collaboratrices
Contrats de travail	– 33 salariés permanents en CDI – Recrutement des saisonniers en CDD saisonnier Moyenne d'âge des permanents : 30 ans (moyenne d'âge inférieure avec les saisonniers)
Savoir-faire des collaborateurs	– 80 % de l'équipe diplômée du secteur de l'hôtellerie-restauration – 20 % des collaborateurs non qualifiés et formés au sein de l'auberge → tutorat dans l'équipe = flexibilité du recrutement Tests d'aptitudes (savoir-être) pour révéler le savoir-être des candidats
Rémunération	– Salaire fixe supérieur au SMIC : 1 700 € net pour 39 h par semaine – Intéressement depuis 2 ans – Prime de covoiturage (30 € par mois)
Organisation du travail sur la semaine	– Ouverture de l'établissement du mardi au samedi – Deux jours consécutifs de repos pour tous les collaborateurs le dimanche et le lundi
Organisation du travail à la journée	Travail en coupure
Locaux	– Aménagement des cuisines et de la salle avec des équipements modernes + ergonomie des postes de travail – Un vestiaire avec douche pour les collaborateurs – Un vestiaire de 7 m², pas de sanitaires, pas de casiers pour les 10 femmes – Mise à disposition de logements pour les saisonniers à Saint-Flour (5 min de l'auberge)
Communication interne	– Peu d'échanges entre Thibault et ses équipes – Pas de briefing d'équipes cuisine – salle – Pas d'entretien annuel
Trajet domicile-travail	10 minutes en moyenne

ANNEXE 2 La considération des hommes au Suquet

LE RESPECT DES HOMMES ET DES FEMMES

PARTAGER

« Le bonheur que nous apportons puise sa source sur un profond respect de l'humain, de ces hommes et ces femmes, qu'ils soient fournisseurs, membres des équipes du Suquet, salariés historiques ou saisonniers » aime répéter Sébastien Bras.

Ils sont les maillons d'une chaîne sans qui cette expérience extraordinaire au sommet de l'Aubrac ne pourrait exister. En cuisine, pas de « oui chef ! » qui claque dans une ambiance militaire, mais des prénoms qui fusent. Pas besoin non plus d'élever la voix pour se faire respecter. Fait rare dans la restauration, on s'est doté depuis 1998 d'une pointeuse pour s'assurer que les horaires ne soient pas dépassés. La transparence est de mise, jusque dans la cuisine, ouverte aux visites des clients, qui en ressortent, souvent surpris par l'atmosphère concentrée et calme qui y règne. Le secret tient aussi au lien créé entre tous, à travers l'association des Bras KC qui emmène tous les volontaires, Sébastien Bras et Régis Saint-Géniez en tête, chaque lundi, jour de fermeture de l'établissement, sur les sentiers cachés des alentours, les pistes panoramiques de VTT, les expositions des environs, ou aux animations au sein du village, pour partager de bons moments et un peu d'Aubrac.

www.bras.fr

ANNEXE 3 Témoignages de salariés

J'aime beaucoup mon métier. J'ai choisi de venir travailler à La Source parce que j'adore la nature et les grands espaces. Mais je ne me sens pas reconnu : pas de merci, pas de mots gentils du chef... et il me confond toujours avec Ludovic ! C'est vrai qu'on est bien payés, mais ça ne fait pas tout.

Hier soir, j'ai assumé toute seule en pâtisserie, parce que Ludovic, mon collègue, était absent. Il faut dire qu'il déprime un peu ces derniers temps parce qu'il ne s'entend pas avec Antoine. Manque de chance, on a eu un sacré coup de feu. La salle était au complet. Eh bien, je n'ai même pas eu de remerciements du chef à la fin du service. Moi, j'aurais voulu entendre au moins un « Merci » ou « C'est super ce que tu as fait ! ».

J'ai l'impression que Thibault est toujours dans sa bulle. Il ne nous parle pas beaucoup sauf pour nous donner des ordres ou pour vérifier ce qu'on fait, comme s'il n'avait pas confiance. C'est pour ça qu'il est toujours débordé, il ne délègue rien! C'est frustrant. Pourtant, quand il m'a recruté, il semblait tellement gentil !

ANNEXE 4 Quels sont les changements majeurs qui affectent aujourd'hui le marché du travail ?

69 % des 18-30 ans se disent prêts à changer d'emploi pour un travail écologiquement utile.
65 % des 18-30 ans se disent prêts à renoncer à postuler dans une entreprise qui ne prendrait pas suffisamment en compte les enjeux environnementaux.

Source : étude Harris Interactive – mars 2022

60 % des talents se disent prêts à prendre un poste plus précaire pour un emploi porteur de sens.

Source : Baromètre Conférence des grandes écoles – BCG

En 2025, la génération Z (nés après 1995) représentera 27 % de la force de travail au sein des pays membres de l'OCDE.

Source : World Economic Forum

44 % des jeunes ne savent pas s'ils souhaitent exercer le même métier toute leur vie et seuls 26 % d'entre eux se projettent dans la même profession.

Source : Génération Z : des Z consommateurs aux Z collaborateurs

www.francetravail.org, août 2023.

ANNEXE 5 Que veulent les jeunes au travail ?

On a toujours soupçonné les jeunes de ne pas trop aimer travailler. Si l'on en croit les clichés, les jeunes seraient fainéants, cupides ou encore insolents. Mais qu'en est-il vraiment ? À quoi aspirent les jeunes au travail ? [...]

En réalité, leur critère numéro 1 pour choisir un emploi reste le salaire. [...]

« *On a voulu faire croire, il y a quelques années, que comme ils étaient en quête de sens, c'était le sens ou le salaire. En fait, c'est le sens et le salaire.* » (Manuelle Malot, directrice carrières de l'Edhec et fondatrice d'un centre d'expertise sur le comportement des jeunes de moins de 30 ans.)

Ce qu'elle observe, c'est que les jeunes de moins de 30 ans n'ont pas besoin de sortir du système pour donner du sens à leur travail. Pour elle, ils ne sont pas plus en quête de sens que leurs aînés. Mais ce qui change, c'est qu'« *ils veulent que l'entreprise, leur employeur, soit le reflet de la société et du monde qui les entoure. Ce n'est pas un élément qui était très fort dans les générations précédentes. Les plus anciens n'attendaient pas que leur travail ou que leur employeur réponde à cette quête de sens. Ils allaient trouver cette quête de sens dans leur vie familiale, dans leur vie sociale, en s'investissant dans des associations. Contrairement à leurs aînés, les jeunes adressent leur quête de sens à l'entreprise* ».

Mais ça veut dire quoi le sens pour eux ? « *On dit toujours : les générations ne sont pas les enfants de leurs parents mais les enfants de leur époque. Donc, oui, cette quête de sens, elle tourne autour de l'impact environnemental de l'entreprise, de l'employeur, autour de l'impact sociétal, social de l'employeur, diversité, inclusion.* »

« *Le travail, ce n'est plus une fin en soi, ce qui pouvait être le cas pour les anciennes générations. Le travail, c'est "un moyen de". Moyen de se construire, moyen d'expérimenter, moyen de se sentir heureux, moyen* [...]. »

Bref, avant d'être une histoire d'âge, le rapport au travail est d'abord une histoire de catégorie socioprofessionnelle, et une histoire d'époque. La société a évolué et le travail avec elle.

Et si ces évolutions vont dans le sens d'un travail plus inclusif, plus respectueux de l'environnement, du bien-être des salariés, alors où est le problème ?

www.lesechos.fr, avril 2024.

ANNEXE 6 Le Tour du Nipalou à Lorcières en Margeride

Bienvenue à Lorcières en Margeride sur le site du TOUR DU NIPALOU

La 25e édition du **Tour du Nipalou** aura lieu le dimanche 27 octobre 2024 à **Lorcières en Margeride** (Cantal, Auvergne) pour prendre le départ de :
- l'une des 7 **courses** (compétitions chronométrées), 700 m, 1,2 km, 2,2 km, 3,8 km, 12 km, 21 km ou 53 km. Elles sont composées à plus de 90 % de sentiers de randonnée, chemins, sous-bois, prairies et pâturages. Les 21 km et 53 km sont qualificatifs pour les championnats de France trail 2025 et le 53 km est aussi qualificatif pour l'Ultra Trail du Mont-Blanc ;
- ou de l'une des 5 distances de **randonnées pédestres** (non chronométrées) proposées : 6 km, 9 km, 18 km, 20 km, parcours à 90 % sur les circuits courses. Les participants n'auront pas de dossard, aucun classement ne sera établi.

www.tourdunipalou.org

ANNEXE 7 Qu'est-ce qu'un rapport d'étonnement ?

Outil stratégique de management des Ressources Humaines, ce document est rédigé par les nouveaux arrivants dans les quelques semaines suivant leur intégration dans l'entreprise.
Il est généralement présenté en quelques pages sur un format papier. L'idée étant que la nouvelle recrue vous donne une vision critique et constructive de l'image que peut renvoyer votre entreprise pour une personne venue de l'extérieur. C'est un moyen efficace d'avoir un regard neuf et spontané sur les potentiels dysfonctionnements de votre entreprise et d'effectuer des changements lorsque c'est nécessaire.

www.manager-go.com

ANNEXE 8 L'arbre du marketing en mode social

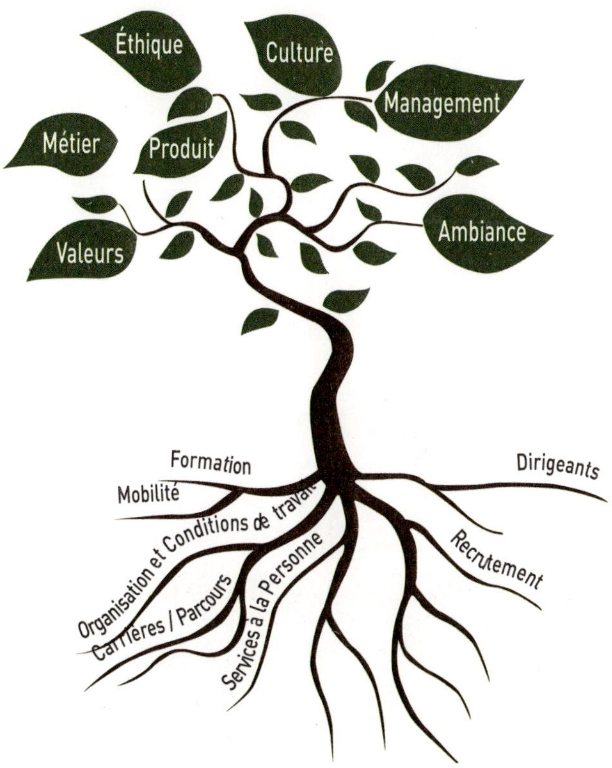

D'après R. Adamec et N. Cabannes, *Le Marketing en mode social*, Éd. Liaisons.

Les racines de l'arbre correspondent aux pratiques des ressources humaines. Toute une série d'autres aspects vont ensuite interférer : c'est le feuillage de l'arbre.

À l'auberge La Source, on trouvera :
- **les racines du marketing social :**
  - la formation des néorecrutés qui n'ont pas de diplômes du secteur,
  - les conditions de travail proposées (rémunération, logement des saisonniers, repos hebdomadaires...),
  - le recrutement selon le savoir-être et pas seulement par le diplôme.
- **le feuillage du marketing social :**
  - la culture d'entreprise avec les valeurs de terroir et d'authenticité,
  - l'ambiance de travail avec les tensions en cuisine,
  - le style de management autoritaire de Thibault,
  - le développement durable avec l'incitation au covoiturage, la mise en avant des produits locaux.

L'arbre dans son entier participe à valoriser l'image de marque employeur de l'auberge.

ANNEXE 9 Le conflit entre Antoine et Ludovic

Antoine (*dans la chambre froide*) – Qui est-ce qui a encore rangé ces produits n'importe comment ? J'en ai marre de répéter que c'est moi qui range mes stocks et personne d'autre !!!! – (*Dans la cuisine*) Les gars, j'ai une question à vous poser. Qui est-ce qui a rangé la dernière livraison dans la chambre froide ?
Ludovic (*depuis son poste pâtisserie*) – C'est moi, ce matin ! Tu n'étais pas encore arrivé, donc je l'ai fait à ta place.
Antoine – Mais de quoi j'me mêle ! Tu travailles où, toi ? T'es pâtissier, non ? Alors reste à ta place et te mêle pas de mes affaires !
Ludovic – Je l'ai fait pour te rendre service ! Tu pourrais me dire merci !
Antoine – Te dire merci pour quoi ? C'est rangé n'importe comment en plus !
Ludovic – Ah bon ? Qu'est-ce qui n'est pas bien fait ?
Antoine – Laisse tomber ! J'ai pas envie de discuter, juste que tu comprennes qu'il ne faut pas que tu le refasses. Retourne à tes framboises et à tes tartes !!!

Ludovic, interloqué, ne parle plus du reste de la journée. Tracassé par ces reproches, il se trompe dans les grammages de son dessert du jour. Sa mousse gourmande au cantal entre-deux n'est pas montée comme d'habitude…

ANNEXE 10 Pourquoi il est urgent de prendre enfin au sérieux la qualité et les conditions de travail

[…] L'étendue du mal-être, qui touche nombre de salariés, est le risque le moins bien anticipé par l'État et les entreprises. Soucis de pouvoir d'achat, ravages de l'hyperconnexion, perte de sens au travail, tensions sociétales inquiétantes, désordres mondiaux (guerre, catastrophes naturelles, crises sanitaires), impact sur les familles du grand âge dépendant, détresse psychologique […]. Les sources d'inquiétude montent chez tout un chacun.
« *Autant les apaiser en adoptant une démarche qui se soucie de la qualité de la vie et des conditions de travail (QVCT) des effectifs. Les sociétés qui l'adoptent ont ainsi 5 fois plus de salariés engagés que celles qui ne le font pas* », avance Camy Puech, CEO de Qualisocial, épaisse étude à l'appui. C'est dire, certains collaborateurs se montreraient 7,8 fois plus motivés dès lors que leur est laissée la possibilité de pleinement utiliser leurs compétences !

Voici de quoi faire passer la qualité de la vie et des conditions de travail d'une thématique connexe aux préoccupations clés de l'entreprise à un sujet de direction générale. Et de lui conférer une dimension stratégique en ne la limitant plus à des cases à cocher, histoire de plaire aux partenaires sociaux, servir l'image employeur et attirer les talents.

Ce, d'autant plus que l'étude que Qualisocial a menée auprès de plus de 3000 salariés regorge de données susceptibles d'inciter les entreprises, qui hésitent encore à corréler vie professionnelle, engagement et satisfaction des salariés et performance de l'organisation, à agir. Elle pointe ainsi, à de nombreuses reprises, l'impact positif de la QVCT sur la santé des salariés : 5,9 fois plus de salariés engagés au sein des sociétés qui la mettent en œuvre. *A contrario*, toujours à fouiller la même enquête, on comprend que l'absence d'une telle démarche pèse négativement sur le fonctionnement et la performance des organisations ainsi que sur les comptes publics. Ainsi, apprend-on que des relations exécrables au travail génèrent 2,23 plus de collaborateurs en mauvaise santé qu'ailleurs et 3,8 fois plus de « salariés activement désengagés », adeptes de l'absentéisme, du fameux « *quiet quitting* » ou pis encore – en version bruyante – du « *loud quitting* ». […]

www.lesechos.fr, janvier 2024.

FICHE RESSOURCE 1

LE TRIPTYQUE MOTIVATION – IMPLICATION – FIDÉLISATION

1. Les déterminants de la motivation au travail

Les facteurs de motivation dépendent non seulement du collaborateur mais aussi de l'environnement. On distingue :

- la **motivation intrinsèque** : le collaborateur va naturellement s'impliquer dans sa mission dans le but d'approfondir ses connaissances, de développer ses compétences et de s'accomplir personnellement. Il n'attend pas de récompense externe ;
- la **motivation extrinsèque** : c'est la motivation générée par l'environnement, elle peut motiver le collaborateur (titre du meilleur employé du mois, prime…). Mais elle peut aussi être source de démotivation si elle est perçue comme une punition.

2. Les leviers de motivation au travail

FINANCIERS	**Le salaire fixe :** le contexte de crise a conduit les salariés à accorder de plus en plus d'importance à leur sécurité financière. C'est la garantie de pouvoir obtenir des fonds pour subvenir aux besoins de consommation des individus (logement, voyages…).
	La part variable du salaire : sous la forme de bonus ou primes, elle permet de renforcer la motivation extrinsèque des salariés, et donc d'améliorer leur productivité, à condition que les objectifs qui conditionnent son versement soient clairement définis et justes.
	Des périphériques de rémunération : la **participation** et l'**intéressement** sont des dispositifs légaux applicables aux entreprises de plus de 50 salariés qui permettent le versement d'un pourcentage du résultat fiscal aux collaborateurs. La participation est obligatoire dès que le seuil d'effectif est atteint. L'intéressement, lui, est facultatif.
	Les avantages en nature : véhicule de fonction, hébergement, tickets-restaurants, ordinateur ou téléphone portable…
NON FINANCIERS - FACTEURS DE BIEN-ÊTRE	**Le sens :** le travail doit avoir du sens, et il faut réhabiliter le plaisir, le bien-être et l'épanouissement au travail. Les jeunes générations y sont particulièrement sensibles, dans un contexte de montée en puissance des considérations sociétales et post-matérialistes (les conditions matérielles ne suffisent plus à retenir les collaborateurs). **Exemple :** chez Starbucks, tous les niveaux de l'entreprise sont incités à participer à des projets humanitaires ou de développement durable.
	L'ambiance de travail : l'Observatoire du Bien-Être au Travail de 2023 confirme que l'ambiance au travail, notamment les relations avec les collègues, est un élément central dans la satisfaction des salariés, particulièrement pour les entreprises qui cherchent à fidéliser leurs talents.
	Compréhension, reconnaissance et droit à l'erreur : le collaborateur doit sentir qu'on lui fait confiance, qu'on l'écoute, qu'il peut se tromper sans être sanctionné, et qu'en cas d'atteinte des objectifs, il sera reconnu dans son investissement, dans sa réussite. **Exemples :** rassurer un salarié qui vient de casser des assiettes, écouter les remarques d'un salarié qui propose une amélioration de son poste de travail, communiquer oralement avec ses collaborateurs.
	Les récompenses matérielles, des petits plaisirs. **Exemple :** le programme ALL Heartists® propose aux collaborateurs des tarifs réduits dans des hôtels Accor, ou auprès de partenaires du voyage, de la gastronomie ou du sport dans le cadre de la promotion du bien-être au travail.
	La formation, qui permet de répondre à la volonté des individus de s'accomplir et de progresser au fil de leurs carrières.
	L'autonomie est un moyen de donner du sens au travail en accroissant la responsabilité de chacun sur la mission dont il a la charge et qui est source d'implication du salarié. **Exemple :** encourager les collaborateurs à participer à des projets transversaux (développement durable, innovation de l'offre).

▶▶▶

Quelles que soient les récompenses offertes, financières ou non financières, la motivation est liée à la reconnaissance du mérite individuel. Mais l'identification de l'action de chacun est parfois difficile à définir dans le secteur des services où la performance est collective et concerne des réalisations passées.

3. La relation motivation-implication au travail

1) Qu'est-ce que l'implication ?

L'implication concerne l'attachement du collaborateur à son entreprise. Dans le cadre de sa mission, un collaborateur impliqué est celui qui réalisera les tâches qui lui incombent en prenant les initiatives nécessaires pour atteindre l'objectif fixé.

Exemple : dans un hôtel, le personnel des étages souffre d'un manque de productivité. La gouvernante d'étages gère au quotidien l'absentéisme des femmes de chambre et presse les autres pour atteindre les objectifs. Elle est persuadée qu'une des solutions résiderait dans l'acquisition de lève-lits. Elle présente le projet au responsable hébergement. Celui-ci le valide. *A posteriori*, force est de constater que la productivité est bien meilleure et que la disparition de troubles musculo-squelettiques a réduit l'absentéisme.

L'entreprise doit susciter cette implication, trouver des objectifs qui vont la créer et, surtout, savoir les présenter.

Exemple : dans l'entreprise hôtelière, l'implication des collaborateurs peut être sollicitée par les valeurs que défend l'entreprise : le service aux clients, la qualité de la prestation, l'innovation dans les pratiques...

Par la communication interne, les objectifs seront mieux compris. C'est le rôle de la culture d'entreprise. Mais la motivation sera faible et fragile si les collaborateurs ne sentent pas la reconnaissance de leur hiérarchie.

2) Le lien motivation/implication

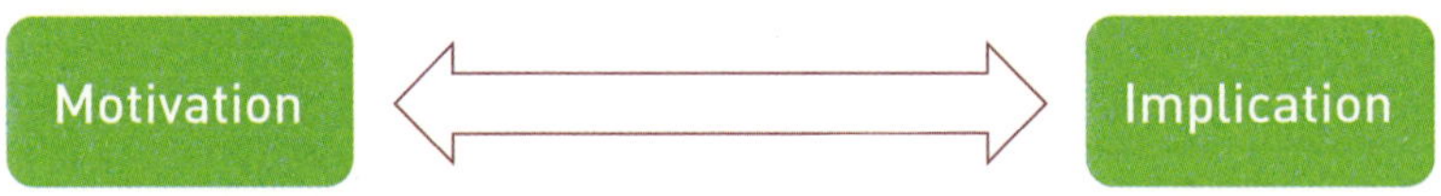

a. L'implication permet la motivation

L'humanisation du travail améliore l'environnement et le contenu du travail avec l'espoir de créer entre travail et collaborateur une relation d'implication qui va générer la motivation.

b. La motivation permet l'implication

Le salarié peut rester attaché à son entreprise : puisqu'il est impliqué dans son travail, il s'y sent bien et c'est cette motivation qui crée une volonté de rester dans l'entreprise : c'est une sorte de « contrat psychologique » qui débouche sur la fidélisation du personnel.
Les conséquences de l'implication au travail sont multiples : le présentéisme, l'effort au travail et l'intention de rester au sein de l'entreprise.

FICHE RESSOURCE 2

LE CLIMAT SOCIAL DANS L'ENTREPRISE

1. Définition

Le climat social correspond au degré de satisfaction des collaborateurs dans l'entreprise. C'est l'un des enjeux clés du management des équipes car la corrélation entre le bonheur au travail, l'efficacité des salariés et la performance au travail a été démontrée.
La satisfaction des collaborateurs dépend des éléments suivants :
- les conditions de travail (ergonomie des postes, matériels mis à disposition, horaires de travail, conciliation vie privée/vie professionnelle...) ;
- la rémunération ;
- le style de management ;
- les perspectives d'évolution dans l'entreprise ;
- la reconnaissance ;
- le système de récompenses ;
- la communication interne ;
- les projets de l'entreprise ;
- la situation financière de l'entreprise.

2. Les déterminants et les enjeux des conditions de travail

1) Les déterminants des conditions de travail

Facteurs organisationnels

Ils sont liés aux choix de structure organisationnelle et d'organisation du travail (degré d'automatisation, répartition des tâches, charge de travail allouée).

Facteurs sociaux

Ils sont liés aux rapports que le salarié entretient avec sa hiérarchie et avec ses collègues de travail.

Facteurs environnementaux

Ils sont liés au poste de travail. C'est l'ensemble des structures physiques (locaux) et des moyens matériels dont dispose un salarié pour exécuter les tâches qui lui incombent.

Exemples : un desk, un espace de production culinaire, du mobilier de restauration, un chariot à linge, un ordinateur, les arts de la table.

Facteurs physiques

Ils sont liés à l'état de santé du salarié, lequel impacte nécessairement ses capacités productives.
L'état de santé d'un salarié dépend bien entendu de ses qualités physiques mais aussi de la pénibilité du travail et de l'allongement de la vie au travail.

Facteurs psychologiques

Ils sont liés à l'expression de la personnalité du salarié et aux émotions qu'il peut ressentir dans le cadre du travail. Ils ont un impact important sur l'efficacité et l'efficience du salarié.
- La **personnalité** est l'ensemble des traits de caractère d'un individu qui font de lui un être unique dans sa manière de penser, construire et gérer sa relation avec les autres. Elle se construit tout au long de la vie.
- Les **émotions** sont des états mentaux que chacun ressent avec une plus ou moins grande intensité face à une situation d'ordre privé ou professionnel (joie, colère, tristesse, peur, surprise, dégoût).

▶▶▶

2) Les enjeux de la qualité et des conditions de travail

Les enjeux des conditions de travail sont à appréhender du point de vue de l'entreprise et du salarié.

Pour le collaborateur	Pour l'entreprise
Ce qu'il y a à gagner	
- Motivation - Bien-être au travail (moral et physique) - Sens donné au travail - Perspectives de carrière	- Effet bénéfique sur la marque employeur → attractivité de candidats potentiels (avantages en nature, hébergement des saisonniers, journée continue…) - Amélioration de la qualité des prestations offertes (système de prise de commandes performant) - Satisfaction de la clientèle - Gain de compétitivité - Fidélisation des talents
Ce qu'il y a à engager	
- Implication - Participation aux projets de l'entreprise - Participer à l'amélioration du climat social en gérant ses émotions	- Coûts liés aux investissements nécessaires pour améliorer les conditions de travail (primes, périphériques de rémunération…) - Respect du cadre juridique du droit du travail (repos hebdomadaire, paiement des heures supplémentaires…)

3. Les mesures du climat social

Afin de connaître le degré de satisfaction des collaborateurs et mesurer le climat social qui règne au sein de l'entreprise, des études du climat social peuvent être menées.

Exemple : KPMG*, dans son étude RH 2025, analyse l'évolution du rapport au travail et les fortes attentes des salariés quant à leur équilibre et leur bien-être au travail.

* KPMG : cabinet d'audit et de conseil

Toute entreprise consciente de son implication sociale et sociétale peut effectuer une veille sociale en collectant des informations. Celles-ci permettront d'identifier l'état des liens entre les salariés et l'entreprise et ainsi de détecter l'existence potentielle ou réelle de conflits. Cette veille est un préalable à l'élaboration du bilan social que les entreprises de plus de 300 salariés ont l'obligation de présenter.

4. Le bilan social

Institué en France depuis 1977, le bilan social est un document qui regroupe de nombreux indicateurs chiffrés sur 7 thèmes, permettant d'avoir une vision globale de la santé sociale d'une entreprise sur une période de 3 ans. Les entreprises de plus de 300 salariés doivent établir un bilan social chaque année.
Ce bilan sera ensuite transmis aux instances représentatives du personnel (IRP).

LE MARKETING SOCIAL AU SERVICE DE LA FIDÉLISATION DES COLLABORATEURS

1. Qu'est-ce que le marketing social ?

Par analogie au marketing traditionnel, on parle de **marketing social**. Le marketing **interne** (ou marketing social) est au service du marketing **externe** (à destination du client).
Les ressources humaines sont alors considérées comme des clients au sens noble du terme, dont on étudie les attentes pour mieux les satisfaire : on parle de « **cliemployé** ».

La logique marketing externe	La logique « marketing social » ou marketing interne
• Le **client** est l'objet d'études. • Le but est de connaître ses besoins, ses attentes. • L'entreprise peut ainsi construire une offre qui lui corresponde. • Le client est satisfait par l'offre proposée. • Il est fidèle et peut générer un bouche à oreille positif qui viendra servir l'image de l'entreprise.	• Les **ressources humaines** sont objets d'étude. • Le but est de connaître les désirs du collaborateur, ses attentes, sa vision du bien-être au travail. • L'entreprise peut ainsi offrir des conditions et un environnement de travail qui correspondent à ses attentes. • Le salarié est satisfait de l'environnement de travail. • Il devient fidèle à l'entreprise et peut participer à l'amélioration de la marque employeur par les évocations orales de son environnement professionnel à l'extérieur de l'entreprise ou *via* les réseaux sociaux...

Une entreprise qui veut construire, développer et pérenniser sa marque employeur devra communiquer :
- en interne (avec ses collaborateurs) sur ses valeurs, sa culture ou encore les évolutions de carrières possibles... ;
- en externe (avec ses parties prenantes dont les candidats à l'embauche) pour faire percevoir sa marque employeur.

Ainsi, le marketing social est un concept qui poursuit une double logique : fidéliser ses salariés et attirer les meilleurs candidats.
L'enjeu est de faire prendre conscience aux collaborateurs/candidats que leur employeur (actuel ou potentiel) est différent de ses concurrents et qu'ils ne (re)trouveraient pas, par ailleurs, d'environnement aussi favorable à leur épanouissement.

2. Les enjeux de la motivation, de l'implication et de la fidélisation

La motivation et l'implication des salariés intéressent l'entreprise car elles peuvent être des facteurs de performance. Le marketing social est au service de la satisfaction du collaborateur puis du client ; cette satisfaction peut être génératrice de fidélisation, ce qui permet de générer un volume d'affaires plus important non seulement parce que les clients reviennent mais aussi parce que le bouche à oreille positif attire de nouveaux clients. La fidélisation est donc source de performance de l'entreprise
La fidélisation des salariés permet d'éviter des coûts d'adaptation du personnel et de *turnover*, comme :
- les **coûts directs** : coûts liés à un recrutement, à l'inefficacité du jeune salarié pendant sa période d'adaptation, coût du temps consacré au nouvel arrivant par ses collègues ou supérieurs hiérarchiques, coût de l'absentéisme d'un salarié qui ne se sent plus impliqué... ;
- les **coûts indirects** : désorganisation du travail, mauvaise compréhension des consignes, accidents du travail...

LES CONFLITS SOCIAUX AU SEIN DE L'ENTREPRISE

Au-delà de la relation individuelle qu'un manager peut avoir avec ses collaborateurs, il régule également les relations interpersonnelles au sein d'un groupe et gère les conflits si nécessaire. Il n'est pas question pour le manager de les empêcher – les conflits sont nécessaires à la dynamique de groupe – mais bien de maîtriser les compétences nécessaires afin de dépasser les conflits.

1. Les origines d'un conflit

Les sources d'un conflit sont multiples et peuvent être liées :
- au **fonctionnement de l'entreprise** : absence d'objectifs clairs, mauvaise répartition des tâches, absence de reconnaissance des efforts, management autoritaire, mauvaise communication interne... ;
- à la **personnalité des individus** : les conflits peuvent se matérialiser par la violence, l'angoisse, l'agressivité...

2. Les conséquences du conflit

Une fois le conflit avéré, charge au manager de le gérer au mieux afin de le dépasser. Sinon, il risque d'entraîner des conséquences néfastes :
- pour **l'entreprise** : baisse de productivité, problèmes de santé, absentéisme, *turnover*, nuisance à l'image de l'entreprise et à sa marque employeur... ;
- pour l'**individu** : perte de confiance, de performance, de dynamisme, problèmes de santé...

3. La gestion du conflit

Les modes de résolution des conflits sont multiples. On peut résoudre les conflits par **anticipation** en formant les collaborateurs à la psychologie humaine et au fonctionnement du groupe (par la formation à la communication non violente...), en consolidant l'esprit d'équipe chez leurs salariés (par un stage sportif, des activités ludiques...), ou en planifiant régulièrement des moments d'échanges où chacun pourra écouter et être écouté.
Malgré la prévention, si le conflit est avéré, il peut être résolu de différentes manières :
- le **recours au supérieur hiérarchique** qui tranchera rapidement et sans discussion, mais le conflit pourra rester latent car les causes profondes ne seront pas traitées ;
- la **négociation** : pour concilier les points de vue opposés ;
- l'**arbitrage** : chaque partie désigne un arbitre, qui cherchera une fin apaisée, grâce à son point de vie extérieur ;
- la **médiation** : un intervenant extérieur sollicite les échanges entre les parties en conflit.

4. Les dispositifs de représentation des salariés dans l'entreprise

Afin d'assurer la protection des droits des salariés dans l'entreprise et améliorer leurs conditions de travail, la législation française leur reconnaît le droit de constituer et d'appartenir à des instances de représentation du personnel (IRP).

Les instances élues	Les instances nommées
Le CSE est venu remplacer les anciennes instances comme le comité d'entreprise, les délégués du personnel et le comité hygiène, sécurité et conditions de travail depuis 2020. Les membres du CSE sont élus pour 4 ans dans les entreprises de plus de 11 salariés. Ils ont différentes prérogatives : - représentation des salariés auprès de l'employeur ; - maintien d'une expression collective des salariés pour la prise en compte de leurs intérêts ; - préservation du droit à revendication ainsi qu'à la santé, la sécurité et les conditions de travail ; - exercice du droit d'alerte s'ils ont connaissance de faits de nature à affecter de manière préoccupante la situation économique de l'entreprise ; - saisie de l'Inspection du travail au sujet de plaintes.	Les délégués syndicaux sont désignés par un syndicat représentatif dans l'entreprise (CGT, FO, CFTC, CFDT, CFE-CGC). Ils sont chargés de faire connaître à l'employeur les réclamations, revendications ou propositions et négocient les accords collectifs. La finalité de leur mission est de défendre les droits et les intérêts professionnels, matériels et moraux tant collectifs qu'individuels des adhérents au syndicat. Parmi les pays industrialisés, la France est celui qui enregistre le plus faible taux de syndicalisation, à cause de l'évolution du monde du travail (nouvelles formes d'engagement collectif, montée du chômage...) et du mouvement syndical lui-même (divisions internes, culture de la revendication, peu de contreparties offertes aux syndiqués en échange de l'adhésion...). Mais c'est aussi parce que le droit du travail est un droit négocié qui bénéficie à l'ensemble des travailleurs, syndiqués ou non.

APPLICATIONS

1. Pleins feux sur le responsable du bonheur

La fonction de responsable du bonheur au travail se développe au sein des entreprises car un collaborateur heureux est plus efficace et motivé. Mais cette fonction rencontre aussi des critiques.

1. **Présentez le rôle du responsable du bonheur (*Chief Happiness Officer*).**
2. **Présentez quelques actions mises en œuvre par un responsable du bonheur à destination des collaborateurs.**
3. **Présentez les retombées favorables des actions du responsable du bonheur pour les collaborateurs, les clients et l'entreprise elle-même.**
4. **Expliquez en quoi cette fonction peut rencontrer des critiques.**

DOCUMENT 1 C'est quoi un *Hospitality Happiness Manager* ?

Podcast de Maxime Blot – Meilleur Ouvrier de France 2023, classe réceptionniste – Passionné d'hospitalité, formateur, conférencier et coach

Podcast 9:36
Maxime Blot
liennathan.fr/ck9nvm

DOCUMENT 2 Offre d'emploi du groupe Accor

Description de l'offre

Nous recherchons un(e) Chief Happiness Officer pour devenir un(e) des acteurs majeurs de la conduite de ce changement et mettre l'humain au cœur de nos préoccupations / de la vie de l'hôtel afin que nos clients satisfaits soient le fruit de collaborateurs épanouis.
Fort(e) d'une expertise et formation en ressources humaines, notre CHO (H/F) est en effet un levier de la transformation de l'hôtel au niveau managérial et opérationnel.
Son rôle – grâce à des actions menées en matière de RH, de communication interne, événementiel et de talent management – est d'animer la vie de l'hôtel pour que tous les collaborateurs puissent participer à la transformation. Il/Elle crée l'adhésion autour du changement et accompagne les équipes pour leur évolution.

- Communication interne : animation de la vie de l'hôtel grâce à un plan d'actions autour d'événements, de création d'outils, etc., relais du projet de transformation auprès des équipes, créateur de bonne humeur et d'esprit d'équipe.
- Formations : accompagnement des collaborateurs dans la transformation grâce à des formations et une proximité sur le terrain.
- Gestion de l'administration du personnel fixe (45 collaborateurs) : tenue du registre du personnel, déclaration des accidents du travail, gestion de la mutuelle, gestion des dossiers de STC, interlocuteur(trice) privilégié(e) auprès des collaborateurs et conseil auprès des chefs de service.
- Suivi des procédures RH et veille au respect du droit du travail […].
- Relations sociales : préparation des réunions avec les IRP (ordre du jour, convocations, support de présentation…) […].
- Gestion des paies du personnel […].
- Recrutement et embauche : rédaction d'annonces, gestion de plateforme AccorJob, création des dossiers d'embauche (rédaction des contrats, mise en place du programme d'intégration, accueil des nouveaux embauchés…), suivi des périodes d'essai.

▪▪▪

■ ■ ■

Profil recherché

Hard skills
- Level of Education Master / MBA
- Areas of study Human Resources
- Professional experiences 3 to 5 years
- Languages essential French, English
- Expérience et connaissances en paie obligatoires
- Connaissances en législation du travail et en hôtellerie appréciées
- Maîtrise du logiciel GXP

Soft skills
- Sens de l'organisation et autonomie
- Rigueur, méthode
- Excellentes capacités d'écoute, sens de l'accueil, du contact et du dialogue
- Sens des responsabilités et respect inconditionnel de la confidentialité des informations
- Maîtrise du pack Office : Excel, PowerPoint, Word

www.wizbii.com

2. La marque employeur de Sodexo

Sodexo est une entreprise centrée sur l'humain. Disposer des bons talents est un levier essentiel pour une croissance durable et rentable. C'est dans cette optique que Sodexo a défini sa Proposition de Valeur pour les Collaborateurs. Cela permet de se différencier de la concurrence, se donner un avantage compétitif sur le marché des talents et de fournir un cadre commun pour toute l'entreprise sur la façon d'être attractif, de recruter, retenir, récompenser et développer les collaborateurs. (*Rapport Responsabilité d'entreprise – Exercice 2022*, Sodexo)

1 Relevez les moyens mis en avant par Sodexo au bénéfice de ses collaborateurs.

2 Dites en quoi ces leviers permettent de valoriser la marque employeur.

DOCUMENT 1 *Rapport Responsabilité d'entreprise – Exercice 2022*, **Sodexo**

Créer une marque employeur engageante pour les collaborateurs

Pendant l'exercice 2022, Sodexo s'est concentré sur **l'accélération** des initiatives RH et **l'investissement** dans des programmes qui montrent comment l'entreprise **prend soin** de ses collaborateurs. Les Piliers de la marque employeur « Appartenir, Agir et Grandir », structurent le cadre de l'ambition de Sodexo de devenir un employeur de choix dans les 53 pays où le Groupe opère.

NOTRE RAISON D'ÊTRE

Nous offrons un meilleur quotidien à chacun pour construire une vie meilleure pour tous

NOTRE PROMESSE MARQUE EMPLOYEUR

Travailler chez Sodexo, c'est plus qu'un simple emploi ; c'est l'opportunité **de participer à un projet plus grand** parce que nous sommes convaincus que nos **actions quotidiennes** ont un véritable impact. C'est faire partie d'un collectif, donner du sens à ses actions et avoir l'opportunité de grandir chacune et chacun à sa manière.

NOS PILIERS MARQUE EMPLOYEUR

APPARTENIR	AGIR	GRANDIR
À UN COLLECTIF	*EN DONNANT DU SENS*	*À SA MANIÈRE*
Nos collaborateurs appartiennent à une entreprise qui les reconnaît pour qui ils sont ; un environnement où chacun est traité équitablement, avec respect, où ils ont la liberté d'être eux-mêmes et où leurs idées et leurs opinions comptent : lorsqu'ils sont heureux au travail, nous sommes une équipe plus forte.	Nos collaborateurs sont motivés pour donner du sens à leurs actions quotidiennes et faire la différence. Ils ont le pouvoir de faire sourire nos consommateurs, l'opportunité de soutenir les communautés locales et de contribuer activement à un meilleur avenir.	Sodexo offre les conditions nécessaires à ses collaborateurs pour donner le meilleur d'eux-mêmes ; les ressources pour être performant dans leur métier, l'opportunité d'acquérir de nouvelles compétences et découvrir leur potentiel.

https://sodexo.publispeak.com

CHAPITRE 8

La gestion des compétences et des carrières

NOTIONS ÉTUDIÉES

- Qualification/Compétence
- GPEC, entretien individuel
- Responsabilisation
- Enrichissement du travail
- Mobilité professionnelle

COMPÉTENCES ATTENDUES

- Définir les notions de compétence et de qualification.
- Définir la GPEC (gestion prévisionnelle de l'emploi et des compétences) et l'évolution de la notion de carrière ; en montrer les enjeux pour l'entreprise.
- Illustrer les principes et les moyens d'évaluation et d'accompagnement des individus dans leur carrière.

SITUATION

La crêperie Carioca, située dans le village d'Argelès-sur-Mer, station balnéaire très fréquentée dans la région Occitanie, est une société à responsabilité limitée (SARL) familiale créée depuis 10 ans. Elle accueille une clientèle locale fidèle et une clientèle touristique pendant la saison estivale.

Cinq salariés (3 employés crêpiers et 2 serveurs) travaillent actuellement dans cette PME dont le chiffre d'affaires moyen sur les trois dernières années s'élève à 452 550 euros. Celui-ci est en progression constante depuis 5 ans du fait de la localisation de la crêperie en plein centre du village, devenu piétonnier.

Quelques travaux de modernisation des locaux ont également été entrepris récemment. Trois salariés supplémentaires viennent renforcer l'équipe actuelle, pendant la saison estivale de juin à fin septembre de chaque année. Quatre des salariés permanents de la crêperie y travaillent depuis son ouverture, le cinquième ayant été embauché il y a tout juste six mois, suite à un départ à la retraite.

La gérante de la crêperie, Paula Rodrigues, associée majoritaire, est bien consciente de la nécessité de gérer les compétences de ses salariés. Elle souhaiterait embaucher, d'ici quelques mois, un nouvel employé à plein temps et pour l'année. Les résultats comptables de la crêperie semblent aller dans ce sens ainsi que les perspectives en matière d'activité. La station balnéaire est de plus en plus fréquentée par des clients étrangers (espagnols, anglais, hollandais). Mme Rodriguez a constaté que le personnel en place ne semble pas toujours être à l'aise pour répondre aux clients ne parlant pas français et qu'ils ne fournissent que peu d'efforts en la matière.

Par ailleurs, elle souhaiterait, d'ici deux ou trois ans, proposer à l'un de ses salariés de prendre le poste de manager de l'équipe, qu'elle occupe actuellement en plus de ses autres activités. Elle se pose des questions sur le mode opératoire à suivre pour bien cibler le salarié compétent et qualifié qui pourrait obtenir cette évolution de carrière.

Comprendre le contexte

1. Selon vous, quelles sont les principales compétences que doit posséder un manager d'équipe dans une telle structure ?
2. Que pourriez-vous conseiller à Mme Rodrigues de mettre en place afin de choisir au mieux le salarié qui pourrait occuper ce poste ?
3. Expliquez pourquoi il est important d'accompagner les salariés de la crêperie tout au long de leur carrière.

VOTRE MISSION

Mme Rodrigues sollicite votre aide afin de réfléchir à la mise en place d'une gestion des compétences et des carrières au sein de sa petite entreprise, la crêperie Carioca.

TRAVAIL À FAIRE

1 Compétence et qualification du personnel

▶ FICHE RESSOURCE 1
▶ ANNEXES 1 À 4
▶ ANNEXE 7

Mme Rodrigues souhaite recruter un futur manager de l'équipe de restaurant ainsi qu'un nouveau crêpier. Elle vous demande de lui apporter votre éclairage sur plusieurs problématiques.

1.1 Quel est le « profil moyen » d'un demandeur d'emploi en tant que cuisinier dans ce secteur ? Pourquoi le *turnover* est-il si important en hôtellerie-restauration ?

1.2 Dans la perspective de recrutement d'un nouveau crêpier dans quelques mois, recensez le niveau moyen de qualification retenu généralement pour occuper ce poste, et rédigez l'offre d'emploi à destination de la presse quotidienne régionale.

1.3 Quel devra être le profil du manager de la restauration ?

1.4 Quelles sont les compétences « traditionnellement » exigées pour un poste de manager ? Précisez quelles sont les « nouvelles compétences » recherchées actuellement chez les manageurs d'équipe.

2 Définir la GPEC et l'évolution de la notion de carrière

▶ FICHE RESSOURCE 2
▶ ANNEXE 6

Mme Rodrigues conduit chaque année des entretiens individuels non formalisés avec ses salariés. Pendant ces entretiens, elle leur demande rapidement leur ressenti au travail et discute des chiffres de l'année afin de faire émerger de nouvelles idées pour développer l'activité de la crêperie. Depuis plusieurs années, certains salariés souffrent de stress lié à la cadence infernale des commandes durant la période estivale, et se plaignent de difficultés de communication avec la clientèle étrangère.

2.1 Indiquez les modalités de l'entretien individuel dans le secteur de la restauration et précisez en quoi il est opportun pour un manager de conduire cet entretien annuel.

2.2 Proposez à Mme Rodrigues une trame méthodologique ou un guide d'entretien individuel annuel qui soit novateur et permette de prendre en compte les difficultés rencontrées par les salariés. Précisez en quoi votre proposition peut être plus efficace.

2.3 Mme Rodrigues a entendu parler de la GPEC. Quels outils Mme Rodrigues peut-elle mettre en place pour répondre aux difficultés rencontrées par les salariés ?

2.4 Quels bénéfices Mme Rodrigues et ses salariés peuvent-ils en tirer ?

3 Illustrer les principes et les moyens d'évaluation et d'accompagnement des individus dans leur carrière

▶ FICHE RESSOURCE 2
▶ ANNEXES 4 À 7

Lors d'un entretien individuel avec Luc Letrillard, 35 ans, crêpier expérimenté, Mme Rodrigues apprend qu'il est lassé par son métier. Il souhaiterait évoluer vers le métier de cuisinier mais son manque d'expérience dans la préparation de mets cuisinés ne l'incite pas à postuler.

3.1 Quelles peuvent être les causes de lassitude ressentie dans son métier ? Que conseillez-vous à Mme Rodrigues ?

Finalement, Mme Rodrigues, ne souhaite pas se séparer de ce salarié, sérieux, assidu, et bon équipier.

3.2 Quelle pourrait être une solution à cette problématique ?

3.3 Plus généralement, comment peut-on éviter le *turnover* ?

ANNEXES

ANNEXE 1 Ouvrir un hôtel-restaurant

L'hôtellerie-restauration : premier recruteur national
Dans l'hôtellerie et la restauration, la mobilité est plutôt de mise. Parce que l'ascension sociale fonctionne bien. Parce que les plus jeunes ont souvent envie de faire leurs armes à l'étranger. Parce que la rotation du personnel est l'une des spécificités du secteur. « Un turnover bien plus important qu'ailleurs », observe Cécile Prévost, DRH adjointe du groupe Concorde. Et pour cause : le secteur de l'hôtellerie-restauration embauche. Il reste même « le premier recruteur national », selon France Travail. Il faut toutefois organiser et maîtriser cette mobilité. Afin d'éviter tout « désinvestissement vis-à-vis d'une enseigne ou d'un groupe », prévient Jérôme Piérard, chasseur de têtes et directeur de Dreamsearch. Car si le turnover peut créer une certaine dynamique, il peut aussi briser le rythme d'une équipe, l'équilibre d'un service. Et ce, du jour au lendemain.

Anne Éveillard, www.lhotellerie-restauration.fr

ANNEXE 2 Caractéristiques des demandeurs d'emploi « cuisiniers »

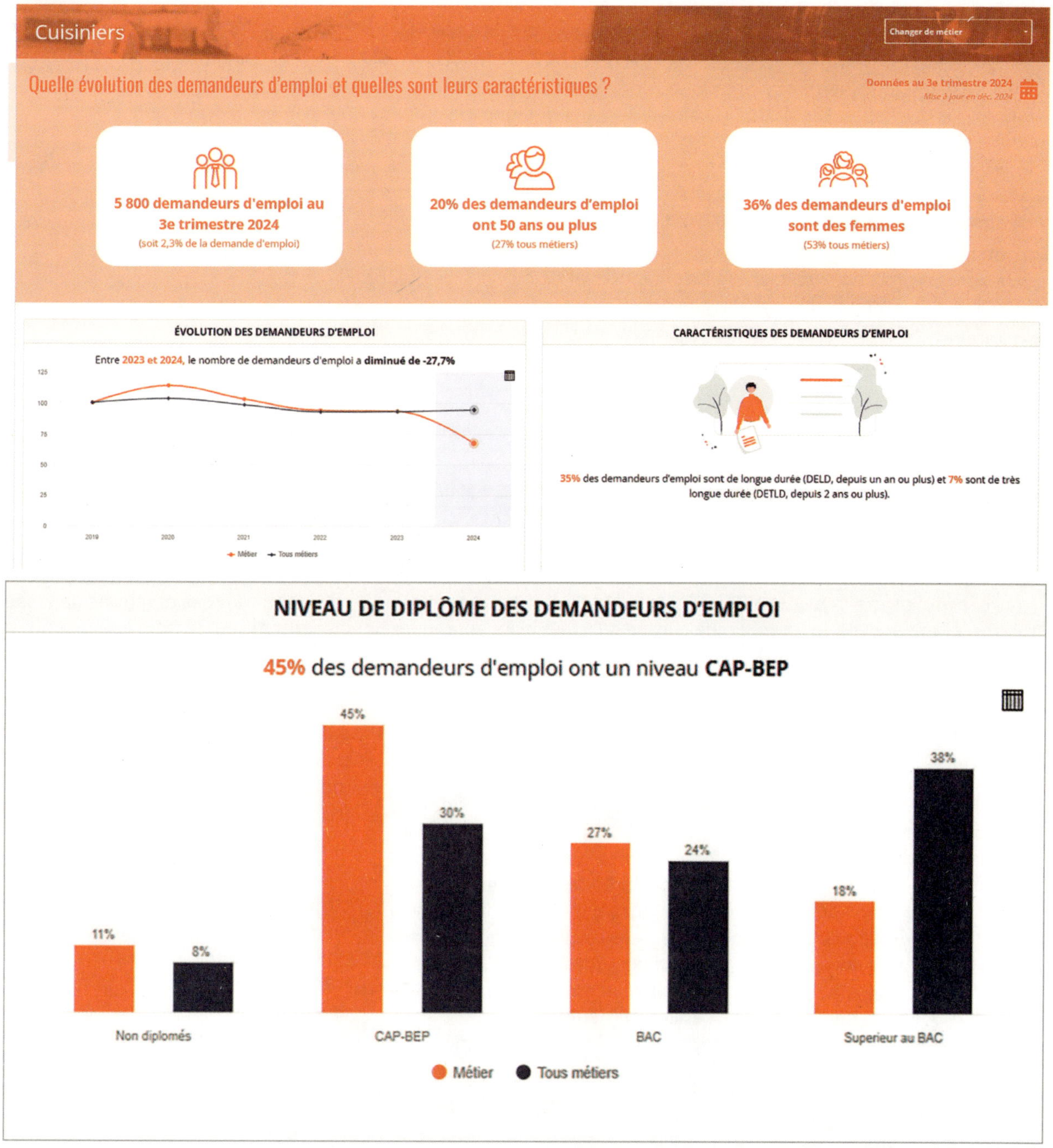

Source : données France Travail, 2024.

ANNEXE 3 Fiche métier-type Crêpier

CRÊPIER (H/F)

Son métier :

- Le crêpier est en charge de la réalisation des plats de la carte d'une crêperie, les crêpes et galettes classiques, et élabore les différents plats et salades d'accompagnement et les desserts.
- Il fabrique les différentes pâtes utilisées (pâte de sarrasin, pâte de froment), prépare les garnitures salées cuisinées (légumes, fruits de mer, poissons, fondue d'oignons…), et les garnitures de base salées et sucrées (jambon, œuf, fromage, champignon, sucre, confiture, glace, chocolat…).
- En cadence avec les commandes prises en salle, il cuit les crêpes et les galettes, qu'il garnit de l'accompagnement demandé. Il assure également l'élaboration des autres plats et desserts figurant sur la carte de la crêperie.
- À la fin du service, il nettoie le matériel utilisé et les plaques chauffantes.

Ses qualités principales :

- Bon cuisinier.
- Bonne capacité à travailler en équipe.
- Rapidité d'exécution et résistance au stress.
- Bonne condition physique.
- Connaissance des règles d'hygiène en vigueur.

Principaux diplômes et niveaux de formation :

- CTM crêpier (titre délivré par la Chambre des métiers et de l'artisanat) qui est d'un niveau équivalent au CAP. Cette formation est accessible au CFA de CMA des Côtes-d'Armor, campus de Dinan.
- Il y a également des formations pratiques non diplômantes de courte durée au métier de crêpier, comme l'école Treblec de Maître Crêpier à Maure-de-Bretagne (35 330) ou Forma-Restauration à la Roche-sur-Yon (85 015).
- Enfin, le métier de crêpier est accessible après un CAP cuisine ; ce diplôme peut être préparé en alternance ou à l'école. Un bac (bac professionnel restauration, bac technologique hôtellerie) ou un BP cuisinier ou une MC cuisinier peuvent également être un plus pour une évolution plus rapide.

Son évolution :

- Au sein d'une crêperie : crêpier, chef d'équipe, chef de cuisine, directeur de la crêperie.
- S'installer à son compte et ouvrir sa crêperie.

Son salaire :

Au minimum le Smic, mais parfois beaucoup plus en saison en fonction du nombre d'heures travaillées.

www.lhotellerie-restauration.fr

ANNEXE 4 Résultats d'une enquête qualitative faite auprès des employés crêpiers

Les perspectives d'emploi sont nettement positives : le nombre de crêperies augmente à la faveur de la crise économique (avec l'atout d'une forme de restauration peu onéreuse) et le nombre de postes proposés dépasse celui du nombre de postulants.

L'attrait de l'emploi réside avant tout dans l'autonomie du crêpier, dans la satisfaction des clients avec lesquels on est en contact, leur fidélisation, et dans une rémunération qui dépasse toujours le SMIC (minimum 1 500 euros net par mois).

On note deux voies possibles pour les crêpiers qui veulent évoluer : patron crêpier, ou l'ensemble des métiers de cuisine qu'il faut alors apprendre à maîtriser, le poste de crêpier ne préparant pas à ce type d'emplois mais y conduisant souvent.

Les prérequis du métier sont le sens de l'organisation (la rigueur, la précision, le respect des horaires et une bonne gestion de son temps de travail), le respect des produits et l'aisance dans les contacts avec la clientèle, car le crêpier, réalisant les crêpes devant le client, est le principal argument de vente de l'établissement.

Les principales contraintes du métier sont les horaires contraignants et chargés (la plupart des employés dépassent largement les 35 heures normales et réalisent jusqu'à 42 heures hebdomadaires) ainsi que la pénibilité des métiers de restauration, où l'on travaille debout. La rémunération reste souvent limitée (moins de 2 000 euros nets par mois) et l'activité est souvent génératrice de stress (faire face tout seul à une arrivée simultanée de clients).

Un à deux ans d'expérience professionnelle à ce poste sont nécessaires pour apprendre à le maîtriser : si le tournage des crêpes et la fabrication des pâtes sont des tâches qui peuvent s'acquérir en quelques jours, c'est surtout la connaissance et la maîtrise des ingrédients et des cuissons qui demande du temps.

Un métier auquel il est facile d'accéder sans qualification particulière en restauration (très souvent une formation en interne).

Enquête qualitative réalisée auprès de professionnels occupant la fonction de crêpier, étude de l'observatoire de l'hôtellerie-restauration.

ANNEXE 5 Le bien-être des collaborateurs du groupe Accor

Chez Accor, nous sommes conscients de la valeur de nos collaborateurs. En proposant à chacun d'entre eux de nombreux avantages partout dans le monde, nous souhaitons reconnaître tous ceux et celles qui contribuent à la notoriété et au succès du Groupe. [...]
Notre objectif : reconnaître la compétence et la performance de nos collaborateurs, tout en respectant les principes d'équité et de non-discrimination.
Pour nous assurer que nos rémunérations sont compétitives, nous réalisons régulièrement des enquêtes sur les marchés locaux et auprès de cabinets spécialisés. Nous proposons ainsi un soutien individualisé et motivant pour l'ensemble de nos équipes afin de faciliter et d'encourager leur évolution. [...]
Les compétences et expériences de nos collaborateurs sont également reconnues grâce à des augmentations individualisées.

group.accor.com

ANNEXE 6 Quelles sont les modalités de l'entretien annuel en restauration ?

L'**entretien annuel** n'étant **pas obligatoire** – sauf salarié en convention de forfaits jours – vous n'êtes pas obligé en tant qu'employeur de le mettre en place. Cependant, quel que soit le secteur d'activité de votre entreprise, sachez que cet entretien **participe grandement au développement interne** ainsi qu'à l'**évolution des compétences** de vos collaborateurs.
Très pratiqué en entreprise, cet entretien a aussi sa place sur le terrain, notamment pour le domaine de la restauration... Cela permet de mettre à profit leurs compétences, d'optimiser leurs performances et surtout d'obtenir un retour de leur part sur les conditions de travail et leur ressenti !
Le fait de réaliser des campagnes d'entretien annuel dans le secteur de la restauration est donc de plus en plus fréquent. [...]
Et pour cause, l'entretien annuel permet :
- d'**évaluer la charge de travail** de ses employés ;
- d'**évaluer les performances** réalisées ;
- de **dresser de nouveaux objectifs** ;
- de **faire le point sur la situation** du restaurant ;
- d'identifier les **succès** et les **difficultés** rencontrées.

Bon à savoir : l'entretien annuel n'est **obligatoire par la loi** que pour les **salariés en convention de forfait jours**, ce qui n'est **pas le cas des employés de la restauration**. Ainsi, pour les entreprises qui ne sont pas concernées, la mise en place de l'entretien annuel repose sur la **volonté de l'employeur**.

L'**entretien annuel en restauration** est aussi important à mettre en place qu'au sein d'une entreprise. Au même titre que des cadres, par exemple, vos employés sont soumis à une certaine charge de travail, des objectifs à atteindre et des performances attendues. [...]
Il faut donc pouvoir organiser ce **rendez-vous annuel** pour accompagner vos employés, évaluer leurs performances pour garantir la compétitivité de votre entreprise et identifier les éventuels besoins de vos salariés !

Quelles sont les spécificités des entretiens annuels dans la restauration ?

L'**entretien annuel d'évaluation en restauration** se déroule comme un entretien annuel dans toutes les entreprises. Les objectifs de cet entretien restent les mêmes, tout comme les bénéfices pour l'évolution des salariés et de l'entreprise.
Nous pouvons trouver certaines **spécificités à l'entretien annuel en restauration**. En effet, le secteur de la restauration est un secteur qui est soumis à une grande concurrence et dans lequel les salariés doivent être particulièrement motivés et rapides. La restauration demande une certaine **gestion du stress et des relations**. La personnalité est d'autant plus impliquée et mise en avant dans ce secteur.

C'est pourquoi, l'entretien annuel en restauration peut davantage porter sur l'évaluation de la charge de travail et de la santé mentale des employés en se questionnant sur :
- les conditions de travail des salariés ;
- le ressenti sur la charge de travail ;
- les moyens techniques et humains manquants ;
- les outils à améliorer ;
- la gestion du travail ;
- la santé mentale ;
- la satisfaction personnelle sur son propre travail ;
- l'ambiance au sein de l'équipe.

Deuxième étape de l'entretien à ne pas oublier : l'évaluation des objectifs et des performances ! Au même titre que tous les salariés d'une entreprise, certaines **performances sont attendues** ! Il faut donc pouvoir les évaluer, et penser à attribuer de nouveaux objectifs en co-construction avec vos salariés pour qu'ils soient en accord avec ces objectifs. [...]

Sabrine Azougli, https://www.zola.fr, 5 juin 2024.

ANNEXE 7 Quelles recettes pour limiter le *turnover* ?

Mme Rodrigues a rencontré une cliente en vacances qui est conseillère d'un cabinet spécialisé dans le recrutement en hôtellerie-restauration. Celle-ci a pris le temps de discuter avec Mme Rodrigues au moment du café.

Mme Rodrigues. — Comment expliquez-vous que, premier employeur de France que nous sommes, nous, le secteur de la restauration, nous devons faire face à un *turnover* important, ce qui nous complique la tâche ? Nous sommes obligés de veiller à assurer une qualité constante en cuisine comme en salle. Mais les équipes se renouvellent trop souvent et il nous est difficile de pérenniser la qualité dans nos établissements.

La conseillère. — Je comprends bien vos préoccupations ; accompagner les entreprises du secteur est le cœur même de mon métier. Nous sommes sur un marché de l'emploi très concurrentiel. Du coup, les personnels qualifiés peuvent se permettre de changer d'entreprise.

Mme Rodrigues. — Cela concerne tous les postes ? Moi, j'ai un souci avec un de mes crêpiers...

La conseillère. — Non, pas tous les postes. Les postes concernés par la problématique du *turnover* dans la restauration sont principalement ceux qu'on appelle « les petits postes ». En cuisine, on a les postes de chef de partie, demi-chef de partie, commis de cuisine, second de cuisine, et en salle, ce sont les postes de commis de salle, demi-chef de rang ou d'assistant maître-d'hôtel selon la taille de l'établissement.

Mme Rodrigues. — Cela concerne tous les restaurants ?

La conseillère. — Oui, je pense qu'un grand restaurant a le même problème que la petite brasserie de quartier.

Mme Rodrigues. — Alors, quelles sont les causes de ce *turnover* dans la restauration ?

La conseillère. — Les jeunes qui sortent des écoles hôtelières et des établissements professionnels sont trop impatients et ne veulent plus passer par le statut de commis en salle ou en cuisine. Or ils n'ont souvent pas l'expérience requise. Les horaires et les jours de repos, contraignants, sont une autre cause de ce *turnover*. Cela ne favorise pas la stabilité du personnel. Il existe aussi une réelle surenchère sur le marché du travail, surtout à Paris : les salariés sont en force aujourd'hui face aux employeurs.

Mme Rodrigues. — En province, les gens ont moins la bougeotte ?

La conseillère. — Oui, dans les villes moyennes ou à la campagne, les gens ont moins la bougeotte. Il y a aussi moins d'établissements. À Paris, les employés ne sont pas dans la même optique, ils ont un mode de vie qui fait plus de place au changement.

Mme Rodrigues. — Est-ce que le *turnover* dans la restauration concerne une catégorie d'âge en particulier ?

La conseillère. — Oui, les 18-26 ans sont plus concernés, d'autant que la précarité leur fait beaucoup moins peur. Mais il est aussi d'usage de bouger dans ce métier, notamment dans les postes opérationnels les plus bas de la hiérarchie, afin de faire ses armes avant d'entamer une carrière comme chef de cuisine ou maître d'hôtel. Ce *turnover* complexifie les choses pour les restaurateurs qui peinent à recruter, encore plus à Paris.

Mme Rodrigues. — Combien de temps un restaurateur peut-il espérer garder ses employés sur les « petits postes » ?

La conseillère. — Aujourd'hui, en France, il y a au moins 200 000 postes vacants et pas assez de gens pour les occuper. Le nombre d'offres est beaucoup plus important que les demandes d'emploi. Et une fois que les postes sont pourvus, il y a des chances que la personne ne reste pas plus de deux ans. Le *turnover* est vraiment important dans la restauration.

Mme Rodrigues. — Comment faire alors pour éviter que le personnel ne parte ?

La conseillère. — Les horaires, la qualité et l'ambiance du restaurant restent primordiaux dans le choix de carrière d'un professionnel de la restauration. L'habituel 9 h-15 h et 18 h-minuit est fatigant et contraignant pour les jeunes qui s'y refusent de plus en plus. Les restaurateurs qui ont réussi sont ceux qui ont mis en place des horaires continus, sans coupure pour leurs salariés. Ils travaillent pour le service de midi ou pour celui du soir. Mais il est vrai qu'il faut être un restaurant qui fait au moins 200 couverts ou un hôtel pour mettre en place ce système.

Mme Rodrigues. — Comment peuvent faire les petites structures comme la mienne ?

La conseillère. — Il y a plusieurs choses sur lesquelles les employés sont attentifs : les horaires et les conditions de travail bien entendu, mais également la qualité du produit préparé et servi. Il en est de même pour le challenge que se donne l'établissement pour avoir une étoile par exemple, et l'ambiance de l'établissement, si le chef est sympa, etc. Si les restaurants veulent des gens de qualité, ils doivent travailler là-dessus, et instaurer un dialogue en dehors des coups de feu et de l'urgence du quotidien.

Mme Rodrigues. — Le salaire entre-t-il en jeu ?

La conseillère. — Moins sur ce type de poste que pour des cadres, même s'il est plus facile de trouver du personnel qualifié et motivé lorsque l'on propose un salaire plus intéressant. Pour les petits postes en tout cas, je connais peu de secteurs où, après un BEP ou un CAP, le salarié peut prétendre à une rémunération de plus de 2 500 euros brut à Paris.

FICHE RESSOURCE 1

COMPÉTENCES - QUALIFICATION - POSTE

1. Les notions de compétence, de qualification et de classification

1) La qualification professionnelle

Elle est l'association d'aptitudes, de connaissances, de compétences, de qualifications (diplôme, titre, certificat de qualification professionnelle...) et de l'expérience professionnelle acquises qui permettent d'exercer une profession ou un métier déterminé.

Il convient de distinguer :
- la **qualification acquise par la formation** et attestée par l'obtention d'un diplôme ou d'un examen ;
- la **qualification requise pour un poste de travail** et définie, d'une façon négociée ou non, dans la branche ou l'entreprise ;
- la **qualification d'une personne**, comprise comme la capacité individuelle à occuper un poste de travail défini.

2) La compétence

La compétence désigne la mobilisation d'un ensemble de ressources (des savoirs, des savoir-faire, des savoir-être) en vue de résoudre une situation complexe appartenant à une famille de situations.

Exemple : Famille de situation : « Accueil d'un client »
Un serveur fait preuve de plusieurs compétences en accueillant un client particulièrement pressé : il peut repérer d'entrée que le client est pressé (savoirs), le conseiller dans son choix pour limiter son temps d'attente (savoir-faire) et gérer le stress inhérent à de telles situations (savoir-être).

La compétence est la capacité d'agir efficacement dans le cadre défini d'une situation, capacité qui s'appuie sur des connaissances, mais ne s'y réduit pas. En effet, la compétence se réalise dans l'action.

La compétence :
- est opératoire et finalisée : compétence à agir indissociable d'une activité ;
- est apprise : on devient compétent par construction personnelle et par construction sociale ;
- est structurée : elle combine les savoir-agir, les vouloir-agir et les pouvoir-agir ;
- est abstraite et hypothétique : on ne peut observer directement la compétence réelle mais on peut observer ses manifestations et ses conséquences.

3) Les compétences professionnelles

Une compétence professionnelle est la capacité d'une personne à mobiliser des ressources pour obtenir des résultats dans une situation professionnelle.

On distingue 3 catégories de compétences.

Savoirs : compétences théoriques et procédures	Ce sont les savoirs nécessaires pour agir efficacement dans le cadre professionnel (la connaissance des attentes du client pour un réceptionniste, la connaissance des modes de cuisson pour un cuisinier ou des cépages pour un maître d'hôtel...).
Savoir-faire : compétences métiers	Les savoir-faire sont les principales techniques à maîtriser pour occuper un poste, ce sont les compétences métiers (découper une volaille au guéridon pour un maître d'hôtel, une cuisson juste température pour un cuisinier ou un contrôle de chambre VIP pour une gouvernante...).
Savoir-être : compétences comportementales	Les savoir-être permettent aux salariés de développer des compétences comportementales. Ces compétences comportementales vont permettre d'établir une relation client de qualité (empathie, comportement rassurant et facilitateur du personnel d'accueil ou de salle ; respect des règles d'hygiène en cuisine...).

▶▶▶

2. Les compétences attendues des employeurs en hôtellerie-restauration

1) Les qualités attendues par les employeurs

Le secteur est dynamique et le recrutement actif. Les recruteurs privilégient toutefois les candidats possédant des compétences spécifiques :

1. **S'organiser et prioriser les tâches :** 98 % des recruteurs jugent cette qualité indispensable. Par exemple, réduire l'attente des clients. À l'accueil, il faut savoir anticiper la libération de tables par des convives.
2. **Savoir s'adapter :** travailler dans la restauration demande une grande capacité d'adaptation. Il faut en effet être capable de réagir rapidement face à un imprévu, faire preuve de souplesse et, quoi qu'il en soit, continuer à fournir un service de qualité en toutes circonstances.
3. **Être à l'aise relationnellement :** être souriant, calme, avoir de l'empathie, le sens de l'écoute pour fidéliser la clientèle.
4. **Être à l'aise avec les chiffres.**
5. **Faire preuve d'adresse :** les collaborateurs doivent être agiles et minutieux dans le service et en cuisine, une bonne dextérité est nécessaire lors du dressage des assiettes.
6. **Avoir une bonne mémoire :** bien retenir les commandes, les demandes spécifiques des clients, respecter les plans de table.
7. **Parler plusieurs langues étrangères :** anglais, espagnol mais aussi chinois, russe, arabe...
8. **Savoir travailler en autonomie et en équipe.**
9. **Être en bonne forme physique et être résistant à l'effort** (objets lourds à manipuler, position debout).
10. **Savoir travailler sous pression** (périodes de rush et de stress).
11. **Avoir le sens de l'observation : repérer des convives mécontents, une corbeille à pain vide, une carafe d'eau vide...**
12. **Faire preuve de professionnalisme et avoir une tenue irréprochable.**

2) Les nouvelles compétences comportementales nécessaires à l'encadrement

Aujourd'hui, les compétences techniques ne suffisent plus. Sous la pression des clients, de plus en plus exigeants, dans une économie très concurrentielle, de nouvelles compétences sont demandées à l'encadrement. Même si le marché de l'emploi reste tendu en hôtellerie-restauration, le risque employeur (de se tromper dans son recrutement, d'employer un cadre peu compétent ou qui donne une mauvaise image de l'entreprise...) est de plus en plus fort. Il n'est plus question de diriger mais d'animer une équipe. Chef de cuisine, chef de rang, gouvernante générale ou encore chef de réception, tous doivent adopter une nouvelle attitude en faisant preuve de compétences comportementales maintenant exigées des recruteurs.
Pour encadrer une équipe, plusieurs compétences comportementales sont nécessaires.

- être capable d'écouter : un manageur doit s'intéresser à ses collaborateurs. Une relation interpersonnelle entre l'encadrant et ses collaborateurs est essentielle. Les jeunes sont particulièrement sensibles à cette communication ;
- être pédagogue : il est nécessaire de montrer et d'expliquer ce que l'on attend de son équipe, de prendre le temps de faire faire et de regarder ;
- savoir gérer un conflit : il importe de choisir le bon moment pour échanger, d'éviter que l'explication ait lieu en public et à chaud, de ne pas sanctionner à la première erreur mais essayer de comprendre et de trouver des solutions ;
- communiquer clairement sur les objectifs à atteindre en équipe ;
- valoriser son équipe en reconnaissant ses qualités : on a toujours trop tendance à parler des faiblesses et trop rarement des points positifs.

3) La grille de classification dans le secteur de l'hôtellerie-restauration en 5 niveaux

Niveau I Employé	Pas de formation exigée au-delà de la scolarité obligatoire. Compétences acquises par une formation professionnelle interne et/ou par l'expérience sur le terrain.
Niveau II Employé	Niveau de formation équivalant au CAP ou BEP.
Niveau III Employé	Niveau de formation équivalent au Bac technologique STHR.
Niveau IV Maîtrise	Niveau de formation équivalent au BTS.
Niveau V Cadre	Niveau de formation équivalent au Bac+3.

La convention collective du 30 avril 1997 des hôtels, cafés, restaurants (HCR) définit pour chacun des niveaux les compétences, le contenu de l'activité, l'autonomie demandée et le niveau de responsabilités attendu.

FICHE RESSOURCE 2

DU RÉFÉRENTIEL DES EMPLOIS ET DES COMPÉTENCES À LA GEPP

1. Le référentiel des emplois et des compétences

La rédaction d'un référentiel des emplois et des compétences mobilise une entreprise lorsqu'elle atteint une certaine taille. Des organismes de formation ou représentatifs de la branche professionnelle peuvent aider à sa construction.
Le référentiel des emplois et des compétences regroupe l'ensemble des emplois types présents dans l'entreprise. Chaque emploi type correspond le plus souvent à un métier ou à une famille de métiers. Il permet d'identifier les compétences nécessaires pour le bon exercice du métier visé, aujourd'hui et demain. Il favorise, dans un contexte d'évolution du contenu de certains métiers et d'allongement des carrières, le développement d'une logique de mobilité fonctionnelle, permettant aux salariés de s'adapter à l'évolution de leurs missions tout au long de leur carrière et d'élargir le champ de leurs activités. C'est également un outil de développement des compétences et d'anticipation des évolutions des métiers.

2. La fiche de poste

Le référentiel des emplois et des compétences donne le cadre général des emplois possibles correspondant aux différentes fiches métier (ou fiche emploi-type). La fiche de poste est plus précise : elle décline une fiche emploi-type pour un poste et un établissement précis. On énumère ainsi les tâches à réaliser et les connexions qui existent avec les autres postes de travail ou services. On passe ainsi du cadre général (le référentiel et ses fiches emploi-types) aux postes de travail et à l'emploi qu'il faut pourvoir.
La fiche de poste est donc une description factuelle et réelle d'un poste à un instant *t*. Elle assoit les missions et activités de son titulaire au sein de l'entreprise.
C'est un outil de communication pour faciliter la GPEC en interne et les recrutements à l'externe.

3. De la gestion prévisionnelle des emplois et des compétences (GPEC) à la gestion des emplois et parcours professionnels (GEPP)

1) Définition

Les ordonnances Macron de 2017 ont réformé le cadre juridique de la GPEC, en la renommant Gestion des Emplois et Parcours Professionnels (GEPP). L'objectif de cette réforme est d'adapter la gestion des compétences aux évolutions du marché du travail et de répondre à un nouveau contexte économique. Le terme GPEC reste toutefois encore couramment employé en entreprise.

C'est une démarche de gestion prospective des ressources humaines qui permet d'accompagner le changement. Elle doit permettre d'appréhender, collectivement, les questions d'emploi et de compétences, et de construire des solutions transversales répondant simultanément aux enjeux de tous les acteurs concernés : les entreprises, les territoires et les actifs.

2) Les outils

En mettant en place des fiches de postes à partir des référentiels des métiers et des compétences, on détermine les compétences professionnelles qui doivent être maîtrisées par les salariés.
La GPEC permet :
- de mieux cibler les recrutements (en définissant au préalable les profils de postes) ;
- de mieux évaluer les compétences des salariés (celles évaluées par exemple dans le cadre des entretiens annuels) ;
- de définir leurs parcours de formation en fonction des besoins de l'entreprise.

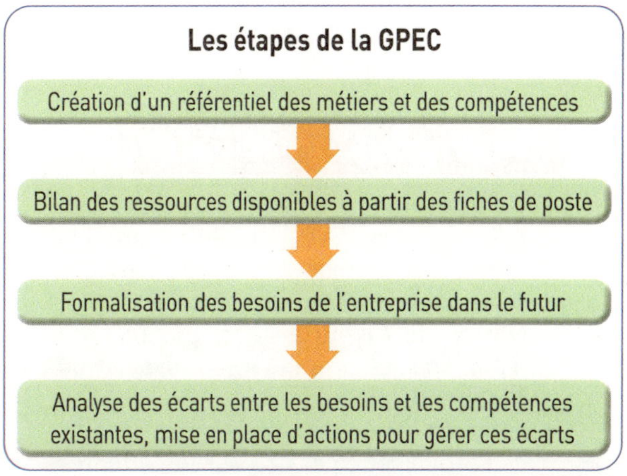

▶▶▶

La GEPP intègre la notion de parcours professionnel et vise à donner aux collaborateurs les outils nécessaires pour évoluer et s'adapter aux changements du marché du travail tout au long de leur carrière.

3) La démarche

a. Objectif principal

L'objectif principal est de faire correspondre les compétences des salariés et les besoins actuels et futurs de l'entreprise, en spécifiant les compétences stratégiques (ou critiques) sur lesquelles l'entreprise construit son avantage concurrentiel.

b. Les obligations légales

La GEPP est obligatoirement négociée tous les 3 ans dans les entreprises d'au moins 300 salariés (ou 150 salariés dans les entreprises ou groupes de dimension européenne). Cependant, cette périodicité peut être assouplie par les partenaires sociaux, sans toutefois dépasser un délai de 4 ans.

4) La mise en place d'une GEPP

a. Les partenaires

Pour mettre en place une GEPP, l'entreprise peut faire appel à des professionnels des ressources humaines : cabinets conseil en RH, conseillers de proximité des organisations professionnelles ou des OC (Opérateurs de Compétences, ex-OPCA [Organismes Paritaires Collecteurs Agréés]).

b. L'importance d'un contact hiérarchique direct

L'entretien annuel est une rencontre formelle entre le salarié et son manager. Cet entretien est un moment privilégié qui permet d'expliquer les orientations de l'entreprise, y compris en termes d'évolution des emplois. Il permet également de fixer les objectifs individuels à chaque salarié et de mener une réflexion sur les moyens pour les atteindre. C'est également l'occasion de définir les besoins en formation dans la perspective d'un plan de formation, ou encore d'évoquer une évolution professionnelle.

c. Favoriser la mobilité professionnelle et l'enrichissement du travail

La **mobilité professionnelle** consiste pour un salarié à changer de poste et/ou de grade au sein de l'entreprise ou dans une autre entreprise du groupe. Il ne faut pas la confondre avec la mobilité géographique bien que ces deux notions soient souvent liées.

L'**enrichissement du travail** consiste à introduire de nouvelles activités périphériques plus attractives, voire plus qualifiées, ou à rendre plus autonome le salarié de façon à élever son niveau de responsabilité et à renforcer sa motivation.

> **Exemple :** confier au personnel d'étage certaines tâches de contrôle de la qualité avec heure de passage et signature afin de le responsabiliser.

5) La perspective d'une carrière

Une carrière se compose d'une succession de postes occupés par une personne au cours de sa vie professionnelle. Une carrière peut être l'occasion d'évolutions professionnelles : fonctionnelles lorsque le salarié change de poste, structurelles lorsque celui-ci change d'unité (mobilité interne) ou d'entreprise, ou encore géographique lorsque le salarié change de région ou de pays.

De plus en plus, notamment dans l'hôtellerie-restauration (où le *turnover* est fréquent), les entreprises doivent prendre en compte les comportements sociaux des nouvelles générations plus individualistes en veillant à conserver les talents.

Plan de carrière « traditionnel »

- Totalité d'une carrière faite dans une même entreprise (carrière « mono-entreprise ») avec un plan de carrière principalement basé sur l'ancienneté.
- Notion de mobilité quasi absente ou n'étant pas un prérequis pour évoluer ou changer de poste.
- Fonction RH concentrée sur les besoins de l'organisation et non sur les attentes individuelles.

Plan de carrière « individualisé »

- Concerne principalement les jeunes générations (Y et Z).
- Carrières par phases successives d'emplois avec des changements de parcours et/ou des nouveaux défis liés à de nouvelles opportunités de carrière.
- Recherche d'un plan de carrière à la hauteur de leurs attentes en termes d'évolution, de rémunération et d'environnement de travail.
- Fonction RH davantage axée sur la motivation et l'épanouissement au travail. Il faut détecter, attirer et conserver des « talents »...

APPLICATIONS

1. Analyse d'une fiche métier

Vous prenez connaissance d'une fiche métier « Maître/Maîtresse d'hôtel » décrite dans le ROME (Répertoire Opérationnel des Métiers et des Emplois). Après avoir pris connaissance du document ci-dessous et effectué des recherches sur Internet, répondez aux questions suivantes.

1. **Présentez le ROME et les objectifs poursuivis par le Répertoire National des Certifications Professionnelles (RNCP).**
2. **Listez les compétences comportementales nécessaires pour exercer le métier décrit dans le document.**
3. **Repérez et expliquez les items qui induisent un « enrichissement du travail » de ce métier.**
4. **Rappelez l'intérêt de citer d'autres métiers envisageables dans le cadre d'une évolution de carrière.**
5. **Précisez comment l'entreprise pourrait accompagner un salarié qui souhaite se tourner vers un métier d'« assistant(e) de direction d'hôtel-restaurant » après avoir consulté la fiche métier concernée.**

DOCUMENT Fiche métier « Maître/Maîtresse d'hôtel » ROME G1802

Accueille, place à leur table et conseille les clients au sein d'un hôtel ou d'un restaurant (traditionnel, gastronomique…), en contact avec la clientèle, en relation avec le directeur de restaurant. Supervise le service en salle (organisation, coordination de l'équipe, ...) et collabore aussi avec le personnel de cuisine, selon la charte qualité de l'établissement et les normes d'hygiène et de sécurité alimentaires. Peut effectuer le service des vins et la finition des plats.

Appellations

- Chef / Cheffe de room service
- Responsable des petits-déjeuners
- Premier maître / Première maîtresse d'hôtel
- Assistant / Assistante maître d'hôtel
- Second maître / Seconde maîtresse d'hôtel
- Responsable de salle, responsable des banquets
- Maître d'hôtel sommelier / Maîtresse d'hôtel sommelière

Cet emploi/métier est accessible à partir d'un CAP/ BEP en hôtellerie et restauration complété par une expérience professionnelle en services hôteliers. Un bac technologique STHR ou un BTS MHR peut en faciliter l'accès. La pratique d'une ou plusieurs langue(s) étrangère(s), en particulier l'anglais, ainsi que l'utilisation des outils informatiques (logiciel de réservation, tableur…) peuvent être requises.

Activités et compétences de base

- Organiser un planning du personnel.
- Enregistrer les réservations et actualiser le plan d'occupation des tables, des salles du restaurant.
- Accueillir le client à son arrivée au restaurant, l'installer à une table et lui présenter la carte.
- Conseiller le client dans ses choix de plats selon ses goûts, les suggestions du jour et prendre sa commande.
- Organiser et contrôler le service en salle, connaître les techniques de port de plateaux-repas.

Autres compétences

- Effectuer des préparations culinaires de base et des opérations de finition des plats.
- Réaliser des opérations de découpage (viande, poisson...) et de flambage.
- Conseiller les clients sur un choix de vin selon les plats choisis et effectuer le service.
- Suivre l'état des stocks, réaliser le comptage des fonds de caisse, calculer des coûts.
- Choisir les vins, connaître les types de cépages (ampélographie).
- Coordonner la logistique d'un événement.
- Recruter du personnel et former du personnel à des procédures et techniques.

Emplois envisageables si évolution (fiches ROME) : organisation d'événements, sommellerie, assistance de direction d'hôtel-restaurant, management d'hôtel-restaurant, formateur en hôtellerie-restauration…

Fiche métier France Travail, décembre 2024.

2. La GPEC dans le secteur touristique

Prenez connaissance du document ci-dessous et, à l'aide de vos connaissances, répondez aux questions suivantes.

1. **Exposez les grandes tendances sectorielles sur les emplois qui seront proposés d'ici 2030 et les niveaux de qualification attendus.**
2. **Synthétisez la démarche GPEC territoriale mise en place par un groupe de travail.**
3. **Quelles seraient les conditions de réussite d'une bonne GPEC dans une entreprise ?**

DOCUMENT La GPEC, une solution RH pour le tourisme ?

« Le tourisme, c'est d'abord de l'humain »

[…] Ainsi la période 2019-2030 devrait […] être marquée par des tendances structurelles : la poursuite, à un rythme ralenti, du repli de l'emploi dans les métiers agricoles ; un redressement de l'emploi des métiers industriels ; et un développement continu des métiers de la construction et des services, notamment de la santé et des services aux personnes, alors que les emplois administratifs de la fonction publique et ceux de secrétaires poursuivraient leur déclin.
Enfin, globalement, les créations d'emploi continueront à être favorables aux diplômés de l'enseignement supérieur qui occuperaient près d'un emploi sur deux en 2030 (47 % contre 43 % aujourd'hui) : 1,8 million d'emplois occupés par des diplômés du supérieur seraient ainsi créés entre 2019 et 2030, alors que les emplois exercés par ceux qui n'ont pas dépassé le baccalauréat diminueraient de près de 800 000.

Retour d'expérience d'une GPEC territoriale

[…] Un groupe de travail dédié à une GPEC territoriale sur « les métiers de l'hospitalité sur la Côte d'Azur » a travaillé sur la base de premiers résultats issus d'une centaine d'entretiens et d'enquêtes menés.
Trois points distincts ont structuré la méthodologie :

- ***Un regard sur l'activité des entreprises de la destination.*** Avec une série de questions posée pour avancer dans la compréhension de l'activité des entreprises de la Côte d'Azur : gamme des métiers existants ; analyses quantitatives existantes (observatoire des emplois, etc.) ; flux d'effectifs (présents et à venir) ; catégories et classification des emplois ; intitulés des fonctions ; emplois repères (impératifs en matière de recrutement) ; métiers émergents à un horizon 3 à 5 ans et ceux qui vont disparaître ; pratiques d'externalisation des tâches.
- ***Une démarche auprès d'une dizaine d'entreprises pour décrire précisément, objectivement et factuellement des emplois repères d'aujourd'hui.*** Cette démarche repose sur 8 niveaux : intitulés des postes de l'entreprise ; missions (3 à 4 raisons d'être des postes) ; champs de responsabilités ; positionnement hiérarchique et fonctionnel ; tâches principales (activités) ; prérequis à l'embauche ; compétences non techniques (personnelles) ; classification des emplois (convention collective, accords d'entreprise, grille de rémunération).
- ***Un accompagnement de parcours professionnels proposé pour deux types de collaborateurs :*** pour les collaborateurs en place (expérience de 3 à 4 ans) avec un plan d'accompagnement et de formation, des entretiens professionnels avec le responsable hiérarchique du poste et une construction de schémas de progression ; pour les métiers de demain : définition des éléments qui vont changer (postes de management, etc.), organisations à prévoir pour aller chercher ces nouvelles compétences.

Quel bilan en tirer et en proposer à la veille, semble-t-il, d'une démarche nationale de GPEC à l'horizon 2030 ?

La « recette » repose sur les modalités de travail collectif et le diagnostic partagé, la maîtrise des différents dispositifs existants, l'engagement des partenaires qui participent concrètement au projet, les objectifs et la nature des actions clairement exposés et définis, l'intégration du mode de financement des actions, la proposition d'un plan de réalisation des actions.
Enfin, le mode de pilotage agile et participatif et de suivi du projet est essentiel.

www.tourmag.com, 4 avril 2022.

CHAPITRE 9 Le recrutement

NOTIONS ÉTUDIÉES

- Processus de recrutement
- Profil de poste / Profil de candidat
- Qualification du poste de travail
- Qualification professionnelle
- Recrutement interne ou externe

COMPÉTENCES ATTENDUES

- Identifier les étapes du processus de recrutement et proposer des outils et méthodes pour mettre en œuvre ce processus (rédaction d'un profil de poste, la conduite d'entretien...).
- Analyser les évolutions des pratiques des entreprises en matière de recrutement (digitalisation, protection des libertés individuelles, éthique, ...).
- Arbitrer entre un recrutement interne ou externe pour répondre à un besoin de main-d'œuvre en lien avec la politique de gestion des carrières de l'entreprise.

SITUATION

Depuis 1974, l'hôtel Les Elmes*** est une SARL familiale gérée par Joan Serra, qui y travaille avec sa femme et son fils. Aux portes de Collioure, cet établissement bénéficie d'une situation idéale à Banyuls-sur-Mer, en bordure de plage.

L'hôtel dispose également d'un restaurant gastronomique, La Littorine, qui propose une cuisine de saison raffinée avec des produits frais, dans une atmosphère luxueuse, et dont la terrasse est ouverte sur l'océan. Les prestations d'hébergement offrent un bon rapport qualité/prix tant pour les particuliers que pour les professionnels. En outre, la gamme des chambres permet d'accueillir différents profils de clients : du randonneur à la famille, en passant par la clientèle d'affaires. À ce jour, l'hôtel emploie 15 salariés tout au long de l'année. Pour la saison estivale, l'effectif atteint jusqu'à 20 salariés.

Avec ses trois étoiles pour l'hébergement et son titre de Maître-Restaurateur pour son restaurant, l'établissement s'est vu attribuer plusieurs labels : Logis de France, Qualité Sud de France, Certificat d'Excellence, etc.

M. Serra a su investir « en bon père de famille » : travaux de rénovation de l'hôtel, création de la terrasse du restaurant, adaptation de chambres pour personnes à mobilité réduite, aménagement d'une lingerie « haut de gamme », cave d'exception, etc.

Dans ce cadre, et dans une perspective d'évolution du chiffre d'affaires, M. Serra est amené, dans un premier temps, à recruter du personnel en cuisine et en service, ainsi qu'un réceptionniste et un sommelier qui gérera la nouvelle cave à vin.

Comprendre le contexte

1. Expliquez de quelle façon M. Serra pourrait recruter ces nouveaux collaborateurs.
2. Selon vous, serait-il judicieux de proposer ces postes en interne, notamment aux personnes embauchées pour la saison estivale ?

VOTRE MISSION

Vous effectuez un stage de management hôtelier au sein de l'hôtel Les Elmes***. Le directeur de l'hôtel M. Serra vous demande de travailler et de réfléchir avec lui sur la politique de recrutement à mener.

TRAVAIL À FAIRE

1 Identifier les étapes du processus de recrutement et proposer des outils et méthodes pour mettre en œuvre ce processus

Jusqu'à présent, le poste de sommelier n'existait pas en tant que tel dans l'établissement. Les serveurs étaient initiés au fur et à mesure à la connaissance des vins et au conseil à la clientèle par le responsable de salle.

▶ FICHE RESSOURCE 1
▶ ANNEXES 1 À 3

1.1 M. Serra vous demande de lui proposer un exemple de fiche de poste « sommelier » en vous aidant de fiches repérées sur le Web.

1.2 Afin de préparer les futurs entretiens de recrutement pour ce poste, il vous demande de réfléchir aux questions qui pourraient être posées aux candidats dans le respect des contraintes légales.

2 Analyser les évolutions des pratiques des entreprises en matière de recrutement

Jusqu'à présent, M. Serra n'a pas eu de problèmes particuliers pour recruter du personnel permanent et/ou saisonnier sur les différents métiers. Cependant, son champ de recrutement géographique devient plus large et il n'exclut pas de recruter des talents venant d'autres régions, voire d'Espagne. Il aimerait utiliser des outils innovants pour un recrutement rapide à moindre coût.

2.1 Présentez les possibilités qui s'offrent à M. Serra.

Parmi les candidatures spontanées reçues récemment, Joan Serra vous fait part du CV de Julien Pelosi.

2.2 Donnez votre avis sur ce candidat en précisant les atouts et faiblesses détectés sur ce CV posté en ligne.

▶ FICHE RESSOURCE 2
▶ ANNEXES 1 À 3

Lors d'une discussion avec M. Palut, le responsable de salle, concernant le profil de candidat souhaité, M. Serra évoque les éléments qu'il est interdit de faire apparaître dans une offre d'emploi.

2.3 Précisez si les observations et doutes de M. Serra sont fondés. Expliquez en quoi le recrutement d'une femme au poste de sommelier pourrait soigner l'e-réputation de l'établissement.

M. Palut a fait paraître l'offre d'emploi sur le site web de France Travail. Il s'interroge sur la saisie et l'enregistrement des données recueillies sur les candidats *via* le réseau informatique de l'hôtel.

2.4 En quoi est-il possible d'affirmer que l'établissement propose une offre d'emploi attirante tout en étant exigeant sur les compétences requises pour le poste ?

2.5 M. Serra vous demande de l'éclairer sur les conditions de sauvegarde de ces données et s'il doit obtenir une autorisation de ces candidats.

3 Arbitrer entre un recrutement interne ou externe pour répondre à un besoin de main-d'œuvre en lien avec la politique de gestion des carrières de l'entreprise

M. Serra a envoyé un mail à son équipe pour l'informer sur les postes à pourvoir prochainement au sein de l'établissement. Sophie Martin, cuisinière, lui répond qu'elle connaît un ancien collègue, également cuisinier, en recherche d'emploi, et souligne le sérieux et le professionnalisme de ce dernier.

▶ FICHE RESSOURCE 3

3.1 Quels seraient les avantages et les inconvénients pour M. Serra de donner suite à cette cooptation ?

3.2 Serait-il plus opportun de proposer ces postes au personnel embauché chaque année pour la saison estivale ? Vous répondrez sous forme de tableau, en précisant les avantages et inconvénients d'un recrutement interne et d'un recrutement externe.

ANNEXES

ANNEXE 1 CV de Julien Pelosi déposé sur le site Distrijob.fr

Permis B
CV créé le : 16/03/2025
CV modifié le : 16/03/2025
Dernière connexion : 17/03/2025

Julien PELOSI
11 mai 1999

Adresse : 83 avenue de la Libération Beauregard-l'Évêque (63116)
Mail : julienpelosi@email.com
Port. : 06 07 83 XX XX

Sommelier, Junior
Référence : 1241599

Expériences professionnelles

mai 2024	**Sommelier** *Aux Terrasses, Tournus, France*
déc. 2023	**Caviste** *La Cave du Théâtre, Clermont-Ferrand, France*
sept. 2023 oct. 2023	**Vigneron** *Château de Campuget, Nîmes, France*
juil. 2022 août 2022	**Serveur** *Restaurant de Serge Vieira, Chaudes-Aigues, France*
juin 2022 juil. 2022	**Cuisinier** *Restaurant de Serge Vieira, Chaudes-Aigues, France*
sept. 2021 oct. 2021	**Serveur de restaurant** *Hôtel Mercure, Saint-Nectaire, France*
juil. 2021 août 2021	**Serveur de restaurant** *La Table de Marlène, Vichy, France*
juin 2021 juil. 2021	**Cuisinier** *La Table de Marlène, Vichy, France*

Diplômes et formations

juil. 2024	**Mention complémentaire Sommellerie** *Lycée Sacré-Cœur, Saint-Chély-d'Apcher, France*
juil. 2023	**Bac technologique Hôtelier** *Lycée Sacré-Cœur, Saint-Chély-d'Apcher, France*

Compétences
Word, PowerPoint, Excel

Compétences linguistiques
Anglais : *très bon niveau*
Espagnol : *niveau basique*

Centres d'intérêt
Judo, rugby, musique (guitare)

ANNEXE 2 Dialogue entre M. Serra et M. Palut, responsable de salle

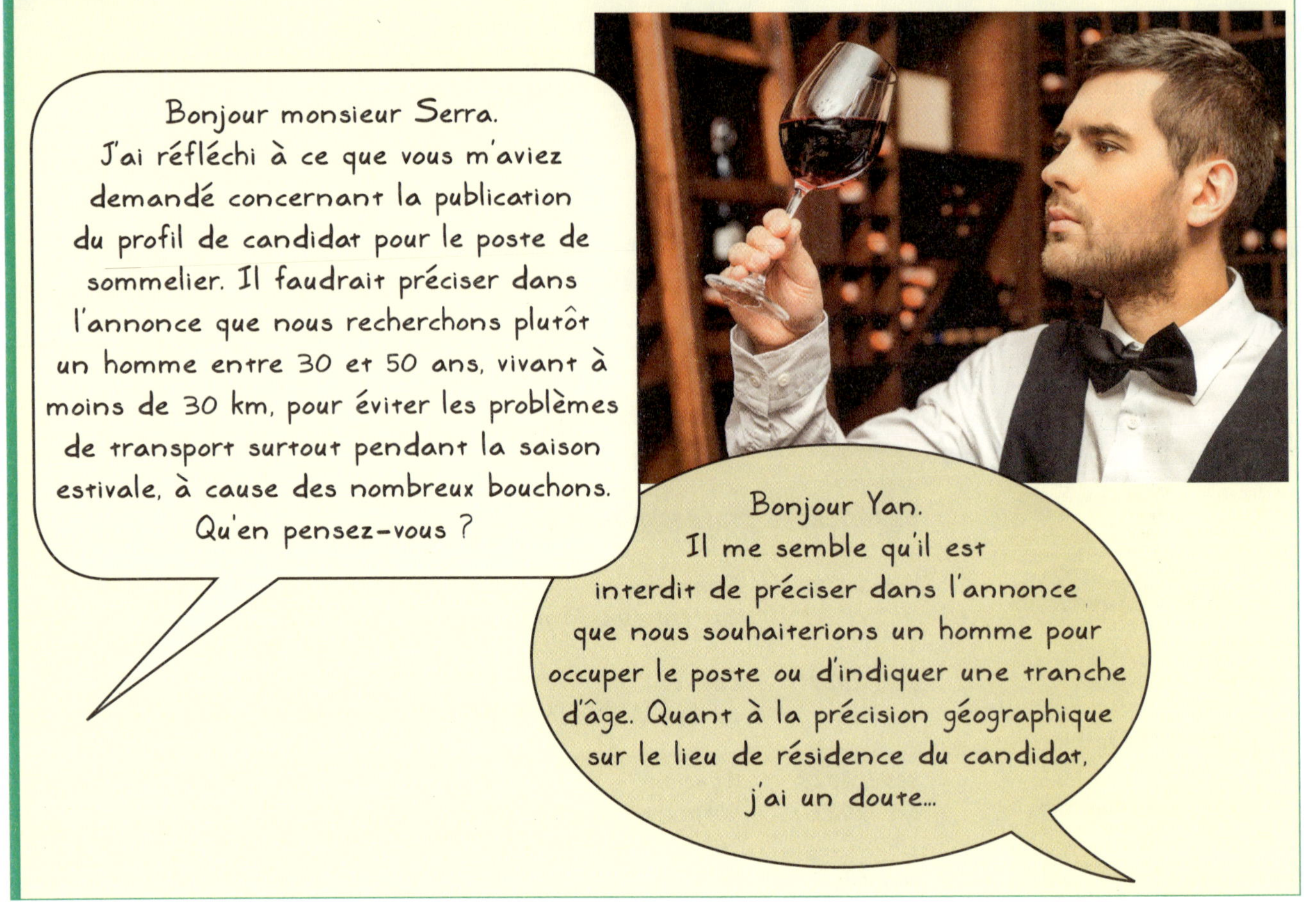

ANNEXE 3 Offre d'emploi postée sur le site de France Travail

66 – BANYULS-SUR-MER

les elmes HÔTEL ☆☆☆ la littorine RESTAURANT

- Restaurant gastronomique
- Expérience demandée

À Banyuls-sur-Mer l'hôtel Les Elmes***
et son restaurant La Littorine bénéficient d'une situation idéale aux portes de Collioure, près de Port-Vendres, Argelès-sur-Mer et Perpignan, à 20 km de la frontière espagnole.

L'hôtel Les Elmes* situé à Banyuls-sur-Mer**

Recherche SOMMELIER H/F pour son restaurant La Littorine

Dynamique, minimum 4 ans d'expérience en tant que sommelier.
Très bonne connaissance des vins du monde et surtout français.
Organisé, rigoureux, talentueux. Anglais et espagnol courants.
Références vérifiables dans des restaurants étoilés exigées.
Excellente opportunité pour un assistant sommelier qui veut évoluer.
Poste en CDI. Possibilité d'être logé.
Salaire selon expérience et prime sur CA.

Envoyer CV + lettre de motivation à : joanserra@hoteldeselmes.com

N° 156W9959

FICHE RESSOURCE 1

FICHE DE POSTE ET PROFIL DE POSTE

Les besoins de recrutement à court terme dans le secteur de l'hôtellerie-restauration dépendent à la fois de l'activité de votre entreprise, de la saison, mais aussi du manque de personnel ressenti. L'employeur doit pouvoir repérer précisément ses besoins avant de rechercher un candidat pour un poste vacant.
Concernant les futurs besoins, en plus de prévoir les équipes selon les pics d'activité, les entreprises envisagent davantage les changements et l'évaluation de leurs besoins de recrutement en établissant un dialogue régulier avec les employés actuels, notamment sur leurs souhaits d'évolution de carrière.
Enfin, recruter demande d'être clair sur ses besoins et d'avoir une vue la plus nette possible de l'avancement du processus de recrutement. Il s'agira de responsabiliser le manager dans sa volonté d'embaucher un profil donné. Celui-ci devra en outre être informé de l'état du marché interne et externe pour adapter éventuellement ses attentes et son organisation. Il doit aussi comprendre les raisons qui peuvent pousser les RH à proposer un profil interne plutôt qu'externe.

1. Identification des besoins en compétences et en personnel

Identifier le besoin de recrutement
- Est-il lié à une augmentation temporaire de l'activité (saison estivale, congrès et salons, etc.) ?
- Est-il lié au développement de l'entreprise (agrandissement, changement de stratégie, rachat d'une entreprise) ?

↓

Diagnostic des besoins en personnel
- **Diagnostic quantitatif :** estimation du volume d'heures nécessaire pour assurer correctement les missions prévues.
- **Diagnostic qualitatif :** analyse des compétences requises.

↓

Comparaison des ressources actuelles et des besoins futurs

↓

Si Besoins > Ressources
Il faut accroître les effectifs et/ou accéder à de nouvelles compétences.

↓

Lancement de la procédure de recrutement
- Élaboration de la fiche de poste.
- Rédaction du profil de poste.

→ Choix du contrat de travail à proposer (CDI, CDD, contrat d'extra, contrat saisonnier, etc.).

↓

Si Besoins < Ressources
Il faut réduire les effectifs (licenciement pour motif économique, rupture conventionnelle, temps partiel, départ anticipé à la retraite, etc.).

▶▶▶

2. La fiche de poste

La fiche de poste est un outil essentiel en amont pour lancer le processus de recrutement. Elle détermine les caractéristiques d'un poste de travail, les responsabilités et missions qui seront confiées au futur salarié. La fiche de poste doit être précise.

Fiche de poste « Chef de réception »

Intitulé du poste	Chef de réception	Indiquer l'intitulé et le statut du poste.
Statut / Catégorie / Grade	Salarié cadre	
Missions principales du poste	• Accueillir les clients. • Gérer le remplissage de l'établissement. • Être le bras droit de la direction dans les établissements ne disposant pas de responsable ou de directeur d'hébergement (en général inférieur à 100 chambres).	Définir la finalité du poste et les principales missions.
Activités et tâches du poste	• Gestion du service Accueil-Réception de l'hôtel. • Direction d'une équipe de réceptionnistes et de *night auditors*. • Gestion du planning des réservations. • Gestion des relations avec les agences de voyages et les centrales de réservation. • Promotion de l'établissement auprès des professionnels du tourisme et développement des opérations spéciales d'accueil de groupe.	Préciser les principales activités de ce poste, détailler les tâches.
Conditions de travail	• Salaire : entre 2 000 € et 3 000 € brut, selon expérience. • CDI de 35 heures/semaine du lundi au dimanche. • Avantages en nature divers et formations régulières proposées. • Évolution possible : directeur de l'hébergement ou d'hôtel, gérant d'un établissement de chaîne.	Préciser le temps de travail hebdomadaire, les horaires, le salaire, les avantages et primes proposés, les possibilités d'évolution, etc.
Savoir-faire / Compétences	Une première expérience à l'international est un atout.	Indiquer les compétences et savoir-faire spécifiques.
Savoir-être / Qualités professionnelles	• Excellent sens de l'accueil et du service, excellent sens commercial, bon manager, organisé et fiable, très bonne présentation. • La maîtrise orale de l'anglais est un impératif, la pratique d'une seconde langue étrangère est un plus.	Qualités professionnelles (rigueur, communication orale…) Aspects relationnels spécifiques au poste (travail en équipe…)

La fiche de poste sera mise à jour en fonction de l'évolution de l'activité. Elle servira aussi à évaluer le salarié et à détailler les besoins en formation. Elle constitue un support de communication en interne.

FICHE RESSOURCE 2

LES NOUVELLES TENDANCES DANS LE RECRUTEMENT

Pour trouver les bons profils, même si les méthodes « classiques » de recrutement sont encore assez largement utilisées, les entreprises se tournent davantage aujourd'hui vers des outils innovants à la recherche de nouveaux « talents ». Cependant, les entretiens traditionnels ne sont pas près de disparaître : si les formats varient (entretien par téléphone ou face-à-face, entretien individuel ou avec plusieurs personnes, questions structurées ou non structurées, etc.), les entretiens traditionnels restent la norme depuis des décennies et sont toujours largement utilisés.

1. Les méthodes classiques de recrutement

Création de son site de recrutement en ligne Créer sur son propre site un espace « Carrières et emplois » : • suppose la gestion d'un grand nombre de CV ; • impose une gestion des candidatures.	**Appel à un cabinet de recrutement** • L'entreprise fait généralement appel à un cabinet de recrutement pour rechercher des cadres de haut niveau ou des profils spécialisés. • L'entreprise bénéficie de conseils en RH (bilan de compétences, coaching…). • Cette formule est néanmoins onéreuse.
Recrutement par annonce Internet ou presse • Sur des sites généralistes de recrutement : France Travail, APEC. • Sur des sites spécialisés, par exemple : www.hotel-et-toque-job.fr www.jobresto.com	**Cooptation** La cooptation consiste à recommander un professionnel ou une connaissance. • Cette méthode se développe pour les postes de cadres supérieurs, les postes atypiques (20 % des embauches dans les secteurs de pointe se font par cooptation). • Le coût est quasi nul. • La cooptation permet de motiver et de fidéliser les salariés aux valeurs de l'entreprise. • Elle peut être néanmoins une source d'abus ou de conflits internes (par exemple, l'attribution d'une prime au salarié ayant coopté une connaissance).

2. Le recrutement 2.0 passe par le digital, davantage « responsable et équitable »

Web : 1er moyen d'accès à l'emploi
Rapidité, simplicité, faible coût lié à la parution des offres.

Permet de s'adapter aux attentes et pratiques des nouvelles générations Y et Z avec des annonces plus modernes.

Entretiens de recrutement moins formels.
Recruteurs très bien renseignés sur les postulants avant de les rencontrer grâce aux réseaux sociaux et professionnels.

Entretiens de recrutement davantage axés sur la découverte de la personnalité d'un candidat.

Tout recrutement doit reposer sur le respect de la personne et l'égalité des chances :
- pas de sélection sur l'origine, le sexe, la religion, l'apparence, etc. ;
- mise en place d'un code de déontologie, d'une charte du recrutement responsable, obtention du label « Diversité » créé par l'AFNOR, etc.

Le respect de ces règles permet de renforcer l'e-réputation de l'entreprise et d'attirer davantage les candidats talentueux.

▶▶▶

3. Vers un recrutement 3.0 : le travail sur la marque employeur

Le passage au recrutement 3.0 consiste à utiliser des techniques de marketing digital (optimisation du taux de conversion, mise en place de persona, envoi automatisé de mails de réponse, etc.) pour **optimiser davantage le processus de recrutement et être assuré de trouver le talent idéal**. On parle de **stratégie d'« *inbound recruiting* »**, qui vient illustrer le passage du processus de recrutement, à une stratégie d'« acquisition de talents ». Ce ne sont plus uniquement les talents qui se battent pour obtenir un poste convoité, ce sont aussi les entreprises qui se confrontent entre elles pour acquérir les candidats avec les meilleurs atouts !

4. Le m-recrutement : révolution ou illusion ?

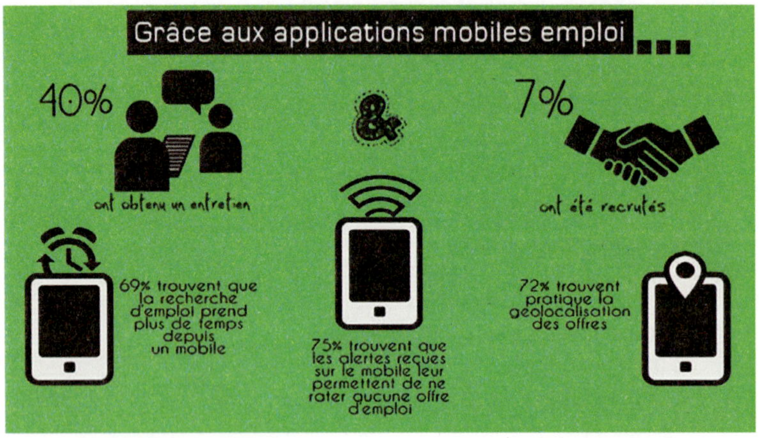

www.parlonsrh.com

Ces applications mobiles sont équipées de deux interfaces : l'une où les candidats déposent leur CV et précisent leurs critères de recherche (lieu, dates, temps plein ou temps partiel, etc.) ; l'autre où les recruteurs détaillent la mission, la localisation de l'établissement, les compétences et l'expérience requises.

Ces applications sont généralement gratuites pour les candidats, et les employeurs s'acquittent d'un abonnement mensuel ou annuel.
Le m-recrutement s'adresse néanmoins à un public relativement jeune, mobinaute au quotidien, qui reste la cible privilégiée. Cependant, il répond davantage à un besoin urgent, semble moins adapté au recrutement des postes à pourvoir en CDI et concerne peu le marché de l'emploi des cadres.

5. La protection des données individuelles récoltées pendant le processus de recrutement

Les données collectées lors d'un recrutement ne doivent servir qu'à évaluer la capacité du candidat à occuper l'emploi proposé. Il est interdit de demander à un candidat des informations personnelles. À l'embauche, l'employeur peut demander des informations complémentaires (type de permis détenu, informations concernant les ayants droit, etc.).

https://www.avocat-rgpd.com

Seules les personnes intervenant dans le processus de recrutement ou dans la gestion du personnel peuvent accéder aux informations d'un candidat. L'employeur doit assurer la sécurité des informations et garantir que seules les personnes habilitées en prennent connaissance. Les employeurs peuvent désigner un délégué à la protection des données (DPO, *Data Protection Officer*) qui doit être associé à la mise en œuvre de fichiers récoltant des données individuelles.

FICHE RESSOURCE 3

LE PROCESSUS DE RECRUTEMENT

1. Poste à pourvoir et description du profil du candidat

1) Description précise du poste à pourvoir

L'entreprise doit d'abord identifier ses besoins en ressources humaines, puis décrire la mission générale du poste à pourvoir et détailler les activités du poste. Elle doit déterminer ensuite la nature du contrat envisagé (CDD, CDI, contrat saisonnier, contrat à temps partiel, etc.) ainsi que les modalités particulières d'organisation du temps de travail (horaires continus, travail de nuit) ou les contraintes particulières du poste (comme la mobilité, si le poste concerne plusieurs établissements).

2) Détermination du profil recherché

L'objectif est de décrire le profil le mieux adapté pour répondre au besoin : nature et niveau de formation requis, niveau d'expérience, compétences acquises, aptitudes relationnelles.
La rédaction des offres d'emploi doit respecter des obligations légales. Tout critère de discrimination, par exemple, est interdit par la loi ; une offre d'emploi ne doit contenir aucune mention d'origine, de sexe, de mœurs, d'orientation sexuelle, d'âge, de situation de famille, etc.

Les étapes dans le processus de recrutement

Identification des besoins de l'entreprise pour cibler au mieux le profil recherché.

Rédaction de l'offre d'emploi.

- **Choix des modes de recrutement (en interne, cabinet de recrutement, agence de travail temporaire, etc.).**
- **Choix des canaux de publication de l'offre (France Travail, autres sites d'emploi, réseaux sociaux).**

Tri des candidatures, entretien de recrutement avec éventuellement des tests d'évaluation.

Choix du candidat, promesse d'embauche, rédaction d'un contrat de travail et autres formalités administratives liées (DPAE, visite médicale d'embauche).

Accueil et intégration du nouveau salarié dans l'équipe.

▶▶▶

2. Recrutement interne ou recrutement externe ?

1) Le recrutement interne

Il doit tenir compte des obligations légales comme :

- le retour d'un salarié après une période de suspension de son contrat (congé maternité, congé de formation...) qui oblige l'entreprise à offrir un emploi équivalent à celui occupé avant son départ.
- ré-embauchage d'un salarié suite à un licenciement économique par exemple.

Le recrutement interne permet de connaître les compétences réelles du candidat et son attachement à la culture d'entreprise. C'est un recrutement moins coûteux et plus rapide qu'en externe mais qui peut engendrer des rivalités en interne.

2) Le recrutement externe

Recruter en externe permet généralement d'intégrer plus rapidement des candidats ayant le niveau de compétences, de connaissance et d'expérience requis pour un poste, d'apporter du « sang neuf » et de diversifier les équipes. Le choix de favoriser le recrutement externe se fait au regard de plusieurs critères, notamment une pyramide des âges vieillissante, un taux de turn-over élevé, la culture d'entreprise, le contexte du recrutement (fusion, rachat, développement à l'international, lancement d'un produit ou d'un service, remplacement ou création de poste...).

APPLICATIONS

1. Analyse d'une offre d'emploi publiée en ligne

Prenez connaissance de l'offre d'emploi ci-dessous, publiée sur le site de la revue *L'Hôtellerie-Restauration*, puis répondez aux questions.

1. **Expliquez les avantages pour un hôtel ou un restaurant de poster en ligne des offres d'emploi sur le site d'une revue telle que *L'Hôtellerie-Restauration*.**
2. **Déduisez le mode de recrutement utilisé (interne ou externe) pour les divers emplois proposés.**
3. **Quelles sont les options de partage de cette offre d'emploi et quels sont les objectifs visés par l'hôtel recruteur ?**
4. **Quel est l'intérêt de citer, sur cette offre d'emploi, les valeurs véhiculées par l'établissement ?**

DOCUMENT Offre d'emploi publiée sur le site de la revue *L'Hôtellerie-Restauration*

Responsable de salle H/F
Vous voulez piloter une équipe de passionnée avec une vue imprenable sur l'Etang de Thau ?

Vous allez :
- Accueillir les clients et assurer la fluidité de la prestation
- Participer à la mise en place des buffets et à leur mise en valeur en collaboration avec la brigade de cuisine
- Garantir le respect des normes d'hygiène dans la salle de restaurant
- Manager et fédérer l'équipe (motivation, évaluation, recrutement, formation…)

CDD – 7 mois – 35h – 2 jours de repos hebdomadaires
Date de prise de poste : mars 2025 – date de fin : octobre 2025

Rémunération : à partir de 1 900 € brut (selon expérience) + heures supplémentaires récupérées
Poste nourri et logé pour 140 €/mois (logement individuel)
Prise en charge de la mutuelle à 60% par Miléade

Mais ce n'est pas tout !! Chez Miléade, la fidélité est récompensée.
Si vous souhaitez vous engager, devenez titulaire :
La priorité sur votre poste pour les saisons futures

Possibilités de mobilité et d'évolution de carrière sur nos 38 établissements

Un 13e mois, 50 % de réduction sur vos vacances, tous les avantages CSE

Profil
Compétences + expériences
Bac+2 ou équivalent en Hôtellerie restauration et/ou expérience de 2 ans minimum

Vous êtes :
- Enthousiaste et attentionné(e), vous savez créer du lien avec les clients
- Efficace et rigoureux(se), vous aimez prendre des responsabilités et tenir vos objectifs
- Polyvalent(e) et observateur(rice), vous savez anticiper le fonctionnement du service et les envies des clients

Vous avez envie :
- De découvrir de nouveaux spots, une nouvelle région
- De faire partie d'une équipe, d'échanger avec des collègues de tous horizons
- D'être accompagné(e), formé(e) et de transmettre vos savoir-faire et nos valeurs
- De profiter de la redistribution des bénéfices de l'entreprise (aucun actionnaire rémunéré)
- D'être impliqué(e) avec les équipes dans la responsabilité Sociétale de l'entreprise

N° 156Y9884

2. Réussir son recrutement dans l'hôtellerie-restauration

À l'aide du document ci-dessous et de vos connaissances personnelles, répondez aux questions.

1. **Quelles sont les problématiques actuelles rencontrées par les recruteurs ? Repérez les principales préconisations pour y répondre.**
2. **Expliquez ce qu'est la « marque employeur ».**
3. **Concernant le recrutement d'un manager, quelles possibilités s'offrent à un employeur ? Précisez les avantages et inconvénients d'un éventuel recrutement en interne.**

DOCUMENT Le recrutement dans la restauration et l'hôtellerie : défis et opportunités en 2024

1. Les défis du recrutement

Les secteurs de la restauration et de l'hôtellerie rencontrent des **défis communs** en termes de recrutement, tout en ayant leurs particularités. Voici les principaux obstacles rencontrés :

a. Pénurie de main-d'œuvre qualifiée, y compris les managers et directeurs

L'un des défis majeurs est la **pénurie de main-d'œuvre qualifiée** pour des postes essentiels, tant dans la restauration que dans l'hôtellerie. Cela concerne notamment les **cuisiniers**, **serveurs**, **réceptionnistes**, ainsi que les **managers** et **directeurs** d'établissements. Dans l'hôtellerie, les postes de **gouvernant(e)** et de **responsable de réception** sont également touchés.

Le manque de profils qualifiés pour les rôles de **managers** et **directeurs** est particulièrement criant, car ces postes nécessitent une grande expérience et des compétences spécifiques en gestion d'équipes, satisfaction client et rentabilité d'établissement. Le secteur recherche des **leaders** capables de superviser les opérations quotidiennes tout en assurant une expérience client optimale.

b. Conditions de travail exigeantes

Les métiers de la restauration et de l'hôtellerie sont connus pour leurs **conditions de travail exigeantes** : horaires décalés, travail de nuit, week-ends et jours fériés, sans oublier la pression pour offrir un service impeccable en permanence.

c. Fidélisation du personnel

Le **turnover** est élevé dans la restauration et l'hôtellerie, en grande partie à cause de la nature saisonnière ou temporaire de nombreux emplois. Il est souvent difficile de fidéliser les talents, en particulier dans les **postes de direction**, où les opportunités de progression peuvent sembler limitées. Les entreprises doivent donc redoubler d'efforts pour offrir des perspectives d'évolution et un environnement de travail motivant. […]

2. Conseils pour réussir son recrutement

a. Améliorer les conditions de travail

Les candidats sont de plus en plus attentifs aux **conditions de travail** offertes par les employeurs. Proposer des horaires flexibles, des primes pour les heures supplémentaires, et des avantages sociaux peut faire la différence. En outre, un bon environnement de travail, avec des périodes de repos suffisantes, permet de fidéliser les employés.

b. Offrir des perspectives d'évolution

Les **opportunités d'évolution** professionnelle sont un facteur clé pour retenir les talents. Offrir des formations, des promotions internes, ou des possibilités de développement dans des fonctions managériales peut motiver les employés à rester. C'est particulièrement vrai pour les **managers** et **directeurs**, qui recherchent souvent des opportunités pour progresser au sein de l'organisation.

c. Utiliser le Mercato de l'Emploi

Pour optimiser vos processus de recrutement dans la restauration et l'hôtellerie, faire appel à des plateformes spécialisées comme le **Mercato de l'Emploi** est un atout majeur.

d. Valoriser la marque employeur

Attirer des talents dans la restauration et l'hôtellerie passe également par une **marque employeur forte**. Communiquer sur les valeurs de l'établissement, sa culture d'entreprise, et les avantages qu'il offre peut renforcer l'attractivité auprès des candidats. Les réseaux sociaux, le site internet, ainsi que les témoignages d'employés sont des outils puissants pour améliorer votre image auprès des futurs collaborateurs.

e. Optimiser le processus de recrutement

Réduire la durée du **processus de recrutement** et être réactif dans vos réponses aux candidats est crucial.

3. Les nouvelles tendances du recrutement

a. Recrutement *via* les réseaux sociaux

Les **réseaux sociaux** sont désormais incontournables pour recruter dans la restauration et l'hôtellerie. Des plateformes permettent de publier des offres d'emploi ciblées et de toucher une audience large. En complément, le **recrutement par cooptation**, où les employés recommandent des candidats de leur réseau, est en pleine croissance.

b. Utilisation des technologies

L'intégration de la **technologie** dans le processus de recrutement se développe rapidement. […] (**applications de recrutement mobiles** et les outils d'**intelligence artificielle**).

c. Recrutement international

Face à la pénurie de talents localement, de nombreux établissements se tournent vers le **recrutement international**.

4. Fidéliser les talents

Fidéliser les employés est aussi crucial que de les recruter. Voici quelques pistes pour fidéliser vos talents :

- **reconnaissance et motivation** : Récompenser les efforts des employés avec des **primes**, des **avantages sociaux** ou des opportunités de développement ;
- **ambiance de travail agréable** : Favoriser un **environnement positif** et des relations collaboratives entre les équipes ;
- **équilibre vie pro/vie perso** : Proposer des **horaires souples** et accorder de l'importance à l'équilibre entre vie professionnelle et personnelle pour éviter l'épuisement des équipes.

mercato-emploi.com, 24 septembre 2024.

CHAPITRE 10

Le développement professionnel

NOTIONS ÉTUDIÉES

- Enjeux et cadre réglementaire de la formation professionnelle
- Management des connaissances
- Évaluation professionnelle

COMPÉTENCES ATTENDUES

- Donner les enjeux de la formation professionnelle pour l'entreprise.
- Identifier les acteurs et les sources de financement de la formation professionnelle sur le plan national.
- Repérer les dispositifs de formation professionnelle en vigueur et adaptés aux besoins de formation identifiés.
- Définir les besoins individuels et collectifs du personnel de l'unité de production de services.
- Définir le management des connaissances et montrer son enjeu pour l'entreprise.
- Connaître la réglementation en matière d'évaluation professionnelle.
- Identifier les critères et modalités d'évaluation.
- Distinguer les objectifs de l'entretien d'évaluation et de l'entretien professionnel.

SITUATION

L'Imperatore est l'un des plus prestigieux palaces parisiens. Sa notoriété est ancienne puisqu'il a été créé en 1915 sur les Champs-Élysées. Le palace dispose, entre autres, de 206 chambres et suites, d'un restaurant gastronomique étoilé dirigé par un chef cuisinier de renom, d'un centre de loisirs et de détente (spa, salle de sport, piscine et jacuzzi), d'un centre de beauté, l'Imperatore Institut, et d'un service de conciergerie. Cet hôtel de luxe est une société par actions simplifiée qui emploie 565 salariés et qui a enregistré l'année dernière un CA de 64 250 000 €.

Le palace est dirigé par Alice Lenzi qui en est la directrice générale. Cette dernière est inquiète des résultats de l'enquête de satisfaction menée auprès de la clientèle. Il s'avère que les résultats de l'enquête mettent en évidence des défaillances dans la maîtrise des compétences de certains personnels, notamment des réceptionnistes de l'hôtel : temps d'attente important, hésitations lors des réservations, communication en anglais difficile, etc. Ce constat s'explique par la difficulté que rencontre fréquemment la direction des ressources humaines à recruter des collaborateurs très qualifiés. À cela s'ajoute l'exigence très forte d'une clientèle très « select » qui recherche un service d'une qualité exceptionnelle.

Alice Lenzi souhaite identifier les forces et faiblesses de son personnel pour proposer un dispositif de développement des compétences adapté aux besoins. La priorité est donc donnée aux salariés qui assurent la réception physique et téléphonique. Ce premier contact est décisif puisqu'il transmet l'image de marque de l'hôtel ; il est donc nécessaire d'y apporter un soin particulier.

Comprendre le contexte

1. Quelles difficultés, propres à l'hôtellerie de luxe, rencontre la DRH de l'Imperatore ?
2. Face aux résultats de l'enquête, pourquoi est-il urgent d'agir ? À quels risques s'expose l'hôtel à court terme ?
3. Quelles solutions peut mettre en place Alice Lenzi pour faire face à ce problème ?

VOTRE MISSION

Votre manager, Nora Laû, directrice des ressources humaines, vous demande de participer au développement professionnel des réceptionnistes de l'hôtel en vous inscrivant dans une démarche de management des connaissances.

TRAVAIL À FAIRE

1 Évaluer le personnel

Les entretiens annuels d'évaluation viennent de se terminer. Vous décidez de collecter les résultats qui concernent les réceptionnistes pour mieux comprendre leur évaluation.

1.1 Résumez les modalités d'évaluation utilisées : méthodes, outils, rôles.
1.2 Identifiez les critères d'évaluation et caractérisez les indicateurs.
1.3 Justifiez les différences qui existent entre la grille de l'entretien annuel d'évaluation et celle de l'entretien professionnel.

▶ FICHES RESSOURCES 1 ET 2
▶ ANNEXES 1 À 3
▶ ANNEXE 5

En parallèle, vous recherchez des informations sur le management des connaissances pour contrôler si l'évaluation mise en œuvre s'inscrit dans cette démarche.

1.4 Retrouvez les étapes du management des connaissances qui concernent l'évaluation des compétences.

2 Identifier les besoins en formation du personnel

L'évaluation des réceptionnistes fait apparaître des besoins en formation. Ces besoins ont été centralisés dans un document pour mettre en évidence les priorités en matière de formation.

2.1 Repérez les forces et les faiblesses de Pierre Gosselin.
2.2 Définissez les besoins en formation des réceptionnistes et comparez-les à ceux de Pierre Gosselin. Sont-ils les mêmes ?
2.3 Compte tenu de ces constats, proposez une solution pour aider les réceptionnistes à surmonter leur principale faiblesse.

▶ FICHES RESSOURCES 1 ET 2
▶ ANNEXES 2 ET 4

3 Mettre en place la formation professionnelle

L'identification des besoins vous permet maintenant de mettre en place des dispositifs de formation adéquats.

3.1 Proposez des dispositifs de formation qui répondent aux besoins des réceptionnistes et de Pierre Gosselin.
3.2 Précisez, pour ces dispositifs, les sources de leur financement.
3.3 Repérez les gains de la formation professionnelle pour l'entreprise.
3.4 Expliquez dans quelle mesure la formation professionnelle peut répondre aux enjeux du management des connaissances pour l'entreprise.

▶ FICHES RESSOURCES 3 ET 4
▶ ANNEXES 5 ET 6

ANNEXES

ANNEXE 1 Discussion avec Alexis Coutant, chef de réception

« La première grille concerne l'entretien annuel d'évaluation de Pierre Gosselin (réceptionniste). La deuxième, c'est le modèle de grille que j'utilise pour les entretiens professionnels. Cette année, aucun n'était programmé, donc je n'ai rien de concret à te fournir. À propos des critères et indicateurs de performance de la première grille, je les définis l'année précédente avec chaque collaborateur. Le logiciel HotelRésa m'aide beaucoup à mesurer les résultats de chaque réceptionniste. J'utilise aussi les mini-enquêtes qualité qui collectent l'avis des clients régulièrement. Pour les compétences, je me base sur la fiche de poste. J'analyse beaucoup les comportements professionnels pour me forger une opinion sur le niveau de maîtrise de chaque collaborateur. Les mini-enquêtes qualité sont aussi très utiles dans ce cas. Et puis, juste avant l'entretien annuel, je demande aux réceptionnistes de compléter leur grille. Cette auto-évaluation est pratique, elle permet de comparer les perceptions et éventuellement de se mettre d'accord. Enfin, je reporte les informations sur les compétences dans le tableur pour avoir une vue globale des forces et des faiblesses de la brigade ; c'est essentiel pour élaborer le plan de développement des compétences de l'année suivante. »

ANNEXE 2 La grille d'évaluation de Pierre Gosselin, réceptionniste (extrait)

Entretien annuel d'évaluation		Entretien daté du : 15 décembre			
Nom : Gosselin Prénom : Pierre Poste actuel : Réceptionniste Ancienneté : 11 ans Responsable hiérarchique : Alexis Coutant					
PERFORMANCE		Objectif	Résultat	Écart	Commentaires
Commercialisation des prestations	Nombre[1] de rendez-vous pris à l'Imperatore Institut	50	55	+ 5	Collaborateur très investi et qui véhicule parfaitement les valeurs de l'établissement.
	...				
Communication	Taux de satisfaction « courtoisie–disponibilité »	90 %	95 %	+ 5 %	
	...				
Objectifs de l'année suivante : ...					
Bilan de l'année : Année très positive. Objectifs plus qu'atteints grâce à la mobilisation de compétences en communication et en vente.					

COMPÉTENCES	Évaluation ☹	Évaluation 😐	Évaluation 🙂	Évaluation 😀	Commentaires
Bloc 1 – Assurer le service de réception					
1-1 Maîtriser les techniques d'accueil	☐	☐	☐	☑	
1-2 Maîtriser les techniques de négociation commerciale	☐	☐	☑	☐	
Bloc 2 – Informer la clientèle					
2-1 Communiquer en anglais	☐	☐	☑	☐	Des difficultés à gérer son stress lorsque le client est mécontent.
2-2 Gérer les réclamations	☐	☑	☐	☐	
Bloc 3 – Alimenter le système d'information					
3-1 Maîtriser le logiciel HotelRésa	☐	☐	☐	☑	Excellente maîtrise du logiciel qui permet d'optimiser le remplissage des chambres.
3-2 Administrer les enquêtes qualité	☐	☐	☐	☑	

FORMATION	
Formations suivies : Action « accueillir les clients en situation de handicap »	Besoin en formation : Souhaite suivre une formation en gestion du stress pour mieux gérer les réclamations : CPF ? Plan N+1 ?
Le responsable hiérarchique : M. Coutant	Signature : **ACTT**

1. Moyenne mensuelle, à partir des résultats annuels.

ANNEXE 3 Le modèle de grille d'entretien professionnel (format pdf)

Grille d'entretien professionnel

liennathan.fr/x3i91f

ANNEXE 4 Les compétences de la brigade des réceptionnistes (extrait)

Blocs			Compétences	Niveau atteint par la brigade
Bloc 1	Assurer le service de réception	1-1	Maîtriser les techniques d'accueil	
		1-2	Maîtriser les techniques de négociation commerciale	
Bloc 2	Informer la clientèle	2-1	Communiquer en anglais	
		2-2	Gérer les réclamations	
Bloc 3	Alimenter le SI	3-1	Maîtriser le logiciel HotelRésa	
		3-2	Administrer les enquêtes qualité	

ANNEXE 5 Le management des connaissances : résultats de vos recherches

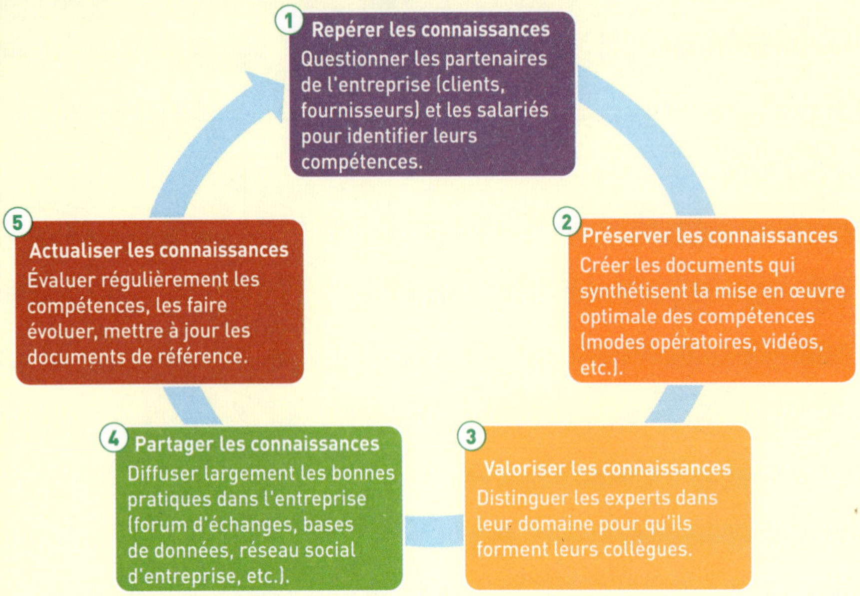

Le management des connaissances constitue un axe stratégique pour l'entreprise parce qu'il permet de développer le talent de ses ressources humaines. Avantage concurrentiel, qualité des produits et services, réactivité et adaptabilité, anticipation des changements, pérennisation de l'entreprise, etc., sont les gains repérés du management des connaissances. Ainsi, le management des connaissances s'inscrit dans la stratégie de l'entreprise. Il permet d'identifier, de collecter et d'organiser les connaissances et donc les compétences acquises par les salariés, pour mieux les restituer et les partager.

ANNEXE 6 Une formation intéressante identifiée sur Internet

ANGLAIS POUR LA RECEPTION 16 heures INSCRIPTION...

OBJECTIFS

Communiquer à l'oral avec une plus grande autonomie, spontanéité et précision dans les situations courantes liées aux postes de l'accueil et de la réception dans les domaines de l'hôtellerie.

PROGRAMME

ACCUEIL :

Exprimer la convivialité attendue dans ses rapports avec la clientèle :

- Accueil permanent
- Accueillir un nouveau client au téléphone et en face-à-face
- Accueillir la clientèle fidèle

Les réservations

- Prendre des réservations
- Comprendre les besoins spécifiques
- Donner les disponibilités
- Rédiger un fax ou un e-mail de confirmation de réservation

Renseignements

- Renseigner sur les services de l'hôtel (room-service, restauration, blanchisserie, organisation des séminaires...) en face-à-face ou par téléphone
- Orienter le client, renseigner sur les activités touristiques, loisirs
- Identifier et orienter le business client
- Consignes de sécurité

Checking Out

- Expliquer une facture
- S'assurer de la satisfaction clientèle

fafih

ORGANISME DE FORMATION

LINGUAPHONE FRANCE ...

PUBLIC CIBLE

Réceptionnistes

Concierges

Hôtesses d'accueil

FICHE RESSOURCE 1

L'ÉVALUATION DES SALARIÉS

1. L'évaluation de la performance

1) Les objectifs

L'évaluation de la performance est faite pour évaluer à la fois la performance générale et mesurer la progression sur certains objectifs. Lorsqu'elle est menée de façon rationnelle, l'évaluation de performance donne l'opportunité de reconnaître le travail du salarié, d'identifier les axes d'amélioration et d'envisager son évolution professionnelle.

2) La méthode de mesure

	Déterminer des critères d'évaluation	➡	Définir des indicateurs quantitatifs et/ou qualitatifs	➡	Fixer des objectifs	➡	Contrôler les résultats
Exemples :	Capacité à animer une formation		Taux de satisfaction des participants		90 %		

2. L'évaluation des compétences

❶ IDENTIFIER LES COMPÉTENCES À ÉVALUER

- Savoirs, savoir-faire et savoir-être
- Compétences techniques et/ou comportementales

❷ DÉFINIR LE PROFIL DE COMPÉTENCES TYPE

Pour chaque compétence, définir leur niveau de maîtrise.

❸ REPRÉSENTER LE PROFIL

Le profil peut être représenté sous la forme d'un graphique en radar.

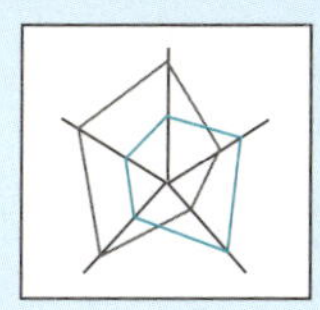

❹ ÉLABORER UN DISPOSITIF GLOBAL D'ÉVALUATION

LES MÉTHODES D'ÉVALUATION

- Pour les **savoirs** (ou connaissances) : questionnaire, cas pratiques, etc.
- Pour les **savoir-faire** : observation, mises en situation, *serious games*, etc.
- Pour les **savoir-être** : observation, entretiens, *serious games*, jeux de rôles, etc.

LES OUTILS

Formaliser des outils pour faciliter l'évaluation.

Exemples :
- fiche de poste ;
- référentiel de compétences ;
- guide d'entretien ;
- grille d'évaluation.

LA RÉPARTITION DES RÔLES

Définir les rôles des acteurs de l'évaluation :

- collègues ;
- manager ;
- DRH ;
- clients ;
- etc.

LES ENTRETIENS

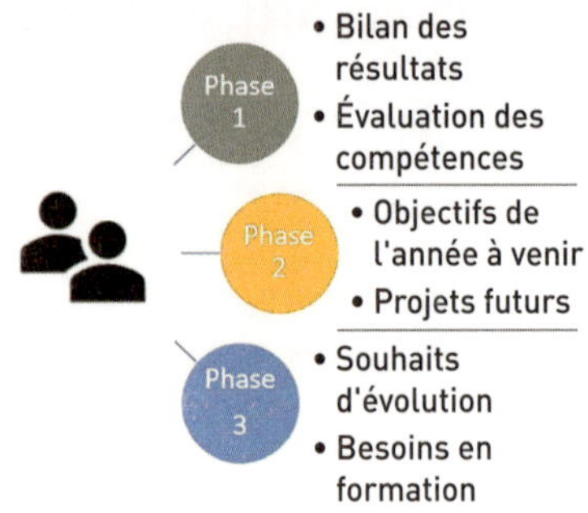

1. L'entretien annuel d'évaluation

1) Les objectifs

L'entretien annuel d'évaluation est un moment de dialogue entre le salarié et son supérieur hiérarchique. L'entretien se déroule généralement en 3 phases.

2) Le cadre juridique

L'entretien annuel d'évaluation n'est pas obligatoire, sauf si une convention collective ou un accord collectif le prévoit.
Si les entretiens d'évaluation sont mis en place dans l'entreprise, tous les salariés sont concernés (CDI, CDD, etc.). Un salarié ne peut pas refuser de participer à un entretien individuel si sa direction l'a prévenu de cette pratique dans l'entreprise. Un refus peut être considéré comme une insubordination.

Avant l'entretien

Consulter le CSE → Le comité social et économique émet un avis sur le dispositif d'évaluation : planification, méthodes et techniques d'évaluation.

Informer les salariés → Une information individuelle ou collective de la mise en œuvre, des méthodes et des techniques d'évaluation doit être prévue.

Après l'entretien

Rédiger un compte rendu → L'employeur peut informer le salarié du résultat de l'entretien en rédigeant un compte rendu. Le salarié est alors libre de signer ou de contester.

Transmettre le compte rendu
- Salarié (non obligatoire)
- Directeur du service
- Service RH

Si une collecte de données personnelles est prévue, la CNIL pourra contrôler et sanctionner les organisations qui ne respectent pas le RGPD.

2. L'entretien professionnel

1) Les objectifs

L'entretien professionnel est l'occasion pour le salarié de faire le point sur son projet professionnel et de formuler des souhaits de formation. L'entretien doit aussi porter sur les droits des salariés en matière de formation (CPF, CEP, etc.).

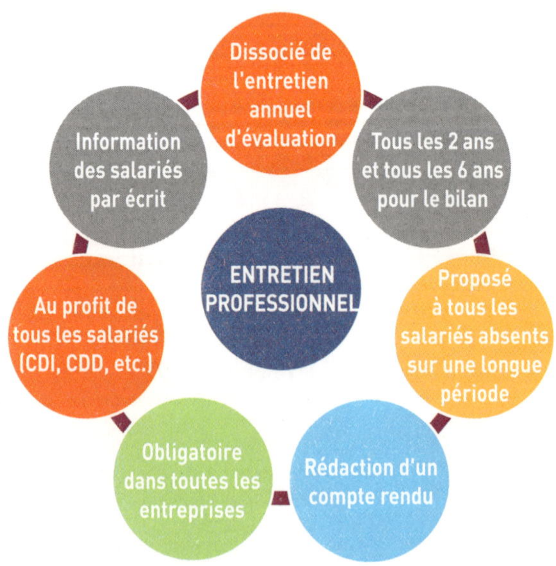

2) Le cadre juridique

L'entretien professionnel est obligatoire. Il doit avoir lieu tous les 2 ans (à partir de l'entrée du salarié dans l'entreprise, puis de la date de son dernier entretien).
L'entretien professionnel doit être systématiquement proposé à tout salarié qui reprend son activité après une période d'interruption :
- au retour d'un congé maternité ;
- au retour d'un arrêt de travail pour longue maladie ;
- au retour d'un congé parental d'éducation ;
- etc.

Tous les 6 ans, l'entretien professionnel doit établir un bilan du parcours professionnel du salarié.

FICHE RESSOURCE 3

LA FORMATION PROFESSIONNELLE

1. Le cadre juridique de la formation

La formation continue est une obligation légale depuis 1971. Elle a pour but d'assurer aux salariés, employés ou demandeurs d'emploi, une formation destinée à agir sur leur employabilité en renforçant ou en développant leurs compétences.
Selon le Code du travail, « la formation professionnelle tout au long de la vie constitue une obligation nationale ». Elle comporte une formation initiale (avant l'entrée sur le marché du travail) et une formation continue (tout au long de sa vie professionnelle).

2. Les dispositifs de formation

Dispositif	Conditions	Objectifs	Intérêts
Le plan de développement des compétences À l'initiative de l'employeur	Le plan peut être mis en place chaque année dans toutes les entreprises, quelle que soit leur taille. Il n'est pas obligatoire : sa mise en œuvre relève de la seule décision de l'employeur, après consultation des représentants du personnel.	Il recense l'ensemble des formations que l'employeur estime nécessaires pour atteindre les objectifs qu'il s'est fixés, d'une part en termes d'adaptation des salariés à leur poste de travail et d'autre part en termes de développement des compétences.	Prévoir des actions de formation adaptées aux besoins de l'entreprise et des salariés. – des actions obligatoires ou non ; – des actions en interne, en externe, en intra (formation organisée dans l'entreprise par un prestataire externe) ; – des actions à distance : suivies en partie ou en totalité à distance grâce au *e-learning* notamment.
Le compte personnel de formation (CPF) À l'initiative du salarié ou du demandeur d'emploi	Le CPF est alimenté automatiquement à la fin de chaque année à hauteur de 500 € pour un salarié, dans la limite d'un plafond fixé à 5 000 €.	Il permet à toute personne de suivre une formation certifiante agréée. Il accompagne son titulaire de son entrée dans la vie professionnelle jusqu'à son départ en retraite.	• Acquérir une qualification (diplôme, etc.). • Acquérir un socle de connaissances et de compétences. • Être accompagné pour la VAE. • Réaliser un bilan de compétences.
Le conseil en évolution professionnelle (CEP) À l'initiative de toute personne active	La personne bénéficie d'un accompagnement sur son temps libre. Elle doit se rapprocher d'un organisme habilité à délivrer le CEP.	Le CEP propose un accompagnement gratuit et personnalisé à toute personne souhaitant faire le point sur sa situation professionnelle et, s'il y a lieu, établit un projet d'évolution professionnelle.	• Faire le point sur sa situation professionnelle. • Établir un projet de reconversion. • Réfléchir à la reprise ou à la création d'activité. • Envisager une évolution professionnelle.
Le bilan de compétences À l'initiative du salarié ou du demandeur d'emploi	Pour un salarié en CDI : justifier de 5 années d'activité salariée dont 12 mois au sein de son entreprise.	Le bilan permet d'analyser les compétences et les motivations d'une personne pour l'aider à définir un projet professionnel.	• Connaître ses points forts. • Mettre en place des stratégies pour évoluer. • Changer de métier, se reconvertir.
La validation des acquis de l'expérience (VAE) À l'initiative du salarié	Toute personne qui dispose d'une expérience professionnelle en rapport direct avec la certification visée.	Elle permet de faire reconnaître son expérience professionnelle en présentant un dossier devant un jury.	Obtenir un diplôme, un titre, un certificat de qualification professionnelle.

LES ACTEURS ET LE FINANCEMENT DE LA FORMATION

1. Le financement du plan de développement des compétences

L'employeur finance le plan de développement des compétences en plus de la contribution légale qu'il verse à l'URSSAF. Il prend en charge l'ensemble des coûts des actions de formation obligatoires qui figurent dans le plan de développement des compétences. Il s'agit :
- du coût pédagogique de l'action ;
- des frais annexes (transport, hébergement, restauration) ;
- des rémunérations des salariés qui se forment sur leur temps de travail ;
- des rémunérations des salariés formateurs dans le cas de formations en interne.

Ce calcul lui permet de prioriser certaines actions de formation par rapport à d'autres.

2. Le financement des autres dispositifs

Toute entreprise qui emploie des salariés est concernée par la participation à la formation professionnelle, dont le montant dépend de l'effectif de l'entreprise et de la masse salariale. La masse salariale correspond au cumul des rémunérations brutes des salariés de l'entreprise.

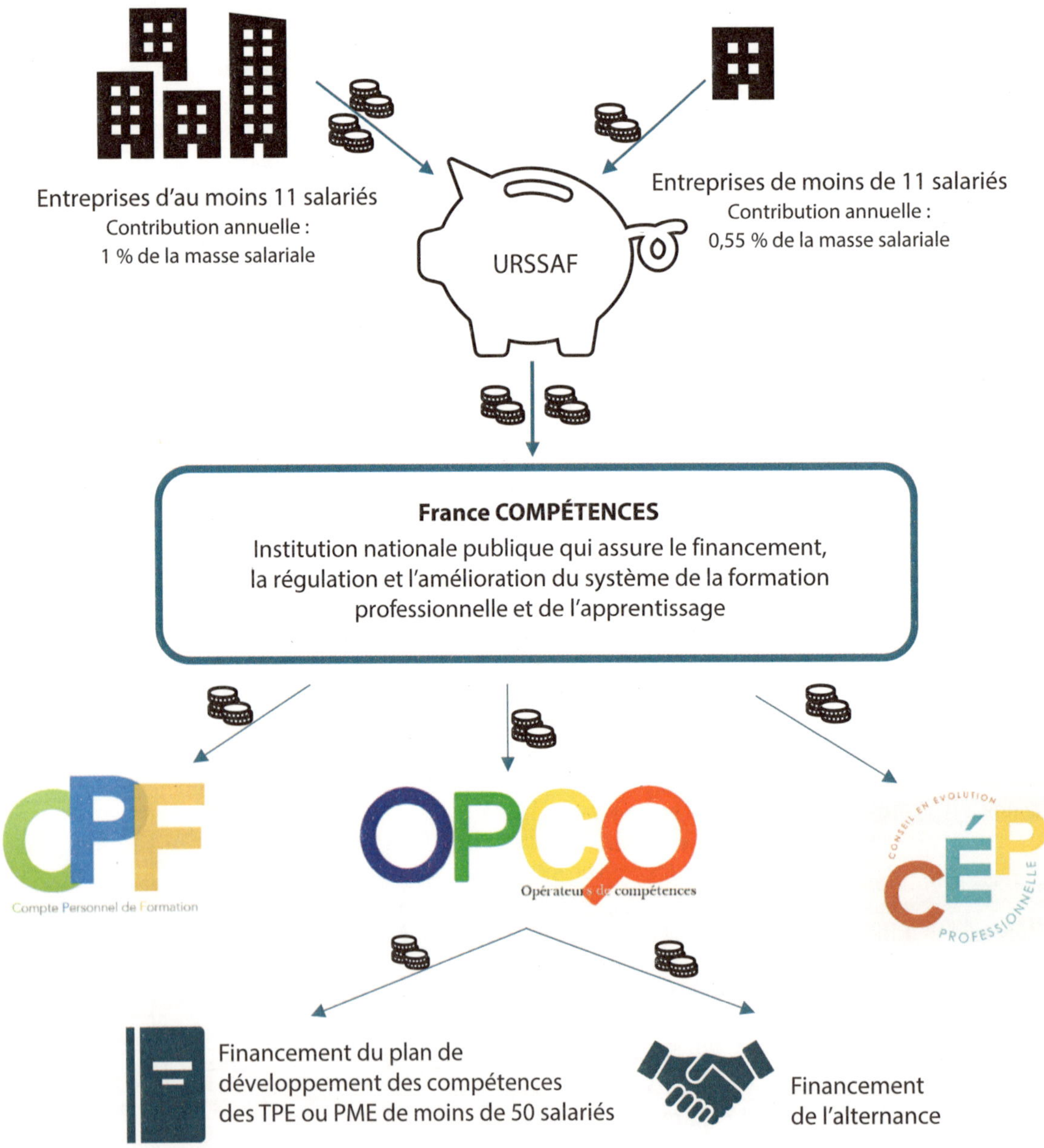

APPLICATIONS

1. La gestion des carrières

Les Thés de Provence est une enseigne créée il y a 4 ans autour d'un concept innovant : proposer des thés, des biscuits et des sorbets à base de lavande, thym, sarriette, romarin, figue, mille-pertuis, etc., dans des salons de thé partout en France. Toutes les matières premières sont bio et locales. La qualité et l'originalité des produits ont permis un développement rapide de l'entreprise. Aujourd'hui, 20 salons de thés existent en France dans les villes principales. Charles Aubanel est le fondateur et le directeur de l'enseigne Les Thés de Provence ; il souhaite mettre en œuvre une politique de gestion des carrières capable de repérer les talents au sein des équipes actuelles pour leur confier la direction de nouveaux salons qui devraient ouvrir dans les années à venir. Vous êtes *office manager* sous la responsabilité de Charles Aubanel. Vous vous inspirez de la politique RH du groupe Ladurée pour comprendre comment ce dernier valorise ses ressources humaines.

1. **Recherchez sur Internet des profils LinkedIn de salariés Ladurée et étudiez-les pour mettre en évidence les moyens de gestion des carrières mis en place dans l'entreprise.**
2. **Repérez tous les moyens de gestion des carrières mis en place par Ladurée qui pourraient intéresser les Thés de Provence.**
3. **Définissez chacun de ces moyens.**
4. **Expliquez les avantages de cette gestion des carrières sur les salariés et sur l'entreprise.**

DOCUMENT Témoignages de quelques collaborateurs

Vidéo 1:28
Camille Dubois
liennathan.fr/wxi1g8

Vidéo 1:04
Mehdi Brahim
liennathan.fr/wxi1g8

2. La formation professionnelle

Vous êtes stagiaire au sein de l'Hôtel des Pirates à Saint-Malo. Son directeur, Gabriel Leganioux, souhaite améliorer la formation du personnel de l'établissement. Il vous demande de vous renseigner sur les bonnes pratiques qui existent dans l'hôtellerie-restauration. Vous recherchez sur Internet des informations intéressantes.

1. **Comment est structuré le plan de formation (ou plan de développement des compétences) de l'Accor Academy ?**
2. **Consultez quelques formations proposées. Comment se présentent les fiches de formation ?**

APPLICATIONS

3 **Expliquez en quoi les informations des fiches de formation sont utiles pour les personnes concernées (manager, salarié).**

4 **Gabriel Leganioux recherche une formation pour améliorer la visibilité de son hôtel sur Internet. Faites-lui des propositions issues du catalogue de l'Accor Academy.**

DOCUMENT 1 Le site de l'Accor Academy

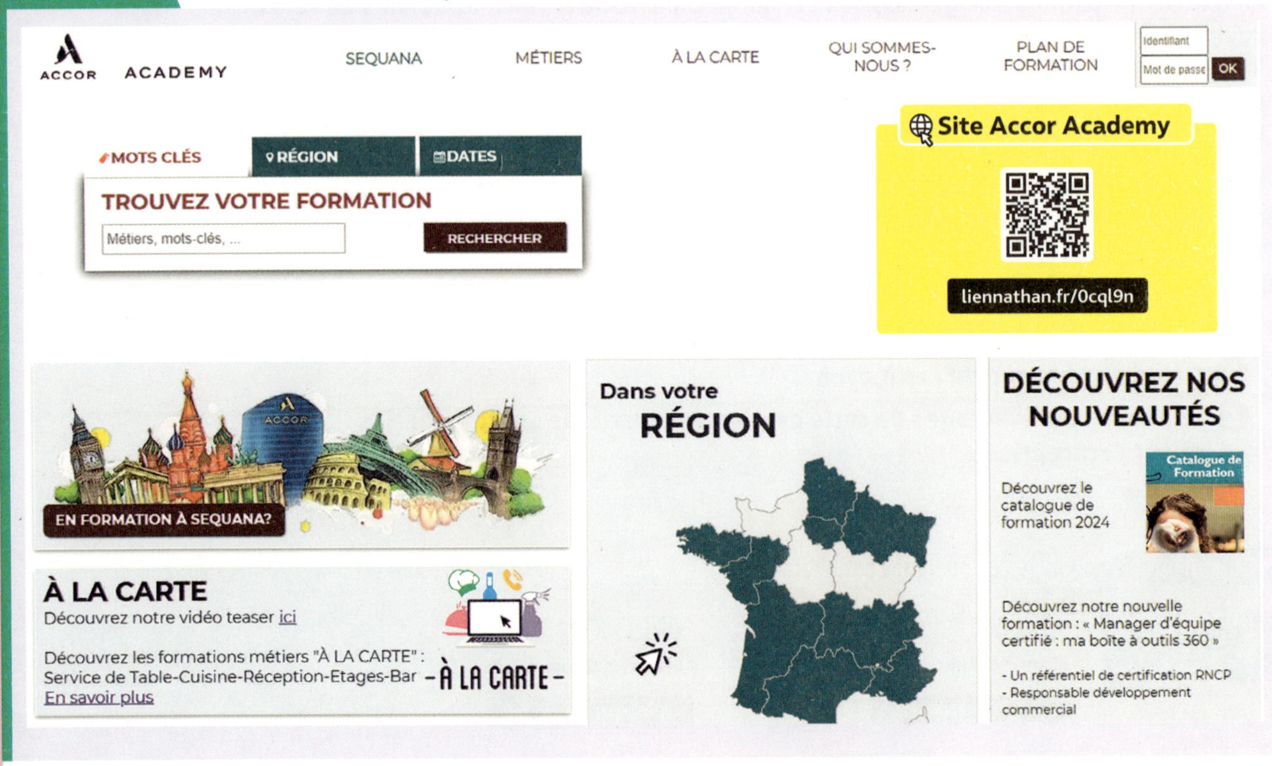

DOCUMENT 2 L'onglet « Plan de formation »

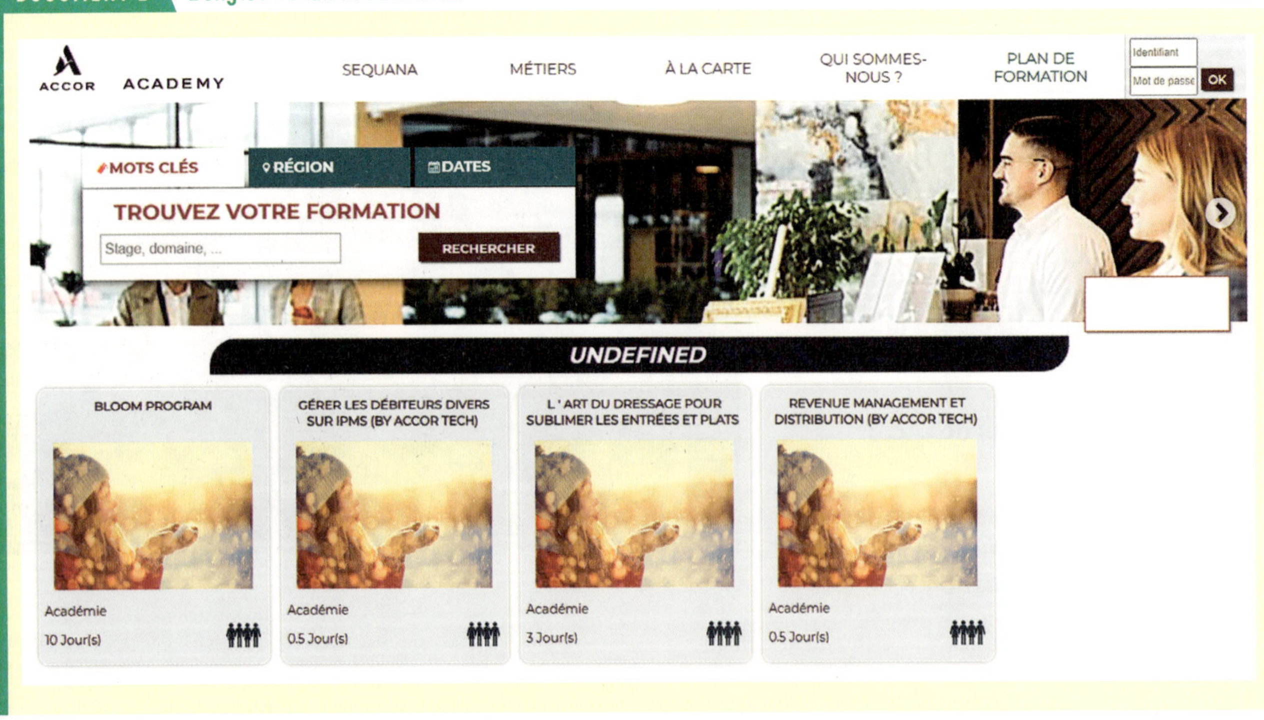

Entraînement au BTS 1

API restauration

DURÉE CONSEILLÉE POUR TRAITER LE CAS :
Préparation : 2 heures

SITUATION

Fondée en 1956 dans le nord de la France, l'entreprise API restauration s'est d'abord consacrée au marché de la restauration collective destiné aux entreprises et aux écoles. Puis elle s'est diversifiée vers les secteurs de la santé, des maisons de retraite et des collectivités locales. Avec 5 000 établissements partenaires, 11 000 collaborateurs et près d'un milliard d'euros de chiffre d'affaires en 2023, elle est devenue le 4e acteur français de la restauration collective, distribuant plus d'un million de repas par jour.

API restauration propose des repas équilibrés, à base d'ingrédients frais, locaux et de saison, intégrant des recettes régionales. Engagé pour le développement durable, le groupe lutte contre le gaspillage alimentaire et collabore avec des producteurs locaux. D'autre part, il propose des solutions digitales enrichissant l'expérience client : menus en ligne, précommandes, paiements dématérialisés et plateforme de commentaires. Ces initiatives confortent sa place de leader indépendant.

Cathy Delasalle, après avoir travaillé dix ans dans la restauration traditionnelle, a souhaité intégrer API restauration car elle se sent proche de sa culture d'entreprise. Cheffe de cuisine dans un EHPAD (établissement d'hébergement pour personnes âgées dépendantes) à Valenciennes, dans le département du Nord, elle gère une équipe de 5 cuisiniers (4 CDI et 1 CDD). Elle a pu faire valoir ses compétences au travers de sa victoire au 5e concours Api d'Or.

Dans son équipe, Cathy compte Marc Verbois qui a, lui aussi, souhaité se réorienter après plusieurs années en restauration traditionnelle, afin de trouver un meilleur équilibre entre vie professionnelle et vie privée.

Depuis quelques semaines, Marc exprime son mécontentement face à la lourdeur du quotidien et rechigne à réaliser certaines tâches pour pallier les deux postes non pourvus en cuisine. Il déplore le manque d'implication des plus jeunes.

Cathy, soucieuse de la qualité de vie au travail de ses équipes, souhaite l'implication de tous. Elle s'inquiète de l'état d'esprit de Marc, bien consciente de la nécessité de trouver des solutions pour recruter.

La directrice des ressources humaines du groupe lui a proposé de l'accompagner, avec quelques-uns de ses collaborateurs, au forum « Carrières » du lycée hôtelier Jessé de Forest d'Avesnes-sur-Helpe. La cheffe de cuisine pense immédiatement à Marc. Participer à ce type d'événement est important pour faire connaître le groupe API restauration et faire face à ses difficultés de recrutement. C'est aussi un moment privilégié pour présenter les valeurs fondatrices du groupe.

TRAVAIL À FAIRE

Construire une étude structurée sur le thème de l'implication des ressources humaines sans oublier d'introduire et de conclure vos propos.

Vous appuierez votre réflexion sur les ressources proposées et les axes suivants.

1. Les forces et les faiblesses de la marque employeur du groupe API restauration.
2. Les solutions à mettre en œuvre pour maximiser l'implication des équipes de l'EHPAD de Valenciennes.
3. Les moyens à mobiliser lors du forum « Carrières » du lycée hôtelier Jessé de Forest d'Avesnes-sur-Helpe pour faciliter le recrutement au sein de l'EHPAD.

DOSSIER DOCUMENTAIRE

Document 1	Le groupe API restauration
Document 2	API restauration : une entreprise à mission
Document 3	Le concours Api d'Or
Document 4	Extraits de conversations avec des salariés du groupe API restauration
Document 5	Dialogue entre Cathy Delasalle (cheffe de cuisine) et Marc Verbois (cuisinier)

DOCUMENTS

DOCUMENT 1 Le groupe API restauration

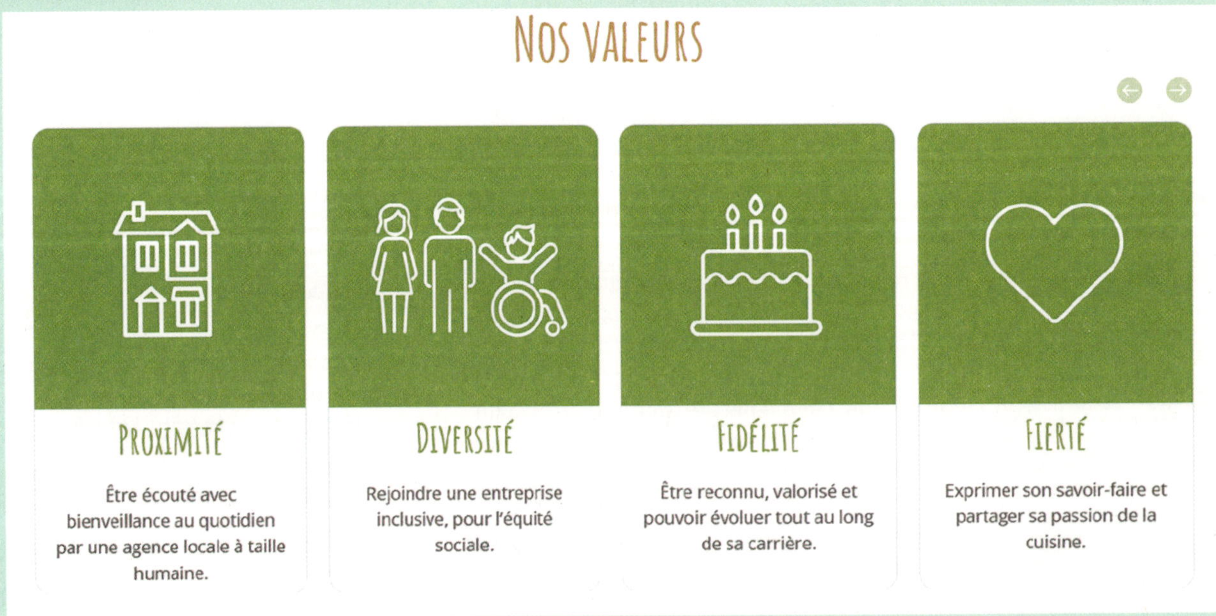

■ ■ ■

ÊTRE API… C'EST FAIRE PARTIE D'UNE ENTREPRISE ENGAGÉE

API RESTAURATION C'EST PLUS DE…

423	11 000	1 300	950 000
OFFRES DISPONIBLES	SALARIÉS	SITES	REPAS SERVIS PAR JOUR

INDICATEUR ÉCART DE RÉMUNÉRATIONS : 39/40

Cette évaluation note l'égalité des rémunérations entre les femmes et les hommes, par tranche d'âge à catégorie de postes équivalents.

INDICATEUR ÉCART DE TAUX D'AUGMENTATION : 20/20

Cette évaluation note l'égalité des taux d'augmentations individuels entre les femmes et les hommes (hors promotion de poste).

INDICATEUR ÉCART DE TAUX DE PROMOTION : 15/15

Cette évaluation note l'égalité de promotion à de nouvelles fonctions entre les femmes et les hommes de l'entreprise.

INDICATEUR RETOUR DE CONGÉS MATERNITÉ : 15/15

Cette évaluation note le respect de l'application des augmentations d'entreprise à chaque femme en retour de congé de maternité.

INDICATEUR HAUTES RÉMUNÉRATIONS : 5/10

Cette évaluation note la proportion homme/femme représentée parmi les 10 plus hautes rémunérations du groupe.

INDEX ÉGALITÉ HOMMES/FEMMES

REPRÉSENTATION FEMMES-HOMMES DANS LES INSTANCES DIRIGEANTES :

50/50

INDEX ÉGALITÉ PROFESSIONNELLE :

94/100

Avec une **évaluation supérieure à 75 points**, Api restauration est définie comme **vertueuse** par la loi "avenir professionnel" du 5 septembre 2018, complétée par décret au 8 janvier 2019.

www.apirecrute.com et www.api-restauration.com

DOCUMENT 2 API restauration : une entreprise à mission

Le 26 novembre 2022, Api a fait évoluer les statuts de sa société en devenant

ENTREPRISE À MISSION

Un comité dédié s'assure de l'évolution des missions au fil du temps. Et tous les 2 ans, l'ensemble de nos engagements et indicateurs sont contrôlés par un Cabinet d'audit externe qui rend son analyse en toute indépendance. C'est la garantie que ce que l'on dit, on le fait vraiment !

L'ensemble de nos salariés portera notre raison d'être :

« Cuisinons l'avenir avec passion ! »

...pour partager nos savoir-faire culinaires et nous engager à réaliser une cuisine gourmande et durable ; une restauration sociale, consciente des enjeux sociétaux et environnementaux du 21ème siècle.

Cette ambition s'appuie sur des actions concrètes déclinées en **4 missions** ; des engagements explicites, irréversibles et ancrés dans nos statuts :

MISSION 1
Grandir au coeur de chaque territoire avec une gouvernance décentralisée et participative

MISSION 2
Construire une cuisine consciente et engagée

MISSION 3
Assurer une alimentation saine, sûre et gourmande pour nos convives

MISSION 4
Faire vivre la passion de la cuisine et la fierté d'appartenance de nos équipes

www.api-restauration.com

DOCUMENT 3 Le concours Api d'Or

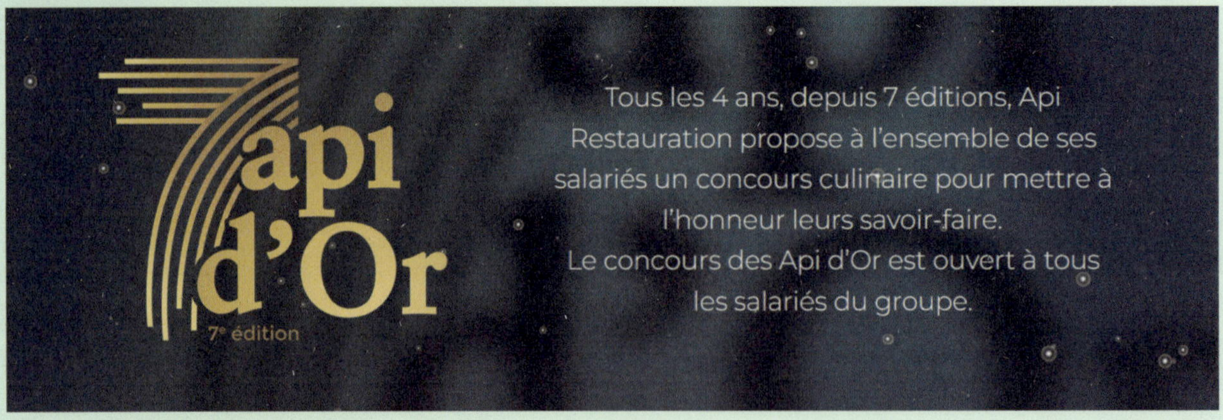

https://7e-apidor.com

DOCUMENT 4 Extraits de conversations avec des salariés du groupe API restauration

Quentin – en poste depuis 6 ans

→ ***Qu'est-ce qui te plaît dans ce métier ?***

C'est un métier passionnant et enrichissant. Le but de la cuisine, c'est créer du plaisir et passer un bon moment avec les convives. Le secteur santé est très intéressant, très enrichissant, surtout avec les textures adaptées. On m'a appris beaucoup de choses ici.

→ ***Une anecdote à nous raconter ?***

On a fait le concours des Api d'Or avec Valentine un jeudi soir. Ça s'est très bien passé, c'était super bien et enrichissant, mais super stressant avec les caméras à 5 cm du visage ! C'est une chose à faire.

→ ***Quels sont tes horaires de travail ?***

Les horaires sont quand même plutôt intéressants. On travaille en journée, on a un week-end sur deux, mais par contre, on a toutes nos soirées.

Sophie – maman de 3 enfants, en CDI depuis 5 ans

→ ***Comment s'est passée ton intégration ?***

J'ai été très bien accueillie chez API, il faut savoir que c'est une société familiale, donc on est dans un cocon. Pour ma journée d'intégration, j'ai rencontré le chef de secteur, la DRH et la direction. Si on a des questions, il y a toujours le chef de secteur, la cheffe de cuisine.

→ ***Quelles sont les opportunités de grandir ?***

J'ai fait une formation HACCP, mais il y a beaucoup d'autres formations !

→ ***Qu'est-ce qui te plaît dans le travail ?***

La complicité avec ma cheffe, l'ambiance, cette ambiance familiale. On peut être créatif, on peut faire ce que l'on veut, tout en étant sérieux, bien sûr. On n'a pas de limite dans notre création. J'aime être complice avec les convives. À force de les voir tous les jours, on connaît leur goût et ça, c'est top ! Allez chez API, franchement, c'est une chouette entreprise ! Et avec cet esprit familial, on se sent bien dans la société.

DOCUMENT 5 Dialogue entre Cathy Delasalle (cheffe de cuisine) et Marc Verbois (cuisinier)

Cathy : Bonjour, Marc. Tu as un moment pour discuter ? J'aimerais faire le point sur ce qui se passe en cuisine. J'ai l'impression que la charge de travail te pèse, et j'ai aussi remarqué des tensions avec certains collègues.

Marc : Oui, Cathy, ça devient difficile. On manque de personnel, et tout retombe sur ceux qui restent. Je comprends qu'il faut tenir, mais je suis venu en restauration collective pour avoir une vie plus équilibrée. Si je dois refaire des journées de 12 heures comme dans la restauration traditionnelle, je vais craquer.

Cathy : C'est vrai que la situation est tendue. On a deux postes vacants, et malgré les efforts, on a du mal à recruter.

Marc : Ce n'est pas surprenant. Tu sais aussi bien que moi que la restauration collective traîne une mauvaise image. Les gens pensent qu'on ouvre des boîtes et qu'on sert du surgelé à longueur de journée. Ce n'est pas très motivant pour quelqu'un qui aime vraiment cuisiner.

Cathy : Tu as raison, et c'est frustrant, car ce n'est pas notre réalité ici. On travaille avec des produits frais, on fait des recettes maison, on respecte les saisons, on écoute nos convives… Mais c'est clair qu'on doit mieux communiquer sur ce qu'on fait réellement.

Marc : C'est ça ! Les jeunes cuisiniers qui sortent des écoles ne voient pas la restauration collective comme un vrai métier de cuisine. Et puis, ils arrivent sans vraiment s'impliquer. Certains pensent que c'est un travail tranquille où on peut se contenter du minimum. Alors qu'on peut clairement faire carrière grâce aux CDI et faire valoir ses compétences professionnelles.

Cathy : Il faut que l'on change cette perception, à la fois pour attirer des talents et pour les motiver une fois qu'ils sont là. C'est aussi pour ça que je souhaite que tu m'accompagnes au forum du lycée hôtelier d'Avesnes-sur-Helpe. Si on montre ce qu'on fait de bien ici, on pourra peut-être casser ces clichés.

Marc : Espérons-le. Mais même si on trouve de nouveaux candidats, il faudra qu'ils comprennent que ce n'est pas un métier facile. On a un vrai volume à gérer, et ça demande de l'efficacité.

Cathy : Absolument ! Mais je pense qu'en valorisant l'équilibre vie pro/vie perso qu'offre la restauration collective, et en insistant sur la qualité de nos pratiques, on peut faire la différence.

Marc : Tant que ça ne finit pas encore par des responsabilités supplémentaires pour moi, je suis d'accord.

Cathy : Je te promets qu'on trouvera des solutions pour alléger la pression. Mais il faudra aussi travailler en équipe pour intégrer les nouveaux et leur montrer que ce métier a du sens.

Marc : OK. Si ça peut faire avancer les choses, je suis partant.

Entraînement au BTS 1

Refuge Out of the City

DURÉE POUR TRAITER LE CAS :

Préparation : 1 heure

Exposé du candidat : 10 minutes

Entretien avec le jury : 20 minutes

COEFFICIENT : 3

SITUATION

ROC – Refuge Out of the City, une marque du groupe **Nessence**, propose une nouvelle vision de l'hébergement en pleine nature, alliant déconnexion, design et durabilité. Imaginés pour offrir une véritable échappée hors de l'agitation urbaine, les refuges ROC sont situés dans un lieu préservé : la vallée d'Ossau dans les Pyrénées-Atlantiques. Si Pau se situe à environ 45 minutes du ROC, il faut compter 2 à 3 heures de route depuis Toulouse, Bordeaux ou Bayonne.

Ces hébergements éco-conçus incarnent parfaitement la philosophie du groupe Nessence : reconnecter les individus à la nature tout en respectant les écosystèmes locaux. Le refuge est conçu avec des matériaux naturels et durables, intégrant des technologies vertes telles que l'énergie solaire et des systèmes de récupération d'eau de pluie. Leur design minimaliste, inspiré par le minimaliste scandinave, met en valeur la lumière naturelle et les paysages environnants, tout en offrant un confort optimal.

L'expérience ROC va bien au-delà de l'hébergement et allie authenticité, bien-être et respect de l'environnement. Elle invite à ralentir le rythme, à se recentrer sur l'essentiel et à profiter de moments de contemplation. Les visiteurs peuvent s'adonner à des activités telles que la randonnée, le yoga et des espaces de détente avec vue panoramique. Ce sont des moments mémorables en harmonie avec le monde environnant.

Mais les comportements et les attentes client évoluent très fortement. Aujourd'hui, le client veut un niveau de prestation élevé et un service hyper personnalisé, le tout à des tarifs maîtrisés. Il cherche des hébergements qui véhiculent des émotions, avec une vraie dimension lifestyle et des emplacements de qualité.

Afin de répondre au mieux à l'évolution des attentes des clients, la direction entreprend une analyse de l'offre actuelle ROC et de son positionnement. Cette étude pourrait aboutir à la proposition d'une offre enrichie, intégrant notamment un programme de fidélité.

TRAVAIL À FAIRE

En vous appuyant sur vos connaissances mercatiques, sur les documents joints et sur votre culture professionnelle, répondez aux questions suivantes :

1. Porter une appréciation sur le positionnement actuel de l'offre d'hébergement « ROC – Refuge Out of the City ».
2. Proposer des axes d'évolution de l'offre afin de renforcer l'expérience client.
3. Suggérer des éléments d'une stratégie de fidélisation pour installer une relation durable avec des clients en quête d'expériences nouvelles et inédites à chaque séjour.

DOSSIER DOCUMENTAIRE

Document 1	ROC crée un écosystème et propose un havre de paix
Document 2	Le groupe hôtelier Nessence souhaite étoffer son offre d'hébergements marchands
Document 3	Quelques tendances et attentes des voyageurs
Document 4	Huttopia Explorers : le programme de fidélité du réseau de camping nature

DOCUMENTS

DOCUMENT 1 ROC crée un écosystème et propose un havre de paix

À l'horizon proche, la skyline de la chaîne pyrénéenne. En contre-plongée, la vallée d'Ossau.
Sur site, une grange, un gîte, une bergerie et quelques cabanes perchées. […]

Cinq sources, pour se ressourcer

Écolodge nommé Refuge Out of the City – ROC est un lieu extrêmement riche en traditions. Son emplacement favorise le retour sur soi dans un lieu totalement ouvert vers l'extérieur. Destiné à une clientèle proche de la nature, ROC propose une offre d'hébergement axée sur le tourisme durable mettant en avant une alimentation saine et de qualité, produite en partie dans la vallée, dans un environnement exceptionnel, où l'on se retrouve tout en restant actif.

On vient s'y ressourcer, se détendre, s'y réfugier loin du stress de la vie urbaine.

Pour se retrouver en duo, en famille ou en tribu, le Refuge propose trois type d'hebergement dans un esprit « Agro-chic » qui peuvent être loués ensemble ou séparément.

Le Gîte : capacité d'accueil de 12 à 17 personnes, déclinaison possible en petit gîte de 8 personnes, grande cuisine et un salon principal autour de la cheminée, 6 chambres au premier et deuxième étage.

La Bergerie : capacité d'accueil de 6 personnes, pièce principale, cuisine, salle à manger, salon avec grande cheminée. Rez-de-jardin : deux chambres et une salle de bains commune. Mezzanine : chambre avec salle de bains attenante et petit salon. Terrasse privative exposée sud avec jardin.

La Cabane : capacité d'accueil de 4 personnes, salon accompagné d'une cuisine toute équipée ainsi qu'une petite salle de bains. Lit double au rez-de-chaussée et à l'étage.

Avec une forte implication locale dans le choix des matériaux et de la décoration intérieure, ROC propose de séjourner dans un cadre où le terroir et les traditions sont vivaces, l'alimentation de qualité, issue de petits producteurs locaux. […]

À quelques heures de Paris, Londres, Bordeaux, San Sebastian…, ROC offre un dépaysement total. Respectant le rythme des saisons, un jardin cultivé en permaculture procurera aux résidents des herbes aromatiques, différents types de légumes, parmi lesquels des variétés oubliées. Des menus de saison proposeront notamment une cuisine « veggie » ou « healthy » et une cuisine ouverte sur les associations des villages environnants (coopérative de fromages).

■ ■ ■

...

La richesse touristique avoisinante (Petit train d'Artouste – Château de Pau – Vieux pont d'Orthez – Ville bastionnée de Navarrenx – Grottes de Bétharram) et l'offre naturelle à disposition sur site (randonnées pédestres, apéritif au coucher du soleil, cheminée et braséro extérieur, home, soins du corps sur demande, massages...) permettent aux clients de ROC de profiter d'un riche programme d'activités, ou de choisir un séjour « contemplatif » face à la chaîne des Pyrénées, « cocooning » devant le feu de bois, « chasseur d'images » en photographiant la faune et la flore d'une grande beauté.

www.tendancehotellerie.fr

DOCUMENT 2 Le groupe hôtelier Nessence souhaite étoffer son offre d'hébergements marchands

Concernant la marque ROC, le groupe a confirmé l'acquisition d'un nouveau lieu pour cette année. Nessence souhaite développer ce concept d'hôtellerie rurale, mêlant prestations 4/5 étoiles et expériences clients immersives à raison d'une inauguration par an. Le groupe s'intéresse à tous types de destinations : mer, montagne comme campagne.

Les comportements et les attentes client sont en train d'évoluer très fortement. Aujourd'hui, les gens veulent un niveau de prestations élevé et un service hyper personnalisé. Le tout à des tarifs maîtrisés. Au-delà des besoins primaires – un open space, le wifi, une bonne chambre, un bon lit... –, les clients cherchent des hébergements qui véhiculent des émotions, avec une vraie dimension lifestyle et des emplacements de qualité.

https://hospitality-on.com,
mis à jour le 23 octobre 2024.

DOCUMENT 3 Quelques tendances et attentes des voyageurs et la meilleure manière d'y répondre

1. Voyager plus près et *via* des modes de transport doux

Ce qui fait un voyage, ce n'est pas tant la distance parcourue mais avant tout une façon de poser un regard neuf sur un environnement, une culture, un lieu. Alors, pour protéger la planète et limiter l'impact environnemental dans les vacances, beaucoup de clients souhaitent maintenant privilégier les modes de transport doux comme le train ou le vélo.

2. Voyager moins mais en prenant le temps

Changer le rythme de ses vacances, c'est ne plus « consommer » les lieux, mais prendre le temps de s'immerger dans une culture locale, un environnement, d'en appréhender les nuances et les beautés, se donner la possibilité de se laisser surprendre par l'expérience vécue.

3. Avoir un impact économique positif dans les destinations visitées

De plus en plus de clients insistent sur la quête de sens lorsqu'ils partent en vacances. Fini le modèle traditionnel du voyage standardisé et déconnecté de la réalité locale, ils recherchent une expérience authentique, dans le respect de l'environnement et des communautés. C'est en passant par des acteurs locaux et en séjournant dans des hébergements à taille humaine qu'un impact positif sur les économies locales est possible. Ils veulent fuir les foules et éviter les gros hôtels ou resorts pour plutôt opter pour des hébergements indépendants, de type gîtes ou encore gîtes écologiques.

4. Aller là où les autres ne vont pas

Beaucoup d'entre eux en ont conscience, une trop forte concentration de touristes au même endroit à des effets néfastes sur les destinations et leurs habitants : elle perturbe les environnements et les modes de vie et dénature parfois à long terme les lieux. Les voyageurs peuvent vivre des expériences plus authentiques et l'environnement local profite de manière plus équilibrée des ressources des visiteurs.

5. Pratiquer plus d'activités dans la nature pour mieux la connaître et la protéger

Une envie forte qui se dessine chez nombre d'entre eux est de passer plus de temps à l'extérieur. Explorer les espaces naturels [...] est souvent un moyen d'en apprendre davantage sur les habitats et les manières de les protéger. Aller dormir sous les étoiles, observer patiemment les oiseaux d'un parc naturel ou partir en vadrouille à vélo : autant de manières nouvelles de découvrir un lieu, qui génèrent l'envie de mieux le protéger.

6. Apprendre, créer des liens, vivre des expériences

La rencontre est aujourd'hui définitivement un moteur essentiel pour beaucoup d'entre eux. Dans la veine du « Slow Travel », ils ont envie de prendre le temps de la rencontre humaine, de l'immersion au sein d'une communauté pour en comprendre les modes de vie et créer des relations sincères.

7. Faire attention aux gestes du quotidien même en vacances pour réduire son impact écologique

Enfin, ils sont sensibles à s'engager dans la protection de l'environnement, même en vacances. Que ce soit au travers de gestes simples comme de raisonner son utilisation d'objets en plastique ou la participation à des actions de protection de la faune sauvage d'une réserve naturelle, chaque initiative compte.

www.gites-de-france-ain.com

DOCUMENT 4 Huttopia Explorers : le programme de fidélité du réseau de camping nature

HUTTOPIA EXPLORERS
LE SEUL PROGRAMME DE FIDÉLITÉ QUI RÉCOMPENSE VOTRE CURIOSITÉ !

Chez Huttopia, nous pensons que la curiosité est une qualité à cultiver.
C'est pourquoi nous avons créé le programme Huttopia Explorers, qui récompense nos clients les plus aventuriers.

Vous avez déjà séjourné plusieurs fois en Huttopia ?
Voyager est pour vous synonyme d'exploration et de découvertes ? Vous aimez découvrir de nouveaux territoires ?
Rejoignez une communauté qui partage vos envies d'aventure, de nature, de rencontre et de déconnexion !

LES AVANTAGES HUTTOPIA EXPLORERS

Toute l'année, bénéficiez de réductions exclusives, d'offres spéciales et de petites attentions pendant vos séjours :

UN SERVICE PREMIUM

Numéro prioritaire, frais de réservation offerts, plus de souplesse sur votre réservation...

DES RÉDUCTIONS EXCLUSIVES

Offres spéciales sur vos séjours, tarif réduit sur la location de vélos et les produits de notre boutique...

DES CADEAUX

Prêt de barbecue pendant votre séjour, la Camping Card offerte pour camper à prix réduit...

Entraînement au BTS 2

Hôtel Renaissance Paris La Défense

DURÉE POUR TRAITER LE CAS :

Préparation : 1 heure

Exposé du candidat : 10 minutes

Entretien avec le jury : 20 minutes

COEFFICIENT : 3

SITUATION

Situé au cœur du quartier d'affaires emblématique de La Défense, l'hôtel Renaissance Paris La Défense allie luxe contemporain, design raffiné et engagement écoresponsable. Avec ses 330 chambres spacieuses et élégantes, ses 1 250 m^2 d'espaces de travail modernes et ses expériences culinaires uniques, l'hôtel est une destination idéale pour les voyageurs d'affaires et les touristes, alignée sur des valeurs d'authenticité et d'engagement durable.

En cohérence avec la démarche RSE (responsabilité sociétale et environnementale) mise en œuvre, l'hôtel cherche à réduire son impact environnemental et à limiter ses déchets en favorisant le recyclage des emballages et produits utilisés. Une attention particulière est également portée aux denrées alimentaires, avec des initiatives pour limiter le gaspillage et des partenariats avec des associations locales pour redistribuer les surplus.

Dans ses deux restaurants, la priorité est donnée à une alimentation locale et de saison. Les chefs travaillent en collaboration avec des producteurs franciliens pour proposer des plats mettant à l'honneur les saveurs du terroir, tout en minimisant l'empreinte carbone liée au transport.

L'hôtel propose également des programmes de compensation carbone pour accompagner les clients soucieux de réduire leur impact environnemental. Ces initiatives incluent des contributions à des projets de reforestation et des investissements dans des énergies renouvelables.

L'établissement, vigilant quant à la qualité de services, intègre des pratiques écoresponsables à ses prestations. Les dirigeants souhaitent devancer les attentes des voyageurs à de multiples égards et engagent une réflexion sur les améliorations à apporter à leur stratégie RSE pour maximiser l'expérience client.

TRAVAIL À FAIRE

En vous appuyant sur vos connaissances mercatiques, sur les documents joints et sur votre culture professionnelle, répondez aux questions suivantes :

1. Conclure sur l'intention RSE de l'hôtel Renaissance Paris La Défense eu égard aux attentes des clients d'aujourd'hui.
2. Proposer différents moyens de faire participer le client à cette démarche écoresponsable tout au long de son parcours à l'hôtel Renaissance.
3. Montrer en quoi l'Internet des objets peut maximiser l'expérience du client à l'hôtel.

DOSSIER DOCUMENTAIRE

Document 1	Comment l'hôtel Renaissance Paris La Défense revalorise ses déchets ?
Document 2	Booking : rapport 2024 sur le voyage durable
Document 3	Comment développer une démarche RSE en hôtellerie ?
Document 4	Solar hôtel, un hôtel écolo et militant
Document 5	L'IoT au service de l'hôtellerie

DOCUMENTS

DOCUMENT 1 Comment l'hôtel Renaissance Paris La Défense revalorise ses déchets ?

[...] « Limiter notre empreinte écologique »

C'est la voie choisie par l'hôtel Renaissance Paris La Défense, appartenant au groupe Mariott et accompagné par l'entreprise Take a waste. Situé au cœur du quartier d'affaires francilien, l'établissement aux 330 chambres et aux 1 250 mètres carrés dédiés aux séminaires d'entreprises sert chaque jour, surtout entre le mardi et le jeudi, plusieurs centaines de repas, du petit-déjeuner au dîner. « *Nous avons à cœur de limiter notre empreinte écologique*, explique Pierre Brochard, le directeur général de cet hôtel de Puteaux, dans les Hauts-de-Seine. *Depuis le début de l'année, nous avons consommé entre 486 et 1 016 kg de biodéchets en fonction des mois.* »
D'abord, au niveau du lieu de restauration du staff, qui regroupe 140 personnes. Les employés, après leurs repas – concoctés par la société Foodles – trient leurs déchets, y compris ce qui peut rester dans l'assiette. « *Mais il y a peu de gâchis* », sourit Pierre Brochard, à son poste depuis 2021.

Réutiliser les restes en cuisine au maximum

Ensuite, du côté des clients. L'hôtel sert en général 250 petits-déjeuners en moyenne. Pendant la Coupe du monde de rugby, les équipes ont compté parfois jusqu'à 400 couverts, surtout avant et après les rencontres au Stade de France. L'hôtel francilien met à disposition un buffet à volonté chaque matin. « *Nous ne jetons pas les aliments n'ayant pas été utilisés durant le petit-déjeuner*, précise le responsable, *la brigade réutilise tant que possible tout ce qui n'a pas été touché sur le buffet en vue des repas suivants, par exemple les viennoiseries non consommées.* »
Néanmoins, **l'établissement souhaite donner une seconde vie aux restes alimentaires et aux biodéchets en général**. « *La société Take a waste nous a mis en relation avec Veolia. Le groupe récupère les déchets organiques chaque semaine en prenant soin, au passage, de nettoyer les bacs dédiés* », explique Pierre Brochard.

Les biodéchets transformés en biogaz...

Les déchets organiques sont ensuite acheminés à Villeneuve-Saint-Georges, dans le Val-de-Marne. Plus exactement, au Bio'Pôle de Veolia, le lieu de traitement des déchets putrescibles. Toute cette matière est réutilisable. Une grande partie sera en effet transformée en biogaz *via* le centre de méthanisation, en vue d'être vendue à GRDF. Une démarche très utile, comme le précise Pierre Brochard : « *Une tonne de biodéchets permet de créer assez d'énergie pour faire vivre un foyer de trois ou quatre personnes pendant 45 jours.* »
Mais ce n'est pas tout, ajoute-t-il : « *Après la méthanisation, le reliquat appelé "digesta", qui s'apparente à du compost, est distribué gratuitement*, se félicite-t-il, *à des agriculteurs du nord de la France pour la culture de betteraves et d'endives.* » C'est un engrais naturel puissant, et donc une matière utile aux paysans. « *Il y a 100 % de retour au sol.* » Tout ce qui a poussé à la terre revient à la nature, en somme la boucle est bouclée.

www.e-marketing.fr, octobre 2023.

DOCUMENT 2 Booking : rapport 2024 sur le voyage durable

Booking.com publie aujourd'hui une nouvelle étude basée sur des informations recueillies auprès de plus de 31 000 voyageurs et voyageuses à travers 34 pays et territoires. Cette étude analyse les dernières tendances, priorités et attitudes des consommateurs en matière de durabilité dans le secteur des voyages.

Cette étude annuelle fait état d'une prise de conscience et d'un vif intérêt toujours présent, avec 83 % des personnes sondées qui confirment notamment que voyager de manière plus durable est important pour elles. Mais de nouvelles données montrent également qu'un sentiment de lassitude pourrait émerger à l'échelle mondiale, en raison notamment des défis actuels que présente la prise de décision relative aux voyages plus durables.

Cette enquête révèle que 45 % des personnes interrogées estiment que voyager de manière plus durable est important, mais cette considération ne constitue pas pour autant une priorité majeure au moment de planifier et de réserver un voyage. 28 % des voyageurs et des voyageuses se disent même lassés d'entendre parler sans cesse du changement climatique. Dans ce contexte, la nécessité d'une démarche collective est plus pertinente que jamais, afin de s'assurer que le développement d'un secteur du voyage plus durable reste une priorité.

Quand les intentions positives se retrouvent confrontées à de nouveaux défis

À l'avenir, 75 % des voyageurs du monde entier déclarent vouloir voyager de manière plus durable au cours des 12 prochains mois. Parmi eux, 32 % affirment que c'est parce que c'est la bonne chose à faire et 43 % disent qu'ils culpabilisent lorsqu'ils font des choix moins durables. Toutefois, une certaine désillusion à l'égard des choix de voyage plus durables pourrait contrarier ces intentions. De nouveaux sujets étudiés pour la première fois cette année révèlent que certains voyageurs ne reconnaissent pas l'importance de faire davantage attention à leur impact. Ainsi, 33 % sont d'avis que les dommages déjà causés sont irréversibles et que leurs choix en matière de voyage n'y changeront rien. De plus, 25 % des voyageurs ne croient pas que le changement climatique soit aussi grave qu'on le dit. Cette perception pourrait bien avoir un impact sur les projets de voyage.

28 % des personnes sondées estiment également que le temps passé en voyage est trop précieux pour prioriser la durabilité. Ne pas constater de résultats concrets sur place contribue également au sentiment d'impuissance : 34 % des voyageurs et des voyageuses considèrent qu'il est inutile d'agir de manière plus durable dans une destination qui ne met pas elle-même en œuvre des pratiques de durabilité.

Une responsabilité partagée et une réelle opportunité d'agir dans tout le secteur

Le rôle que les voyageurs pensent pouvoir jouer dans la lutte contre les effets négatifs des voyages met également en évidence leurs attentes en matière de collaboration. Un remarquable 71 % des voyageurs expliquent vouloir laisser les lieux qu'ils visitent dans un meilleur état que celui dans lequel ils les ont trouvés, contre seulement 66 % l'année dernière.

L'étude menée cette année montre que 45 % d'entre eux pensent qu'ils peuvent compenser eux-mêmes les impacts sociaux des voyages. [...]

https://news.booking.com, avril 2024.

DOCUMENT 3 Comment développer une démarche RSE en hôtellerie ?

Toute stratégie RSE doit permettre de renforcer la cohésion entre l'entreprise et les salariés, mais aussi avec ses clients et partenaires. Mais comment la mettre en place dans son hôtel ? Voici 4 bonnes pratiques RSE dans l'hôtellerie-restauration ! [...]

Le tourisme représentant à lui tout seul 8 % des émissions mondiales de CO_2, de plus en plus d'hôtels voient de grands avantages à la mise en place d'une politique RSE dans l'hôtellerie-restauration. De plus, d'après une étude sur le développement durable publiée par Booking.com, 68 % des clients recherchent aujourd'hui des hôtels respectueux de l'environnement. En plus de répondre aux enjeux sociétaux actuels, vous vous démarquez de la concurrence en soignant l'image de votre entreprise !

Stratégies RSE dans l'hôtellerie-restauration : 4 bonnes pratiques

- Dématérialiser ses processus hôteliers [...]
- Réduire ses déchets [...]
- Réduire sa consommation d'eau et d'énergie [...]
- Privilégier le local [...]

www.mews.com, juin 2023.

DOCUMENT 4 Solar Hôtel, un hôtel écolo et militant

solarhôtel + ANNEXE LIONCEAU

Accueil | Le Solar | L'annexe | Tarifs | Réserver | Actus

HÔTEL ÉCOLOGIQUE ET ÉCONOMIQUE

L'HÔTEL À PETIT PRIX AU CŒUR DE PARIS

Le premier hôtel écologique parisien à prix économique. Dans cet esprit "petit prix", nous appliquons un tarif simple pour toutes les chambres en y incluant les petits déjeuners bio, internet, TV, accès libre au jardin et à l'utilisation de nos vélos.

De 99€ à 199€ la chambre, petit déjeuner inclus.

Simplicité et confort à petit prix

Toutes nos chambres sont équipées d'une literie haut de gamme et disposent d'une salle de bain privée avec douche et wc.

Petit déjeuner bio

Le petit déjeuner Bio composé de produits locaux, "zéro déchet", est inclus dans le prix de la chambre. Pas de surprise sur les prix et vive l'écologie !

Des vélos et un jardin à disposition

Des vélos gratuits pour vous promener dans Paris. À votre disposition dans le jardin du Solar Hôtel.

UN HÔTEL ÉCOLO ET MILITANT

« L'engagement écologique » est dans l'ADN du Solar Hôtel depuis de très nombreuses années. Des panneaux solaires en façade, des récupérateurs d'eau de pluie sur le trottoir, les petits déjeuners bio, locaux et zéro déchet, des produits d'entretien labellisés, recyclage, économie d'énergie et d'eau à tous les étages...

www.solarhotel.fr/fr/

DOCUMENT 5 L'IoT* au service de l'hôtellerie

De plus en plus présent chez les particuliers, l'Internet des objets (IoT) fait partie des enjeux technologiques majeurs pour l'industrie hôtelière et résidentielle dans les années à venir. Parmi les principaux bénéfices de l'adoption de l'IoT, se trouvent l'enrichissement de l'expérience client ainsi que l'optimisation des dépenses de fonctionnement, deux objectifs prioritaires pour les hôteliers.

Qu'est-ce que l'IoT ?

[...] « *Il concerne tous les objets, voitures, bâtiments et d'autres éléments reliés à un réseau d'Internet physique par une puce électronique, un capteur, une connectivité réseau leur permettant de communiquer entre eux, de collecter et d'échanger des données.* » [...] [On retrouve] les objets (capteurs), le réseau (connectivité), les données, les informations et les applications d'exploitation. [...]

www.wifirst.com, août 2020.

* *Internet of Things* : Internet des objets

FICHE MÉTHODE 1

DÉFINITION DE L'ÉPREUVE 33

« Management de la production de services en hôtellerie-restauration »

Épreuve écrite de 2 h, coefficient 3.

1. Présentation de l'épreuve

L'épreuve « Management de la production de services en hôtellerie-restauration » fait partie de l'unité 3 du BTS **Management en hôtellerie-restauration** (MHR). Elle revêt la forme d'une étude d'un cas concret présentant une situation ayant trait au management de l'entreprise hôtelière. Les savoirs mobilisés dans cette épreuve relèvent donc autant de l'enseignement de management de l'entreprise hôtelière et mercatique des services (MEHMS) que des savoirs économiques et juridiques abordés dans l'enseignement d'entrepreneuriat et pilotage de l'entreprise hôtelière (EPEH). La durée de l'épreuve est de 2 heures.

Le sujet est structuré de la façon suivante :
- une présentation du contexte étudié ;
- le questionnement ;
- des documents variés (témoignages du personnel, textes juridiques, articles de presse, indicateurs sociaux...) mis à disposition du candidat.

Le sujet est commun aux trois options du BTS MHR et concerne tous les candidats inscrits à l'examen.

2. Objectifs et critères d'évaluation de l'épreuve

Cette épreuve valide vos compétences acquises tout au long des deux années de formation dans le domaine du management de la production de services en hôtellerie-restauration.
Outre la maîtrise des techniques de management, l'épreuve entend évaluer votre capacité à comprendre un contexte professionnel, effectuer les analyses nécessaires pour dégager une problématique et formuler des recommandations argumentées.

Vous serez évalué(e) sur :
- la qualité et l'efficacité de la démarche mise en œuvre dans l'étude ;
- la qualité et la pertinence du travail écrit ;
- la qualité de l'adaptation de votre réponse à la spécificité de la situation décrite ;
- la précision et la rigueur dans l'utilisation des concepts et des savoirs ainsi que la pertinence de leur mise en œuvre dans le contexte ;
- la capacité à expliquer votre démarche et à répondre aux questions posées.

FICHE MÉTHODE 2

CONSEILS POUR RÉUSSIR L'ÉPREUVE 33

L'épreuve 33, comme toute épreuve écrite de BTS, se prépare durant tout le cycle de formation. Elle nécessite de revoir l'ensemble des méthodes et des techniques apprises durant les deux années de formation. Il faut également vous entraîner à traiter des cas en temps limité.

1. Avant l'épreuve

Il est recommandé de :
- mettre en œuvre une préparation sérieuse tout au long de votre formation ;
- prévoir et organiser un programme de travail et de révision adapté : relire les notions de cours et s'entraîner à traiter l'intégralité du référentiel du BTS MHR ;
- réviser les connaissances de base permettant de maîtriser les concepts et savoirs de management ;
- travailler la méthodologie : cerner les éléments du questionnement pour y répondre de façon pertinente et complète afin d'éviter confusions, hors-sujets et contresens ;
- s'entraîner à travailler en temps limité.

2. Pendant l'épreuve

Il est essentiel :
- d'arriver à l'épreuve serein(e) et détendu(e) ;
- de procéder à une lecture attentive et complète ;
- de prendre le temps de bien comprendre les termes du sujet ;
- d'exploiter les annexes de façon pertinente ;
- de dégager rapidement une problématique en lien avec les questions à traiter ;
- d'optimiser la gestion du temps de façon à pouvoir traiter correctement l'ensemble du sujet : une durée de 2 heures est suffisante mais nécessite de s'organiser pour ne pas manquer de temps ;
- de formuler des recommandations pertinentes adaptées à la prise de décision dans l'entreprise ;
- de soigner votre expression écrite et la présentation de votre travail ;
- de réserver les 15 dernières minutes de l'épreuve à la rédaction de l'introduction et de la conclusion, sans oublier de relire votre copie pour apporter les dernières corrections.

3. Conseils et méthodes portant sur le fond et la forme

1) Sur le fond

- Maîtrisez bien les concepts managériaux.
- Ne vous limitez pas à un traitement linéaire des questions ou à des énumérations ; votre rédaction devra donner lieu à un **développement structuré et argumenté autour de la problématique dégagée**.
- Veillez à démontrer votre compréhension, votre prise de recul et votre capacité à expliquer clairement certaines situations managériales.
- Maîtrisez le vocabulaire spécifique, technique et adapté, et exploitez de façon pertinente la documentation fournie.
- Ne paraphrasez pas les annexes dans votre développement.

2) Sur la forme

- Structurez votre réponse. La capacité à construire des développements structurés est un élément d'appréciation déterminant de la qualité des copies.
- Soignez la forme de la copie : aérez la présentation, numérotez les parties afin de structurer votre argumentation de manière apparente.
- Veillez à ce que votre écriture soit lisible.
- Rédigez de manière fluide et rigoureuse.

FICHE MÉTHODE 3 DÉFINITION DE L'ÉPREUVE 4

« Mercatique des services en hôtellerie-restauration »

Épreuve orale de 30 min + 1 h de préparation, coefficient 3.

1. Présentation de l'épreuve

L'épreuve « Mercatique des services en hôtellerie-restauration » fait partie de l'unité 4 du BTS Management en hôtellerie-restauration (MHR). Elle revêt la forme d'un oral de 30 minutes à partir d'un sujet national préalablement préparé pendant 1 h par le candidat. Durant 10 minutes, celui-ci expose ses réponses à la problématique présentée, puis est interrogé pendant 20 minutes par la commission d'évaluation.

Le sujet est structuré de la façon suivante :
- une situation concrète, contextualisée, incluant les questions à traiter ;
- des documents variés (extraits d'interviews, articles de presse, données chiffrées...).

Le sujet est commun aux trois options du BTS MHR et concerne tous les candidats inscrits à l'examen.

2. Objectifs et critères d'évaluation de l'épreuve

Cette épreuve valide vos compétences acquises tout au long des deux années de formation dans le domaine de la mercatique des services en hôtellerie-restauration.
Outre la maîtrise des concepts mercatiques, l'épreuve entend évaluer votre capacité à vous approprier un contexte professionnel, à structurer votre réponse tout en veillant à adapter votre communication orale.

Vous serez plus particulièrement évalué(e) sur :
- la qualité et la pertinence de votre compréhension du contexte mercatique présenté ;
- la qualité de votre analyse de la situation mercatique ;
- votre maîtrise des concepts et savoirs mercatiques ;
- la précision et votre rigueur dans leur utilisation ;
- la pertinence et le professionnalisme des solutions proposées ;
- l'efficacité de votre argumentation ;
- votre aptitude à communiquer professionnellement.

FICHE MÉTHODE 4

CONSEILS ET MÉTHODES POUR RÉUSSIR L'ÉPREUVE 4

L'épreuve 4, comme toute épreuve du BTS MHR, se prépare durant tout le cycle de formation. Elle nécessite de revoir l'ensemble des méthodes et des techniques apprises durant les deux années de formation. Il faut également vous entraîner à traiter des cas en temps limité.

1. Avant l'épreuve

Il est recommandé de :
- mettre en œuvre une préparation sérieuse tout au long de votre formation ;
- prévoir et organiser un programme de travail et de révision adapté : relire les notions de cours et s'entraîner à traiter l'intégralité du référentiel du BTS MHR ;
- réviser les connaissances de base permettant de maîtriser les concepts et savoirs mercatiques de base ainsi que le vocabulaire spécifique ;
- travailler la méthodologie : cerner les éléments d'une question pour y répondre de façon pertinente et complète afin d'éviter confusions, hors-sujets et contresens ;
- s'entraîner à travailler en temps limité.

2. Pendant la préparation du sujet

Il est essentiel :
- d'arriver à l'épreuve serein(e) et détendu(e) ;
- de procéder à une lecture attentive de l'énoncé, pour cerner le sujet et les thèmes soulevés ;
- d'exploiter de façon pertinente la documentation fournie en la mettant immédiatement en rapport avec les questions à traiter ;
- de ne pas paraphraser les annexes dans vos réponses ;
- d'optimiser la gestion du temps d'épreuve de façon à pouvoir aborder toutes les questions : une heure de préparation est suffisante mais nécessite de s'organiser pour ne pas manquer de temps. (N'oubliez pas votre montre !) ;
- d'apporter une **réponse réaliste et concrète** à la situation proposée en utilisant les concepts et savoirs mercatiques – ce sont deux éléments d'appréciation déterminants de la qualité de votre prestation ;
- de structurer votre réponse sur les feuilles mises à votre disposition pendant l'épreuve en n'écrivant que sur le recto (de manière à les disposer devant vous pendant la présentation face au jury) et en les numérotant ;
- de terminer la préparation par la **rédaction** de l'introduction et de la conclusion afin de débuter et terminer la présentation face au jury sereinement et sans improvisation ;
- de prévoir quelques instants en fin de préparation dédiés à la relecture pour mémoriser la structure de votre présentation.

3. Pendant l'épreuve face au jury

Il est important :
- de saluer les membres de la commission d'évaluation (au début et à la fin de l'épreuve) ;
- de poser votre respiration avant de commencer la présentation ;
- de présenter, à la fin de l'introduction, le plan qui sera suivi pendant votre présentation, pour donner un fil conducteur à l'examinateur ;
- de soigner particulièrement votre expression orale en respectant les codes de la communication verbale (registre de langue, précision du vocabulaire employé, mots de liaison...) et de la communication non verbale (gestes, regard, mimiques du visage...) car la maîtrise de la communication professionnelle est un élément déterminant de la qualité de votre prestation ;
- de marquer de brèves pauses et de respirer au fil de l'exposé ;
- d'être réactif(ve) face au jury en répondant précisément à ses questions et en argumentant ;
- de ne pas hésiter à reformuler les questions posées pour vous assurer que vous avez bien compris ce qui vous est demandé.

CRÉDITS PHOTOGRAPHIQUES

page 10 : Deemerwha studio – stock.adobe.com ; **page 15 :** dvoevnore – stock.adobe.com ; **page 16 :** OceanProd – stock.adobe.com ; **page 17 :** AlcelVision – stock.adobe.com ; **page 18 :** Timon – stock.adobe.com ; **page 19 :** Bangprik – stock.adobe.com ; **page 21 :** Ricochet64 – stock.adobe.com ; **page 47 :** E. Cowez – stock.adobe.com ; **page 50 :** Nikki Thebault ; **page 53 :** Tirachard – stock.adobe.com ; **page 55 :** Adrien Privat – Les Grands Buffets ; **page 57 :** EQRoy – Shutterstock ; **page 58h :** arsa35 – stock.adobe.com ; **page 58b :** denisismagilov – stock.adobe.com ; **page 59 :** jannoon028 – stock.adobe.com ; **page 62 :** preto_perola – stock.adobe.com ; **page 64b :** aiisha – stock.adobe.com ; **page 64h :** malp – stock.adobe.com ; **page 66 :** Pakh-nyushchyy – stock.adobe.com ; **page 69 :** Monster Ztudio – stock.adobe.com ; **page 78 :** andreaobzerova – stock.adobe.com ; **page 86 :** Louis Beauchet – stock.adobe.com ; **page 93 :** Evan Frank – Shutterstock ; **page 96** : Rawpixel.com – stock.adobe.com ; **page 98 :** Happypictures – stock.adobe.com ; **page 107 :** exclusive-design – stock.adobe.com ; **page 117 :** Dmitry Kalinovsky – Shutterstock ; **page 131 :** MrPhotoMania – stock.adobe.com ; **page 145h :** Drobot Dean – stock.adobe.com ; **page 145b :** anontae – stock.adobe.com ; **page 146 :** AntonioDiaz – stock.adobe.com ;

Infographies : Vincent Landrin : **page 9, 63**

Ce livre est imprimé sur du papier issu de forêts gérées durablement.

N° de projet : 10306029 - Dépôt légal : Mars 2025
Achevé d'imprimer en mars 2025 à l'Imprimerie de Champagne - Langres (52) - France